U0554520

SHANGHAI

上海国际海派文创时尚地标百例

SHANGHAI STYLE CULTURE FASHIONABLE
LANDMARK

RESTYLE
GRO²WTH

PUBLICATION PREFACE 前言

上海, 基于国际海派文化的时尚产业底蕴、信心与展望

如今, 上海作为世界城市翘楚, 在中国城市建设欣欣向荣的发展背景下, 显示出强劲的产业创造优势及经济价值动力, 逐渐成为亚洲甚至全世界新的经济增长极, 已经比肩纽约、伦敦和东京, 成为新晋的超级都会。"上海2050政策"旨在打造具有信息文明、生态文明、智慧文明和文化融合基础上的具有全球影响力的都市圭桌。如此看来, 在城市迅猛发展的前提下彰显海派文化的特色同时又能适度吸纳外来优秀的文化因子, 形成"海纳百川"般的文化基因显得尤为重要。从文化创意产业的发展视角来看, 整合海派文渊下的时尚产业坐标、研究时尚产业地理信息的关联度及耦合关系、归纳上海国际海派发展的产业脉络、总结海派时尚生态及价值特征都是亟待探讨的论题。本书的出版契合国家深化生态文明建设结构体系下的海派文渊诉求和城市文脉精神指引, 形成上海时尚产业坐标体系等相关文脉群落, 也为上海的文化创意产业进行基础梳理和模型图谱量化。

从海派的文化引领到"一带一路"的文化激荡, 海派的文化伴随着上海的发展脚步, 在国际舞台上的文化效力进一步增强。具有"国际范"的新海派文渊体系, 着眼于创新型国际时尚背景, 在迈向有海派特色、构筑具有活力的新型世界城市的过程中逐步形成。同时, 也是上海作为引领世界都会文化发展与转型的新目标。

本书遴选海派文创产业领域具有代表性的地标110余例, 对每一处地标进行强体验性考察, 查阅大量文献资料, 把分散的海派文化资料重新梳理汇总, 力求成为上海海派文化集成著述, 从学术理论出发, 其编撰本质在于根植传统海派文化的基因, 展望国际海派的创新发展愿景。在整合过程中发现海派文化并非取自一建一木、文雕建构的具体表征, 它可能是某片区域、某条街区, 或是某个时尚物件, 甚至是某个软文化的展览节庆等, 针对以上认知, 从点到面的描述与整合成为本书的研创思路主线, 从中提取出的海派系列时尚图谱, 更是在构筑"国际海派时尚"文化体系中的量化指标。目前, 这一理论的研究成果已经在部分规划项目上得到应用, 时尚创意指数也在其他城市得到进一步拓展与深化。

从某种程度上讲,《上海国际海派文创时尚地标百例》为公众打开了了解海派文创产业的窗口, 本书对于图片的设计表达及版式有一定要求, 海派文化爱好者可以把它作为一部精美的画册兼工具书, 一部记录当今海派产业文化的描摹绘本。通过时尚产业案例的分析及归纳, 对弘扬海派文化进行有效建议及推广, 也对国际海派文化的思想建设提供全面有效的智力路线、文化集合和价值引导。

上海, 我们拭目以待。

周琦, 管理工程学博士, 产业经济博士后
上海东华大学国际时尚产业研究中心
2019年初秋

SHANGHAI, FASHION INDUSTRY CONFIDENCE AND PROSPECTS BASED ON SHANGHAI'S INTERNATIONAL STYLE CULTURE

Today, under prosperous development of China's urban construction, Shanghai, as a major world city, has a strong industry advantage and economic value power. It is poised to gradually become a new economic growth indicator in Asia and even around the world and become a new metropolis like New York, London, or Tokyo. The "Shanghai 2050 policy" aims to build an urban standard with global influence on the basis of combining information civilization, ecological civilization, intelligent civilization, and cultural integration. Therefore, it is quite important to show the features of Shanghaistyle culture and the exotic excellent culture factor, forming an "all rivers run into sea" ideal of cultural genes under the premise of rapid development in the city. Then, from the perspective of the development of the cultural creative industry, the goal is to integrate the fashion industry landmarks in Shanghaistyle culture, research the association and the coupling relationship between the fashion industry and its geographic information, summarize the development of the international Shanghaistyle industry, and establish a Shanghaistyle ecology of fashion and its value characteristics. The book's publication fits the Shanghaistyle culture's needs and the urban culture industry's guide in the construction of a national deepening ecological civilization, the forming of the related literature for a Shanghai fashion industry landmark system, and the quantification of the basic combing and modeling of the Shanghai cultural and creative industry.

From the guide of Shanghaistyle culture to the shock of the Belt and Road Initiative, with the development of Shanghai, Shanghaistyle culture has further strengthened its efforts on the international stage. It is in the process of forming the new Shanghaistyle cultural system with the international characteristics and with the focus on the background of creative international fashion and constructing a creative new world city with Shanghaistyle. In addition, it is the new aim for Shanghai, which is leading the world's urban cultural development and transition.

This book aims to provide a foundation for the origins of the traditional Shanghaistyle culture while forecasting the vision of its creative development. Through the integration process, we have found that the Shanghaistyle culture is not the appearance of a building, a tree, or a sculpture. Instead, it is a zone, a block, a fashion article, or even a festival for a kind of soft culture. Therefore, the research and creation idea of the book is to describe and integrate from the points to surfaces, extract the Shanghaistyle fashion pictures, and construct quantitative indicators for the cultural system of international Shanghaistyle fashion. At present, the research results have been applied in some planning projects, and the fashion creative index has been further promoted and deepened in other cities.

To some extent, this book is also a window for the world to understand Shanghaistyle fashion and an easy reference book for the devoted fans of Shanghaistyle culture. As part of the popularization of Shanghaistyle culture, this book provides a comprehensive and effective route of intelligence collection, cultural integration, and value guidance through the analysis and summary of cases in the fashion industry.

Shanghai, let us wait and see.

Jack Zhou, Doctor of Management, Postdoctoral of Industrial Economics
International Fashion Industry Research Center, Shanghai
Donghua University
2019, Mid spring

CONTENTS 目录

CONTENTS

国际海派文化地标概述
INTRODUCTION
SITE STRUCTURE
TRADITIONAL LANDMARK
MODERN LANDMARK
APPENDIX

C第一章 国际海派文化地标概述
HAPTER ONE   SHANGHAI STYLE CULTURAL LANDMARKS OVERVIEW

1.1 国际海派文化的概念演绎及文化综述

THE CONCEPT OF THE SHANGHAI STYLE

1.2 国际海派影响下上海城市发展的空间演进

THE SPATIAL EVOLUTION OF URBAN DEVELOPMENT IN SHANGHAI

1.3 国际海派时尚地标的文化开放及创新共享模式

THE INNOVATIVE MODE OF INTERNATIONAL SHANGHAI FASHION INDUSTRY

1.4 国际海派时尚产业的文化创新评价及研究思路

RESEARCH ON THE EVALUATION OF INTERNATIONAL SHANGHAI FASHION LANDMARK

CULTURAL INNOVATION

国际海派文化地标概述
INTRODUCTION | 国际海派文化地标结构研究
SITE STRUCTURE | 传统海派文化地标区位布局及分类
TRADITIONAL LANDMARK | 现代海派文化地标区位布局及分类
MODERN LANDMARK | 附录
APPENDIX

SHANGHAI

城市土地面积:6340平方千米 经济:177.15亿美元
密度:2621人/平方千米

URBAN LAND AREA:6340 SQUARE KILOMETERS
SIZE OF ECONOMY:US$177.15 BILLION
DENSITY : 2621 PER SQUARE KILOMETERS

1.1 国际海派文化的概念演绎及文化综述
THE CONCEPT OF THE SHANGHAI STYLE

海派文化: SHANGHAI STYLE

上海的文化被称为"海派文化",是中国传统文化的重要组成部分。海派文化是在中国江南传统文化(吴越文化)的基础上,融合开埠后传入的对上海影响深远的源于欧美的近现代工业文明而逐步形成的上海特有的文化现象。海派文化既有江南文化(吴越文化)的古典与雅致,又有国际大都市的现代与时尚。其文化区别于中国其他文化,具有开放而又自成一体的独特风格。

国际海派文化:
INTERNATIONAL SHANGHAI STYLE

国际海派文化是全域综合概念,指上海基于打造世界城市所承载的精神内核及可续发展的文化体系,国际海派立足自身的文化本底优势,对内形成内升型文化动力及建设型智力营造;对外形成具有全球影响力的文化科技基本框架,从而建立经济、金融、时尚、贸易、航运中心的外延型国际大都市。当今,国际海派借助"一带一路"的国家政策性倡议指引,吸纳创新、协调、绿色、开放、共享等新的文化理念,与各国共襄(共享)更加文明、更加生态的未来。(注:共享城市: CITILES FOR ALL)

国际海派文化创编体系:
INTERNATIONAL SHANGHAI STYLE
CULTURE EXTENSION SYSTEM

一、海派文化地标编撰背景:
BACKGROUND OF COMPILING
CULTURAL LANDMARKS OF SHANGHAI
STYLE

当今中国的城市化进程日益加快,城市的建设和发展离不开文化的支撑,而时尚潮流的演进又与文化有密切的依存关系,上海海派时尚产业就是佐证这些关系的典型文化案例。既可以向其他政体决策者提供经验介绍,可以向城市管理者提供治理依据,又可以向相关文化工作者提供文源演进证据,还可以向相关城市及景观规划人员提供文脉创新及设计思路。基于以上各方诉求,上海国际海派文化产业研究所在可持续发展观的指引下,与各方城市管理者、学界专家、企业界领袖、知名国际研究组织等深入沟通并广泛合作,共同描摹上海国际海派发展地标,并对知名地标做出图解归纳及价值整合,最终形成上海海派的知识导引及文化视界。

二、海派文化地标逻辑结构 THE LOGIC STRUCTURE OF SHANGHAI STYLE

本书的研究在各方对海派文化达成共识的基础上，基于全球城市化和城市可持续发展的现状条件，结合"十三五"规划战略的指导思想，基本建成"四个中心"的社会主义现代化国际大都市愿景框架，以文化作为具体要素本底，提高集聚辐射全球人才、资源、要素、产业的能力。对国际海派文化的整合编撰工作界面聚焦于展现海派时尚文化产业发展脉络，由区域文化到特色文化，由产业文化到混业文化，由主题文化到衍生文化。从传统的历史风貌变迁到文化兼容的创新，沿袭历史文化的同时又能并重改革务实，整旧如新。

新的时尚文化内涵是国际海派文化发展的主要表现，也是本书的研究及整合重点，具体在章节的描述层面分为都市旅游商圈文化、办公综合体文化、会展综合体文化、新媒体文化、产业园区文化、公园低碳文化、主题娱乐文化、新商业零售文化八个重要领域，这些文化基本构成了国际海派文化的框架体系，研究这些文化地标的意义在于为各国不同类型的城市可持续文化的时尚成果和创新城市的文化发展模式提供有效支撑。从海派文化中汲取的发展经验涉及社会文化融合及包容协调，时尚发展与经济创新、生态建设与空间弹性、文创演绎与信息交互、基建服务与交通网络等各个方面，这些文化特征共同构筑了海派文化的逻辑结构和价值体系。

1.2 国际海派影响下上海城市发展的空间演进
THE SPATIAL EVOLUTION OF URBAN DEVELOPMENT IN SHANGHAI

从城市空间发展角度看，以开创旧城改造边界、优化空间区划肌理、改善慢行系统及绿色生态系统、节约能源及实现"弹性都市"为创新目标，在保护物质及非物质文化遗产的同时，鼓励多元文化的繁荣发展（上海宣言），从而实现城市结构型的空间区域迭变。

从海派文化视角看，一方面，受全球化的影响，海派文化的职能在某种程度下刺激了上海产业发展及服务转型，在传统历史文化风貌区的时尚集聚也焕发了海派历史街区的文化活力；另一方面，由于文化约束下的时尚产业具有精致化甚至快闪化的趋势，也促进了城市区域空间组织的变更，推动了再城市化的发展，这些都属于空间演进的分型特色。从世界城市角度逐渐提升对软实力的认知及对文化价值的理解，通过文化融合与软实力培育的引领作用，将国际海派文化中的"绿色、安全、公正、魅力、和谐、幸福"等要素转化成城市空间演进的重要发展战略，在强化城市文化职能的同时营造城市的社会包容及个人归属感。

从社会组织结构视角看，海派文化发展和经济结构重组的同时，社会发展和社会结构也在同时重组。目前学界普遍观点认为，经过上海中心城区"退二进三"的消费结构升级转型，近年来上海的中产阶层的主体地位所代表的消费需求、

文化体验、时尚效应必然会在城市空间演进上产生强烈的投影。研究这个投影的实现应从两方面入手：一是文化产业下各项经济行为在城市空间中如何布局，使文化效率的产出最大化；二是城市空间是如何被文化时尚消解的。从而产生以文化消费主义为导向的市场行为同城市空间规划的长期发展目标的耦合协同。

因此，国际海派文化的创新需要通过政策进行探路，与强化上海城市空间的发展定位、有效实行时尚业态功能管控、发展文化产业和增强文化活力综效、引导市场多元文化的繁荣发展，实现产权多样化管理相结合；基本的引导策略是应从城市空间的角度研究和佐证上海市域开发与海派文化保护之间的协调，梳理土地利用与街区文化发展之间的协调、城市决策和制度建设与社会文化引导之间的协调。以上关系均是上海城市空间新一轮文化产业布局中应认知的基本圈层。

由此可见，开放的城市空间布局与文化多元共生具有高度的同质性与共时性。认识到上海的这一社会特征，顺应时代发展以促进城市功能的演进，是海派文化得到保护和获得新生的重要动力之一。同时，为促进城市功能的新陈代谢、映射城市发展以人为本的精神导向、提升文化软实力也是夯实海派文化基础的重要准则。

1.3 国际海派时尚地标的文化开放及创新共享模式
THE INNOVATIVE MODE OF INTERNATIONAL SHANGHAI FASHION INDUSTRY

　　文化产业作为上海国际海派的文脉可续发展的重要支柱，在经济发展、社会包容、环境保护、时尚创意四个议题中均包含了重要因子，除了积极应对物质及非物质文化遗产保护，还要鼓励多元文化的繁荣发展，包括文化产业结构调整、文化技术创新服务、文化信息承载力拓展、文化投资环境改善、文化资源渠道变更、文化时尚业态融合等一系列因素的综合作用及相互影响，从而引导上海国际海派文化及城市经济的快速发展。

　　国际海派文化具有"海纳百川"的开放精神，应在城市间积极开展文化交流活动，在尊重文化传统和保护文化多样性基础上进行创新，分析城市海派文化可持续发展的模式选择，综合发展海派文化创新产业、营造海派文化创意氛围、实施海派文化敏感性的发展举措，并结合海派自身文化多元性、多样性特征，为上海打造国际海派文化创意型都市提供持久弥新的动力。

摘自《上海宣言》

1.4 国际海派时尚产业的文化创新评价及研究思路
RESEARCH ON THE EVALUATION OF INTERNATIONAL SHANGHAI FASHION LANDMARK CULTURAL INNOVATION

众所周知，国际海派文化的创研思路首先要符合我国国情，在海派文化体系下结合发展模式及政策要求进行针对性的分析及研究。上海国际城市化进程如此迅猛、成绩斐然，亟须建立适合海派文化及时尚地标的评价体系及分析模型以应对不断变化的世界城市竞争需求。从发展角度而言，海派文化一直是中国优秀的重要文化分支，为了能够有效地检验及评价国际海派文化的特性，需要梳理及整合文化体系的"核心指标"，其量化研究非一般的统计学和经济领域的统计范式，需有效地匹配海派文化产业特征，使文化结构、分类体系、价值引导、量化成果更加具有科学性、合理性。

经过构建国际海派文化分类体系下的评价模式（已在附录中进行量化表现），根据城市文化产业的一般规律与特征解读为"产业流—时尚街区类别""信息流—会展节庆类别""资源流—办公综合类别""服务流—产业园区类别""生态流—绿色低碳类别""服务流—旅游商圈类别"等，以及城市机制、商业模式、相关资源、分类研究等文化领域热点对海派文化的发展状况进行系统覆盖，从海派文化不同角度及层面出发，建立更加完善的研究体系，有助于提升海派文化的延展性，进而深入探讨海派文化的综合发展力。

国际海派文化模式创新的系统整合在国内尚属首例，少有相关参考资料作为依据，但文化总体类型丰富，文化衍生性较强，后期可以构建以海派文化为产业核心的"海派时尚坐标发展指数研究分析框架"，并逐年分析完善，不断筛选出具有实用性、针对性及可操作性的研究方法，提供国际海派文化更清晰的发展路径、多元体系、指导系统，是检验世界城市文化发展脉络的得力工具。

综合考量海派文化结构及时尚地标的梳理条件，以及时间、空间、经费等因素，考虑调研地标的复杂性和差异性，本书采用了文献研究、实地调研、深度追访、焦点研究、时尚大数据、数据挖掘、统计交送、信息数据可视等相结合的综合研究方法，把海派文化共分为11个大类，每个大类下又分为若干个子系统，通过研究大类及文化群落间的关系来讨论国际海派文化的特征。

鉴于此，海派文化时尚体系研究将分为两期：第一期研究对现阶段的典型样本进行归纳梳理，也为第二期研究下的分析及审议指数排名指明了发展方向及研究路径。这就是本书的研究目的。第二期研究进行时尚评价体系的价值论述，在基础数据与发展指数分型分析方面，对海派文化整合的反馈数据进行验证和分析，从"文化地标的具体情况""文化地标的服务及辐射能力""文化地标的文化多元及融合信息""文化地标的业态典型创新能力""文化地标的管理办法及运营更新能力"五个层面构建国际海派文化创新力评价体系，再与时尚产业的文化市场承载大数据相结合，归纳得出的信息成为衡量年度海派文化时尚综效的重要评价手段。

因此，构建国际海派文化创新力评价标准的第一步是前期海派地标的信息整合和回收的调研表，重新基于"地标类型""信息细项""采集标准"等思路，选出能进行统计的采集项，并设定采集项之间的计算加权方式，以确定模型的最终框架及判定标准。其研究方法的逻辑是先建立三类权重：第一类为关系权重，第二类为比例权重，第三类为发展权重。虽然三项均是调整分值大小以便计算出更合理的结果，但其意义不同，主要体现在三个方面：一是权重数值的设置对象。关系权重值主要针对地标模块和类型分项进行设置，对细项的重要程度进行深化研究，再针对模块之间的关系权重比例进行计算。二是比例项权重根据"采集标准"进行确定，设置比例权重的核心作用在于使不同的数据能够在合理的范围区间内进行计算，得到的结果自然有利于评价体系的建立。三是对项目数据进行整合后把发展权重作为海派文化的预测选项，并请专家组及管理代表针对预测模型给出的结果进行咨询及评价，对海派文化创新全方位、多角度发展做出专业诠释。

最终产生的评价信息按年度序列进行整合，以正态模型与时尚文化地标样本耦合形成指标构架，并以此为基础描绘出海派文化各区域的发展态势和文化指数。按照分值与文化发展理想总分的比例关系进行对照，按照从良好到优秀三个层级进行等级评定，对外公布海派文化指数评价及权威预测，其研究意义在于度量海派文化的可持续发展力，为上海早日实现一流世界城市特色文化极而努力。

C第二章 国际海派文化地标结构研究

HAPTER TWO STUDY ON THE STRUCTURE OF SHANGHAI STYLE CULTURE

2.1 国际海派时尚产业地标的区位分布概况及依据
OVERVIEW AND BASIS OF LOCATION DISTRIBUTION OF LANDMARKS OF INTERNATIONAL SHANGHAI FASHION INDUSTRY

2.2 国际海派时尚产业地标中的文化形制
INTERNATIONAL SHANGHAI FASHION STYLE LANDMARK CULTURE SHAPE SYSTEM

2.3 国际海派时尚产业地标文化多元化引导策略
INTERNATIONAL SHANGHAI STYLE INDUSTRY LANDMARK MULTICULTURAL STRATEGY

SHANGHAI CHARPTER 2

2.1 国际海派时尚产业地标的区位分布概况及依据
OVERVIEW AND BASIS OF LOCATION DISTRIBUTION OF LANDMARKS OF INTERNATIONAL SHANGHAI FASHION INDUSTRY

对上海国际海派的概念进行界定之后，对本书总共70项地标进行系统性界定及分类，这在研究国际海派文化中尚属首次。本书的理论体系遵循以下研究路径:首先对海派区域进行系统整合，发现海派文化体现在城区道路系统及沿街景观之中，表现出物质及非物质文化层面的弹性和时尚文化层面的黏性，各个文化时尚热点通过道路把相应的文化区间联系起来，故遴选出海派著名的时尚及历史街区，并对整条街道进行建模是首要的研究任务。

从文化景观到历史街区，城市中拥有的物质及非物质文化遗产的丰度是衡量一座城市文化价值的重要体现，故一期历史街区的海派文化地标选择的内容包括流派建筑、寺庙教堂、古建遗迹、名邸会馆、学堂公社四大类二十五项文化地标，将来会根据海派文化发展情况进行适当删减或增补。

在全球现代化进程中，文化成为城市可持续发展的重要源泉，通过现代文化生产和时尚魅力塑造，不仅能提升海派文化的知名度，保持城市活力，也有利于培养城市的文化认同感和地方归属感。本书针对现代海派文化地标的分类方式，力图从更加完善的城市能效、生态发展、创新组织、业态属性等视角划分出旅游商圈、办公集合、会展信息、触媒创新、产业园区、主题娱乐、绿色低碳、商业服务八个大类四十四项文化地标，并对这些文化地标进行发展潜力测度分析，从中归纳出国际海派文化地标的推荐及时尚指数。最终形成跨地区、跨文化、跨行业、跨代际的无边界国际海派文化都市。

2.2 国际海派时尚产业地标中的文创形制
INTERNATIONAL SHANGHAI FASHION STYLE LANDMARK CULTURE SHAPE SYSTEM

　　文化创意产业既是海派都市保持资源本底优势的秘诀，也是中国后发城市、中小城市实现赶超的重要途径。《国际城市蓝皮书：国际城市发展报告》中对欧洲文化都市的对标实践，进一步印证了国际文化形制下城市进程快慢并不取决于其空间发展容量的大小。城市具有机会"均等性"特征。具体说来，上海通过展现有形及无形的海派文化遗产，开发新的海派文化特色，增强比较优势，从而使社会及经济发展形成"乘数效应"。例如，多哈将发展教育及艺术作为新文化板块的一部分。而土耳其将加济安泰普、埃及文化遗产作为旅游资源，以促进城市繁荣。

摘自上海市人民政府发布的《上海手册2016》

2.3 国际海派时尚产业地标文化多元化引导策略
INTERNATIONAL SHANGHAI STYLE INDUSTRY LANDMARK MULTICULTURAL STRATEGY

　　文化的多元发展是国际海派文化的重要发展方向，建设并实现文化的多元营造是评价海派文化具有生命力和活力的依据及标准，也是塑造和谐、多样、多元世界城市的基础。从文化发展角度看，维护文化的多样性和可塑性是推动中华文化走向世界的必然举措；从城市管理者而言，应该采取更加包容的治理形式，为相异文化间的联系提供发展共融平台，将海派文化下的多元文化的社会挑战变成文化动力，以增强上海海派文化发展间的共享关系网络，使海派文化更加具有多样性、弹性和韧性。

　　第一，进行多元文化的脉络梳理是有历史依据的。当今多元文化已经成为全球文化的重要特征。但有趣的是，海派文化的溯源以多元文化为重要组成部分，历史脉络本身就具有多元表征：海派文化古往今来都是江浙沪文化、长三角文化、东吴亚文化以及南腔北调文化等形成的文化共同体，在殖民时代受到欧洲等西方文化（租界文化）的影响，在近代沿袭了民国文化的特征，在当代又激发了现代文化的时尚活力，同时受到了后世博文化的演变激荡，所以多元文化的发展

及城市规划治理是为一个城市管理者所接受、尊重，并肩负重构多元文化的时代责任和使命。

　　第二，实施具有海派文化多元特征的城市景观规划。将多元文化渗透到城市景观及规划的各项政策中，也是上海走向世界、成为世界城市的标准之一。这种发展方式在中国层面是将不同语言、生活方式、家庭结构、社会价值耦合起来，在城市景观中体现不同民族、不同群体、不同社会单元所关注的问题；在世界层面是借助城市治理案例，借助联合国或其他国际组织的政策经验，形成国际海派文化多元的发展指南（世界城市和地方政府联盟UCLG的文化敏感可持续发展报告），由此可对多元文化的程度进行量化、评价及指引。故本书选取了两节内容介绍规划建设的典型代表。

　　第三，保护海派文化主体和空间演进模式。这种保护模式的调控具体来说是维护上海多元文化包容及多样性，促进各国不同民族间的对话，使多元文化渗入城市的公共政策，促进跨部门之间的合作，确保政府文化发展的预算投入，保护少数民族的特色文化空间，进行不同规格的文化

交流、文化输出、文化转型。故时尚地标在历史文化层面进行了整合提炼。

第四，搭建海派文化多元体系及平台。文化间的对话及摩擦是增进文化了解、和谐共促的基础和前提，城市管理者应采取多种措施搭建文化及交流平台，而博物馆、美术馆等文化设施是促进文化间对话及社会融合的重要载体，故本书选取了三节内容介绍文化建设的典型多元代表。

第五，注意新兴技术推动下新文化涌现对多元文化的影响，本书的案例遴选也考虑到了这一点，彰显着海派文化的多样性催生出新体验及虚拟世界的文化新形态。

C 第三章 传统海派文化地标区位布局及分类
HAPTER THREE   LOCATION LAYOUT AND CLASSIFICATION OF TRADITIONAL SHANGHAI STYLE

3.1 传统海派时尚产业地标的区位分布概况及依据
GEOGRAPHICAL DISTRIBUTION OF SHANGHAI STYLE FASHION INDUSTRY LANDMARKS

3.2 传统海派历史街区的时尚嬗变
FASHION EVOLUTION OF TRADITIONAL SHANGHAI STYLE HISTORIC BLOCK

3.3 传统海派历史沿革时尚文化地标
CULTURAL LANDMARK IN THE HISTORY OF THE SHANGHAI STYLE

3.4 海派名人故居历史文化地标
HISTORY OF THE FORMER RESIDENCE OF SHANGHAISTYLE CELEBRITIES LANDMARK

3.5 海派博物馆及"文化源"地标
SHANGHAI STYLE MUSEUM AND LANDMARK OF "CULTURAL SOURCE"

3.1 传统海派时尚产业地标的区位分布概论及依据
GEOGRAPHICAL DISTRIBUTION OF SHANGHAI STYLE FASHION INDUSTRY LANDMARKS

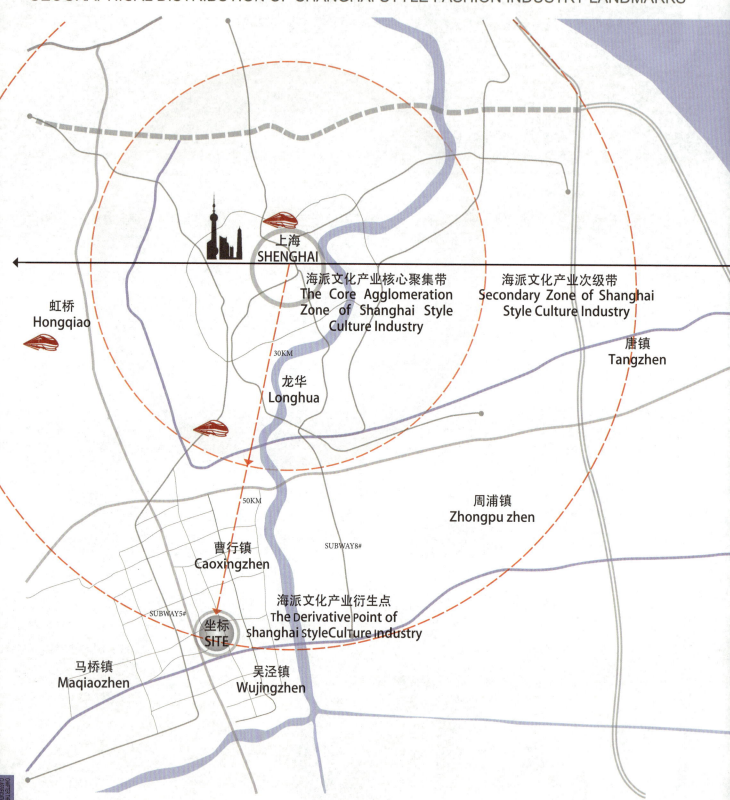

根据上海海派文化的衍生及发展情况，结合相关的历史文脉、产业特色、文化创意、时尚表现及发展潜力等相关因素，从城市区位的视角进行分析发现，在城市中心的时尚产业发展的聚合度及文化的延展性较大，常常伴随商业、旅游、办公等商圈及产业带、地铁核心交通沿线进行分布，形成上海国际海派"全域型文化交叉及创新型文化增长"。

遴选共识及依据
SELECTION OF CONSENSUS AND BASIS

海派时尚坐标交通便捷
位于上海三小时生活圈内

ACCESSIBLE
Located in Shanghai three
hours living circle

海派时尚坐标环境优美——
拥江临水，自然条件优越

NATURE ENVIRONMENT
Close to Huangpu River,Eco
environment

上海市区
SHANGHAI

海派时尚坐标通达南北
地铁优势，桥梁、公路网络
贯通

**IINK NORTH AND SOUTH
SAHN HAI**
Advantage of the subway,
Bridges, road network

上海区域划分及名称简图 DISTRICT MAP

Yangpu

Zhabei

Hongkou

Putuo

Jingan

The Bund

Old City

Changning

Luwan Huangpu

French Concession

Xuhui

5 Kilometers

5 Miles

N

海派时尚坐标业态优势
区域产业集聚化，文创产业
链搭配合理

INDUSTRY ADVANTAGE
Regional industrial logistics chain
collocation is reasonable

120.51

30.40

区域肌理 UNRBAN FABRIC

SHANGHAI CHARPTER 3

海派时尚地标图册使用说明 DIRECTIONS FOR USE OF LANDMARKS

383 成龙电影艺术馆 JC FILM GALLERY

环球港 GLOBAL PORT

551

433

M50创意园 M50 CREATIVE GARDEN

大悦城 JOY CIT

565

335

人 PE

上海展览中心 SHANGHAI EXHIBITION CENTER

265

上海自然博物馆 NATURAL HISTORY MUSEUM

245

455

436

K1

98创意园 98 CREATIVE PARK

585

149

223 东华大学 DONGHUA UNVERSITY

兴业太古汇 HKRI TAIGU HUI

101

新天 XINT

静安寺 JIN,GAN TEMPLE

199 宋庆龄故居 SONG QINGLING RESIDENCE

107

田子坊 TIANZI FANG

215

董浩云航运博物馆 C.Y. TUNG MARITIME MUSEUM

上海 SHAN

357

440

155

上海电影博物馆 SHANGHAI FILM MUSEUM

徐家汇天主堂 XUJIA HUI CATHOLIC CHURCH

CHAPTER THREE LOCATION LAYOUT AND CLASSIFICATION OF TRADITIONAL SHANGHAI STYLE 第三章 传统海派文化地标区位布局及分类

PAGE

本书按照地铁色块分类方法，每一个色块均代表一种时尚产业类别，易于区分，地图去掉了所有干扰项，只保留内环、中环标识线，地标采用中英文对照的形式，其中，每个地标中心的数字对应着后面的页码。

N

||||||||| 内环高架　　||||||||| 中环高架　　||||||||| 逸仙高架　　||||||||| 南北高架　　/////// 延安高架

219

283 五角场商圈
WUJIAO CHANG

复旦大学校史馆
SCHOOL HISTORY MUSEUM
OF FUDAN UNIVERSITY

205 鲁迅故居
LUXUN'S FORMER RESIDENCE

464 1933老场坊
1933 LAO CHANG FANG

场商圈
SQUARE

91

外滩
THE BUND

291 上海国际会议中心
SHANGHAI INTERNATIONAL CONVENTION CENTER

295 上海中心（上海之巅）
SHANGHAI TOWER

143

豫园
YU GARDEN

139

410 上海陆家嘴融书房
LUJIA ZUI READING SPACE

文庙
CONFUCIAN TEMPLE

BRIDGE 8

477 世纪公园
CENTURY PARK

HISTORIC— STREETCAPES

3.2 传统海派历史街区的时尚嬗变

Fashion Evolution of Traditional Shanghai Style Historic Block

关键词：南京路、淮海路、四川北路、世纪大道

引言：传统产业坐标街区遴选可以体现海派文化特色及传统韵味的文脉特色。从追求先锋时尚的淮海路，到反映当地文化特色的四川北路，再到体现上海精神特质的南京路步行街及代表21世纪精神、大气宣言式的世纪大道等，这些街区地标最能反映出海派文化的内涵。"传承内敛，创新时尚"。海派街区的创意产业群落不受时尚创意指数的影响，它是一个海派创意集合和范式综览。

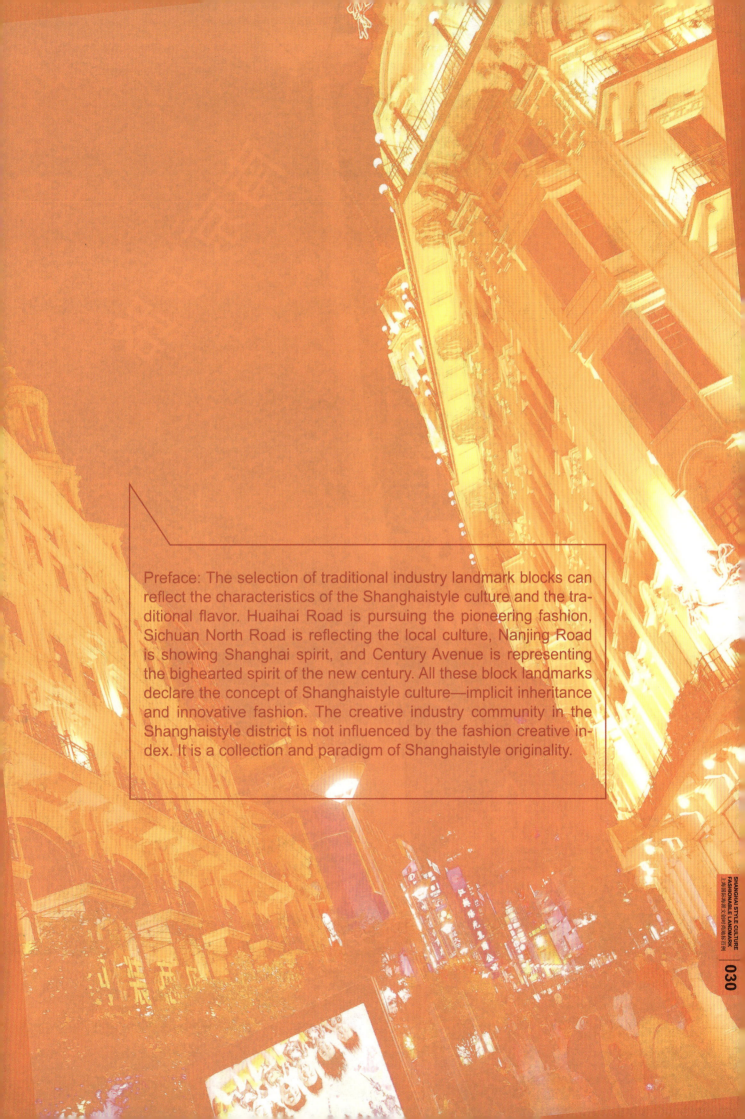

Preface: The selection of traditional industry landmark blocks can reflect the characteristics of the Shanghaistyle culture and the traditional flavor. Huaihai Road is pursuing the pioneering fashion, Sichuan North Road is reflecting the local culture, Nanjing Road is showing Shanghai spirit, and Century Avenue is representing the bighearted spirit of the new century. All these block landmarks declare the concept of Shanghaistyle culture—implicit inheritance and innovative fashion. The creative industry community in the Shanghaistyle district is not influenced by the fashion creative index. It is a collection and paradigm of Shanghaistyle originality.

南京东路

research traditional:

NAN JING EAST ROAD

Landmark location layout and classification

南京东路是上海最知名、最繁华的步行街区。

国际海派文化地标概述
INTRODUCTION

国际海派文化地标区位布局及分类
SITE STRUCTURE

传统海派文化地标区位布局及分类
TRADITIONAL LANDMARK

现代海派文化地标区位布局及分类
MODERN LANDMARK

附录
APPENDIX

南京路 NANJING ROAD

总体概述： GENERAL SUMMARY

　　南京路是被称为"中华商业第一街"——南京东路和南京西路的总称，商业街跨黄浦、静安两区，其精华段集中于西部静安区和东部河南中路靠外滩片区，西部穿越静安寺闹市地区，横贯静安全区。拥有恒隆广场、中信泰富、梅龙镇所形成的"金三角"，与会德丰广场、越洋广场、嘉里二期等组成的"金五星"交相辉映；东部片区西起西藏中路，东至河南中路，拥有人气之王的新世界百货、世贸大厦、凯德来福士、名人购物中心、新世界大丸百货等，汇全区商业之精华，与文化街福州路相邻，又是承接外滩的必经要地。旧外滩的"四大百货"全部汇集于此。整条南京西路商圈所聚集的知名品牌高达3000多个，国际品牌就有1200多个，而且国际上九成顶级品牌都在这里开有旗舰店或专卖店，南京路是当今中国乃至国际顶级的购物场所。

景观结构： LANDSCAPE STRUCTURE

　　南京路步行街一期工程东起河南中路，西至西藏中路，全长1033米，路幅宽18～28米，总用地约3万平方米。根据人群购物行为特征分析，方案采用不对称的布置形式，以4.2米宽的"金带"为主线，贯穿于整条步行街中。街区集中布置城市公共设施，如座椅、购物亭、问讯亭、广告牌、雕塑小品、路灯、废物箱、花坛、电话亭等。"金带"位于道路中心线偏北1.3米处，处于阳光的照射面，明确地标示步行街的休憩空间，反映步行街的静态特征。而两侧步行区平坦开阔，无任何障碍物，直接通向商店，反映了步行街的动态特征。另外，"金带"采用抛光印度红花岗岩，夜幕降临，"金带"折射出两侧的霓虹灯光，流光溢彩。"戏剧谷"建设还将丰富"金五星"白领们的业余生活。

　　南京路步行街景观环境设计坚持"以人为本"的原则，各种小品、街道家具、灯杆的尺度与人、建筑的尺度相协调，为游人创造一个舒适、悠闲的购物环境。作为步行街的休闲停留空间与其两侧的步行空间形成强烈的动静对比。街区布置以75米的长度为一个标准单元，留出足够的南北向步行空间，让游人自由穿越金带。街道设施的设计包括路灯、座椅、花坛、服务亭、广告牌、购物亭、电话亭、垃圾桶等，花坛、座椅的用材与"金带"地面层铺装相一致。对位于"金带"上的37个雨水窨井盖进行了特殊设计，每个窨井盖都刻有不同图案——上海开埠以来各时期代表性建筑物和构筑物浮雕，并标注建造年份，全部用合金铜浇铸。37个窨井盖浓缩了上海百余年来城市建设的发展史。题字碑的碑体正面是"南京路步行街"六个镏金大字，背面为中英文对照的南京路步行街建设志。

海派底蕴： SHANGHAI STYLE HERITAGE

　　南京路商业街作为映射海派文化的第一街区，其多样文化元素之间相互包容、互相渗透与吸收，涵盖了古今中外精粹、精华，海纳百川的博大胸怀和向前发展的坚定信念，使南京路充满勃勃生机，展现出它百余年不落的繁华。作为上海绝对的"黄金地段"，它也是经营者必争之地，是旅游者必达之处。

　　新建成的南京路步行街不仅集"购物、旅游、休闲、商务、展示"五大功能于一体，还具有"万国商品博览会、繁荣繁华不夜城、购物天堂欢乐游、两个文明大窗口"四大特点，并集聚了数十个中华老字号旗舰店。享有"中华商业第一街"的美誉。平时每天接待海内外游客约80万人次，双休日一般为100万人次，节日黄金周期间可达150万～200万人次，最高峰值为一天300万人次。辅街开设了贵州路休闲街、云南路美食街及福建路中华名品街，不仅提升了市级商业中心的整体能级，而且进一步拉动了市场消费。2010～2016年零售总量均居全国各大商业街前列。

南京东路功能指引
NANJIING EAST ROAD

老庙黄金　朵云艺术馆　南京东路站（2号线）　外经贸商务楼

永利大楼

恒基名人购物中心　南京东路站（10号线）

南京东路
Nanjing Road (E)

置地广场　圣德娜商厦　悦荟广场　宏伊国际广场

九江路福建中路　九江路山东中路

华盛大厦　金融广场　上海市黄浦体育馆　解放日报大厦

图例 LEGENDS

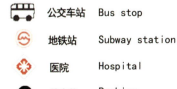

	公交车站	Bus stop
地铁站	Subway station
医院	Hospital
P 停车位	Parking
B 银行	Bank
H 旅馆	Hotel

南京路坐标系统性研究模型
FASHION AND SYSTEMATIC RESEARCH MODEL TO KEY PLAN

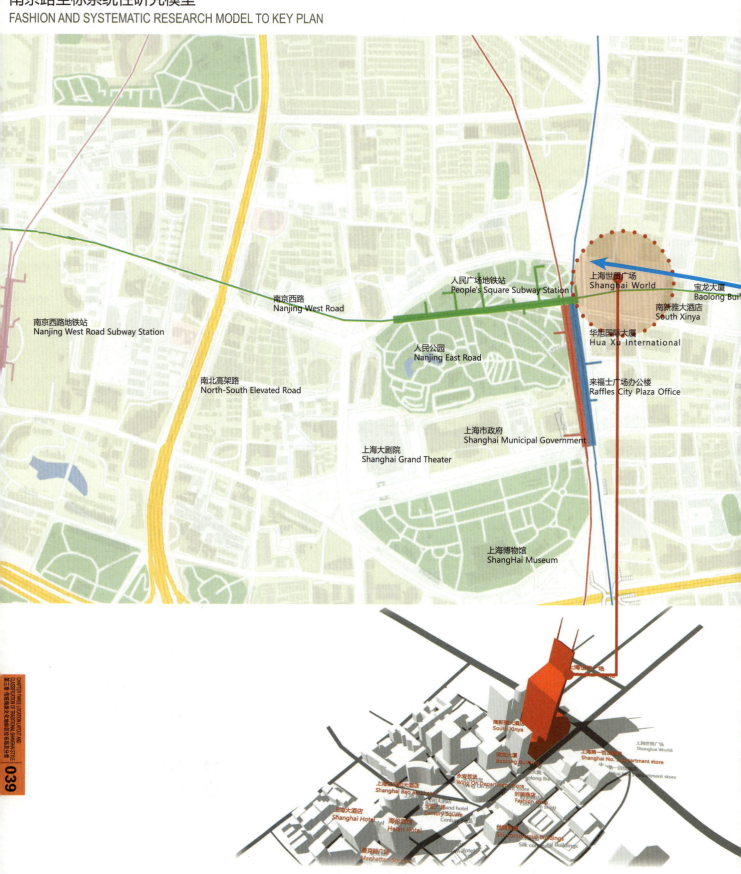

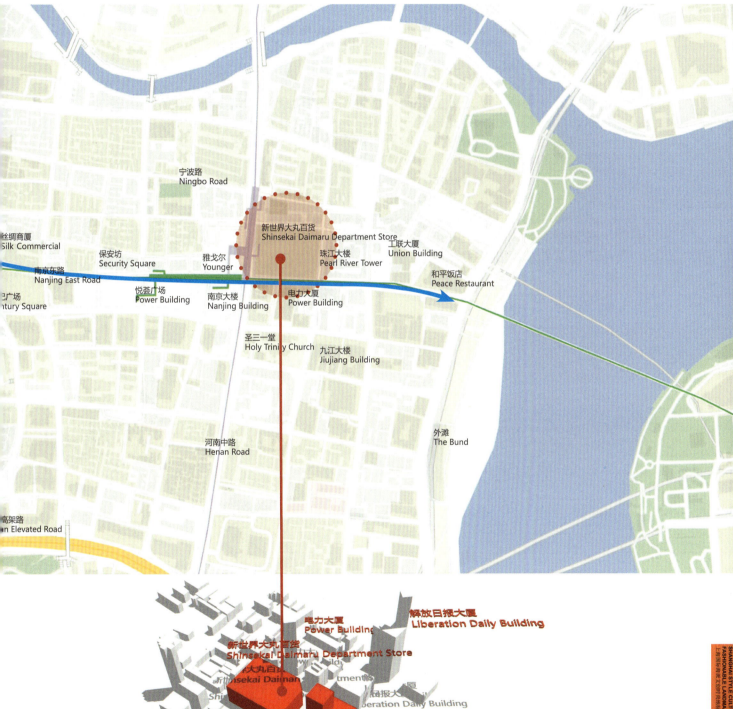

宁波路
Ningbo Road

新世界大丸百货
Shinsekai Daimaru Department Store

丝绸商厦
Silk Commercial

保安坊
Security Square

雅戈尔
Younger

珠江大楼
Pearl River Tower

工联大厦
Union Building

南京东路
Nanjing East Road

和平饭店
Peace Restaurant

广场
entury Square

悦荟广场
Power Building

南京大楼
Nanjing Building

电力大厦
Power Building

圣三一堂
Holy Trinity Church

九江大楼
Jiujiang Building

河南中路
Henan Road

外滩
The Bund

高架路
n Elevated Road

电力大厦
Power Building

解放日报大厦
Liberation Daily Building

新世界大丸百货
Shinsekai Daimaru Department Store

大丸百货
Shinsekai Daimaru

报大厦
Liberation Daily Building

恒基名人购物中心
Henderson Metropolitan

人购物
erson Metropolitan

上海世茂国际广场 SHANGHAI WORLD TRADE CENTER

建筑设计师：英恩霍文.欧文迪克合伙人建筑设计事务所
INGENHOVENOVERDIEKUNDPARTNER

总体概述：GENERAL SUMMARY

　　世茂国际广场地处上海市中心最繁华的南京路商业步行街的起点，南京路、西藏路交角的东南侧，是一家全新都市型购物中心，它以高档活力的经营定位，给百年南京路注入了卓越活力，有着得天独厚的地理位置、无限商机和难以估量的商业价值。

　　位于上海市南京路步行街端点，紧邻人民广场，总建筑面积近17万平方米，主体建筑高达333米，暂居浦西楼宇之三，十里南京路的繁华全貌尽收眼底，其鲜明独特的建筑艺术已成为南京路标志性景观，与周围的上海市第一百货商店、东方商厦、新世界商城构成南京路的购物黄金三角。

永安
Win

上海王宝和大酒店
Shanghai Bao and hotel

上海大酒店
Shanghai Hotel

海伦宾馆
Helen Hotel

世纪广场
Century Squa

酒店　世纪广场
p and century Sq

　　新世界商城、世贸广场、来福士构成了西藏路、南京路、福州路的交叉口商业界面。

曼克顿广场
Manhattan Square

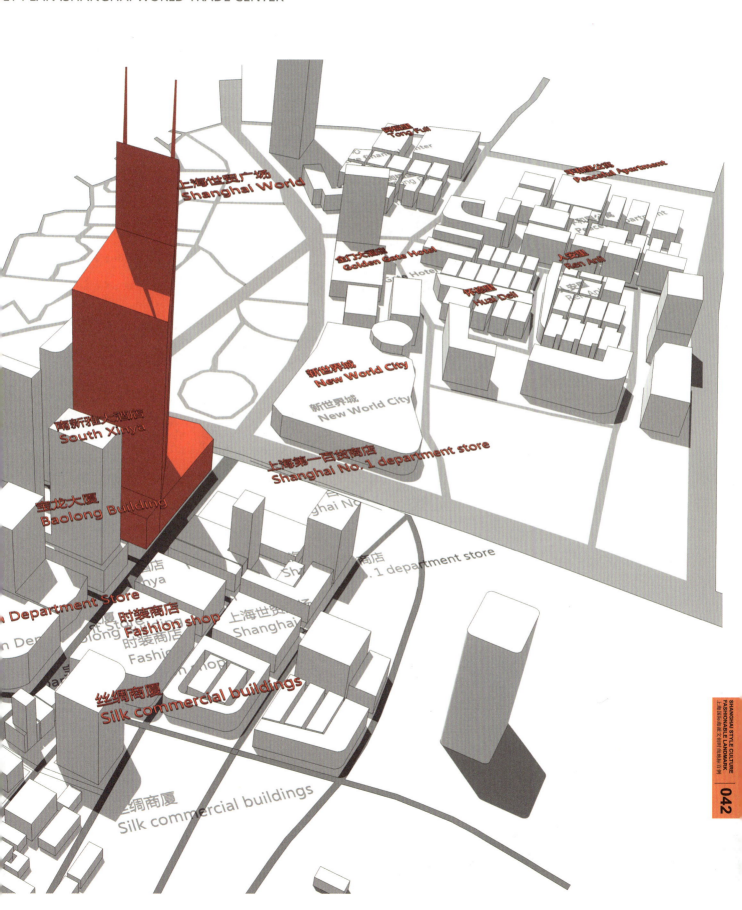

时尚坐标三维索引：上海新世界大丸百货
KEY PLAN :SHANGHAI NEW WORLD SHOPPING MALL

新世界大丸百货、恒基名人中心等商业MALL构成了河南路、南京路的交叉口商业界面。

厦

n Daily Building

新世界大丸百货 **SHANGHAI NEW WORLD DAIMARU**

总体概述：

上海新世界大丸百货是上海新南东项目管理有限公司与日本大丸松坂屋管理合作的百货商场，地处南京路步行街东首，位于南京东路河南中路路口，毗邻外滩。

商场共有地上6层和地下5层，总面积达12万平方米。地下一层与地下二层直通轨道交通2号线和10号线，地下三至五层车库可提供500余个停车位。商场以“打造高端精品百货”为目标，开创了百货行业经营高端奢侈品的先河。商场内云集了400多个国际知名、国际流行品牌、港澳品牌、国内知名品牌入驻，组合的品牌覆盖近乎全年龄客层。

g

itan

淮海路 LANDMARK LOCATION LAYOUT AND CLASSIFICATION
RESEARCH TRADITIONAL：HUAIHAI ROAD

地标位置：淮海路位于上海的中心地带，这条时尚大道是上海海派传统的国际时尚商业地带，浓缩了上海的百年历史。它灵动、自然、亲切，徜徉着一切敢为人先的新思维和新创想，在海派气息中展现着国际大都市的风采。

淮海路集世界品牌之大成，苹果体验店、MUJI集合店、维秘旗舰店、卡地亚精品店等沿街林立，新业态、新零售的商业模式不断迭代，在新天地等地标的影响下成为一条真正的海派不夜街。

淮海路 HUAI HAI ROAD

地标位置：上海市黄浦区，东起人民路，西至西藏南路

总体概述： GENERAL SUMMARY

　　淮海路位于上海市中心人民广场区域，是上海最繁华、最具特色的商业街之一。它与南京路齐名，如果说南京路是上海商业的象征，那么淮海路则更多得表现为一种风格、一种海派品位。它是全上海公认的最美丽、最摩登、最有内涵、最有"腔调"和情调的一条街，也是最有教养的街道，道路数年如一日的整洁。街上的行人多数为女孩且清一色的小资。现代化建筑林立，时尚名品荟萃，紧随世界潮流。温馨典雅的购物环境、众多餐饮娱乐名店以及优越的酒店服务，为淮海中路商圈增色不少。以高雅浪漫著称的百年淮海路，是一个众人眼中华贵雍容的购物天堂。而它持久的生命力在于自1900年诞生百余年以来，海派文化源远流长、历史地标光鲜夺目，始终彰显与时俱进的步伐与海纳百川的情怀。

海派底蕴： SHANGHAI STYLE HERITAGE

　　此街区位于上海市中心，广义的淮海路一共包括3段，全长约6000米：东段的淮海东路，东起人民路，西迄西藏南路，长373米，在法租界时代原名宁波路。西段的淮海西路，长1506米，东起华山路，西迄虹桥路、凯旋路交会处，原名乔敦路，开辟于1925年，是最后一批的公共租界越界筑路，1930年改称陆家路。

　　淮海东路和淮海西路都是长度较短的僻静马路，位处两者之间的就是长约5500米的淮海中路，其中最为繁华高贵的区段，是位于从陕西南路到西藏南路，长约2200米的"东方香榭丽舍大街"——淮海中路商业街。其典雅而繁荣的氛围让人不禁想起巴黎香榭丽舍、纽约第五大道、东京银座及新加坡乌节路的街景。淮海路源于约150年前属于上海法租界的霞飞路，笔直的街道、西式的风格和法国梧桐树等造景充满了欧洲风情。直到1949年中华人民共和国成立以后，为了纪念中国人民解放战争中著名的淮海战役因此改名为淮海路，是当代上海著名的旅游景点。

业态布局： DISTRIBUTION OF THE FORMATS

　　根据淮海路鱼骨式路网布局，其业态定位围绕"高雅时尚、芳容繁华"演绎国际海派商业文化风情。根据商业规划，淮海中路打造四个特色路段：陕西路到瑞金路的路段定位为"百年经典"，电影局花园内的历峰主题楼开设了登喜路、江诗丹顿旗舰店，国泰公寓东段专卖店引进万宝龙、豪雅、万国等品牌；瑞金路到重庆南路的路段定位为"活力创新"，全球著名运动品牌旗舰店、MUJI中国旗舰店成为吸引眼球、集聚人气的新亮点；重庆南路到西藏南路的路段定位为"高雅精美"，香港广场、K11、力宝广场汇聚路易威登、卡地亚、杰尼亚、寇驰、蒂芙尼等国际知名品牌的旗舰店；淮海中路东段和新天地链接的路段定位为"时尚互动"，这些世界级商业品牌将为海派文化再添浓墨重彩的一笔。

时尚特色： FASHION FEATURES

　　淮海路有极为丰富的人文景观，国家级文物保护单位"中共一大会址""共青团中央旧址""中山故居""宋庆龄故居"等均在沿路附近，常熟路以西的淮海中路是上海最高档的住宅区域之一，各式花园洋房、高档别墅遍布其间（以上地标将分类描述）。美国、法国、日本等驻沪总领事馆都设在这段淮海路上，上海图书馆新馆也坐落于此。走在淮海路上即使不购物，也能感受到视觉的盛筵。每条街景都是一幅流动的充满时代气息的画面：举止得体、衣着光鲜、神采飞扬的红男绿女；街景两旁一幢幢风格各异的商厦与路边的法国梧桐、雕塑、小景观、公园相映成趣。加上周围那几条风雅幽静的支马路：长乐路、太仓路、雁荡路、思南路、瑞金路、茂名路、汾阳路、复兴西路、湖南路、高安路等，把淮海路商业街点缀得魔幻高雅。

　　淮海中路的夜景与南京路一样迷人，商店的霓虹灯缤纷夺目。淮海路实施的商店橱窗"灯光透亮工程"，再加上由不锈钢拱形跨街灯组成的一条极有特色的"灯光隧道"和法桐树的绕树灯光秀让游客们体验到海派不夜城的独特风采。

淮海路沿街建筑夜景灯光华美，是上海极少午夜后仍车水马龙的街道，繁华程度胜似南京路，淮海中路和华山路交叉区段即便是工作日午夜，也极难打到出租车，需网络叫车。

　　淮海路大上海时代广场连卡佛"买手MALL"主题圣诞美陈：近两年来商业美陈系列与节日主题结合紧密，吸引了大量客群，游客往往在此集聚互动。海派美陈地标观赏点有K11、Lane Crawford、力宝广场等。淮海路也是举办上海旅游节的指定街区，其海派节庆软文化影响力很大。

淮海中路、华山路区段映射出老上海建筑风情，包括最著名的邬达克设计的私宅公寓多聚于此，名流故居众多的淮海路、思南路、香山路、马当路区域可寻访海派人文文脉、瞻仰亲历。如需详细走访海派故居，可先去人民广场上海城市规划馆二楼进行文化互动。

淮海路功能指引
HUAIHAI ROAD

索引图 KEY PLAN

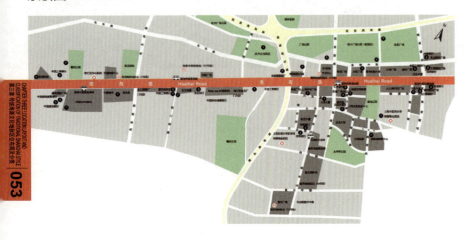

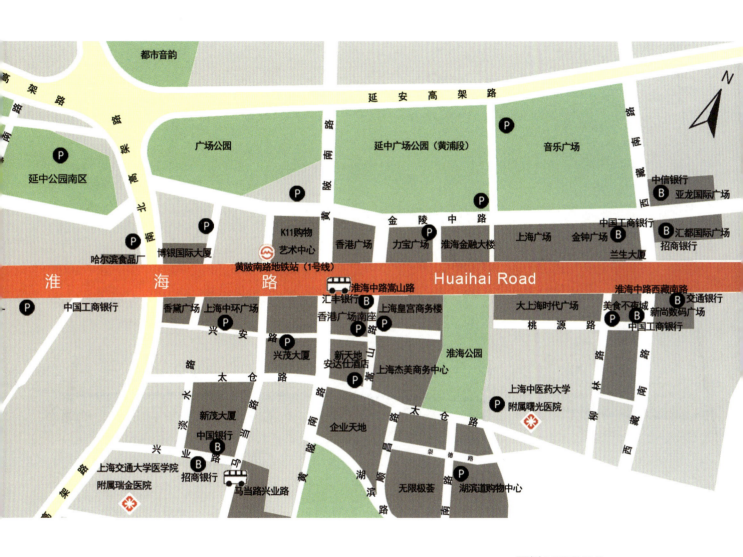

都市音韵

延 安 高 架 路

广场公园
延中广场公园（黄浦段）
音乐广场

P
延中公园南区

中信银行
亚龙国际广场

P
P
哈尔滨食品厂
博银国际大厦
K11购物
艺术中心
香港广场
力宝广场
淮海金融大楼
金陵 中 路
上海广场
金钟广场
中国工商银行
汇都国际广场
招商银行
兰生大厦

黄陂南路地铁站（1号线）

淮 海 路 　 Huaihai Road

淮海中路嵩山路
淮海中路西藏南路

P
中国工商银行
香黛广场
上海中环广场
汇丰银行
香港广场南座
上海皇宫商务楼
大上海时代广场
美食不夜城
新尚数码广场
交通银行

桃源路
中国工商银行

兴茂大厦
新天地
安达仕酒店
上海杰美商务中心
淮海公园

新茂大厦
中国银行
企业天地
上海中医药大学
附属曙光医院

上海交通大学医学院
附属瑞金医院
招商银行
马当路兴业路
无限极荟
湖滨道购物中心

图例 LEGENDS

🚌	公交车站	Bus stop
Ⓢ	地铁站	Subway station
✳	医院	Hospital
Ⓟ	停车位	Parking
Ⓑ	银行	Bank
Ⓗ	旅馆	Hotel

淮海路坐标系统性研究模型
FASHION AND SYSTEMATIC RESEARCH MODEL TO KEY PLAN

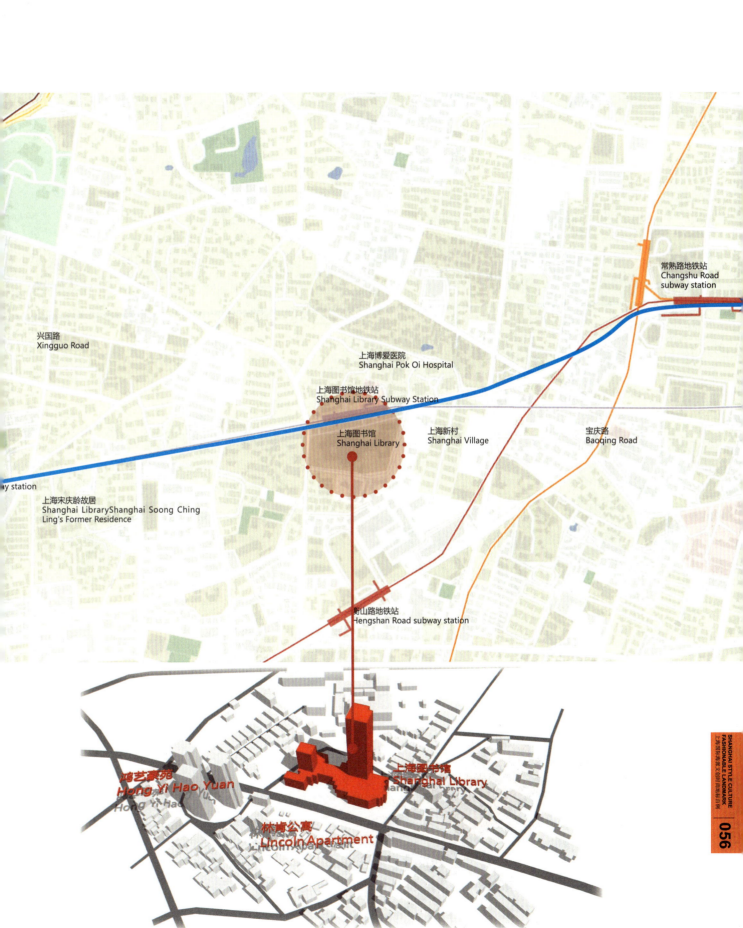

兴国路
Xingguo Road

上海博爱医院
Shanghai Pok Oi Hospital

上海图书馆地铁站
Shanghai Library Subway Station

常熟路地铁站
Changshu Road
subway station

上海图书馆
Shanghai Library

上海新村
Shanghai Village

宝庆路
Baoqing Road

y station

上海宋庆龄故居
Shanghai LibraryShanghai Soong Ching
Ling's Former Residence

衡山路地铁站
Hengshan Road subway station

鸿艺豪苑
Hong Yi Hao Yuan
Hong Yi Hao Yuan

林肯公寓
Lincoln Apartment

上海图书馆
Shanghai Library

国际海派文化地标概述
INTRODUCTION | 国际海派文化地标结构研究
SITE STRUCTURE | 传统海派文化地标区位布局及分类
TRADITIONAL LANDMARK | 现代海派文化地标区位布局及分类
MODERN LANDMARK | 附录
APPENDIX

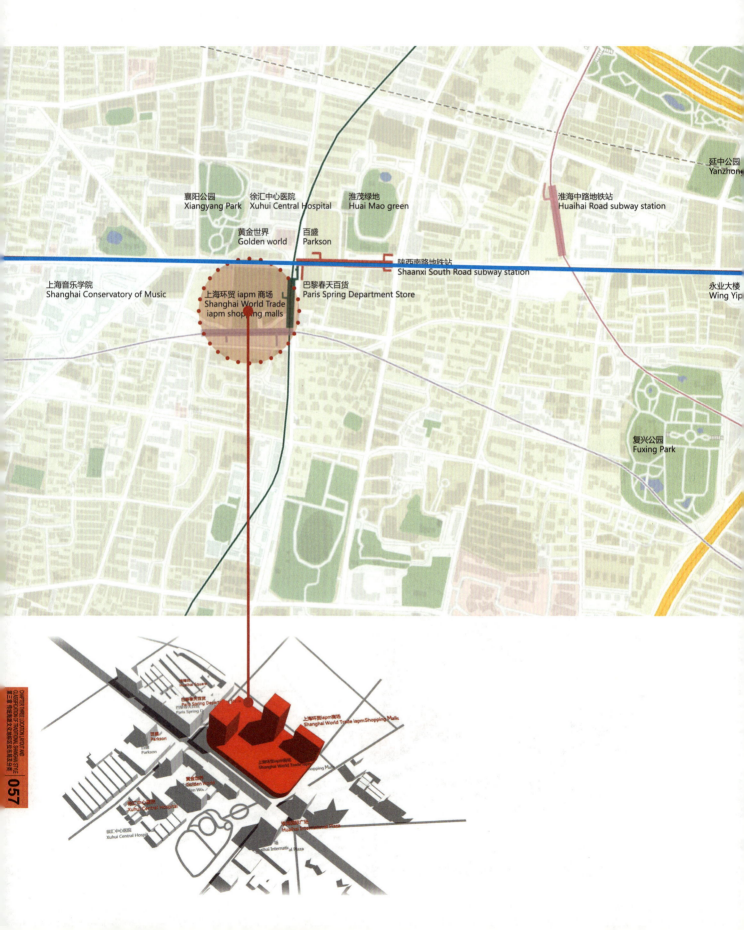

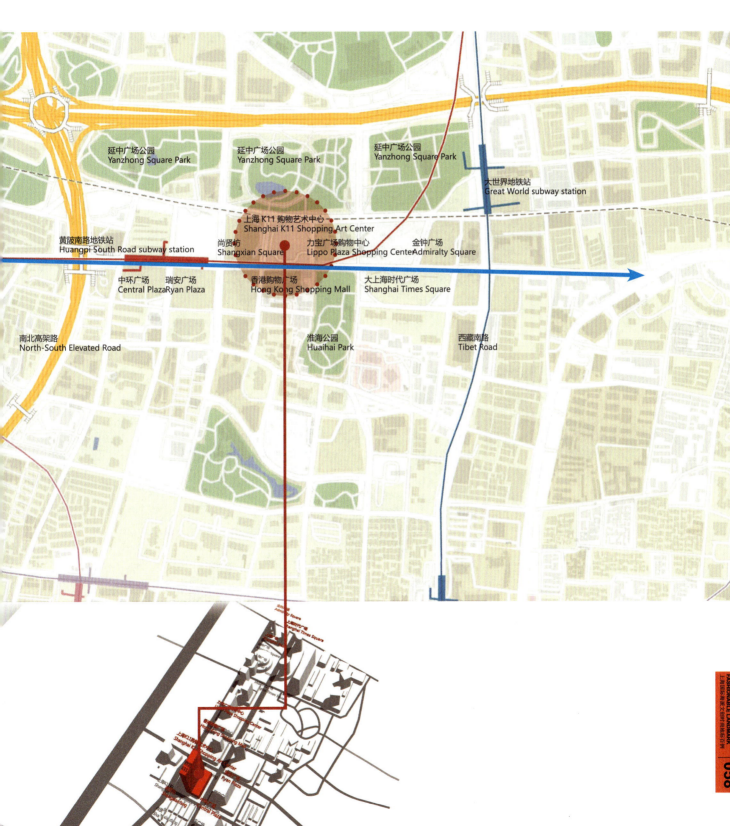

延中广场公园
Yanzhong Square Park

延中广场公园
Yanzhong Square Park

延中广场公园
Yanzhong Square Park

大世界地铁站
Great World subway station

上海 K11 购物艺术中心
Shanghai K11 Shopping Art Center

黄陂南路地铁站
Huangpi South Road subway station

尚贤坊
Shangxian Square

力宝广场购物中心
Lippo Plaza Shopping Center

金钟广场
Admiralty Square

中环广场 瑞安广场
Central Plaza Ryan Plaza

香港购物广场
Hong Kong Shopping Mall

大上海时代广场
Shanghai Times Square

南北高架路
North-South Elevated Road

淮海公园
Huaihai Park

西藏南路
Tibet Road

国际海派文化地标概述
INTRODUCTION | 国际海派文化地标结构研究
SITE STRUCTURE | 传统海派文化地标区位布局及分类
TRADITIONAL LANDMARK | 现代海派文化地标区位布局及分类
MODERN LANDMARK | 附录
APPENDIX

淮海路时尚坐标三维索引：上海环贸 IAPM 商场（详见海派商业新零售时尚地产地标）
KEY PLAN : SHANGHAI WORLD TRADE IAPM SHOPPING MALL

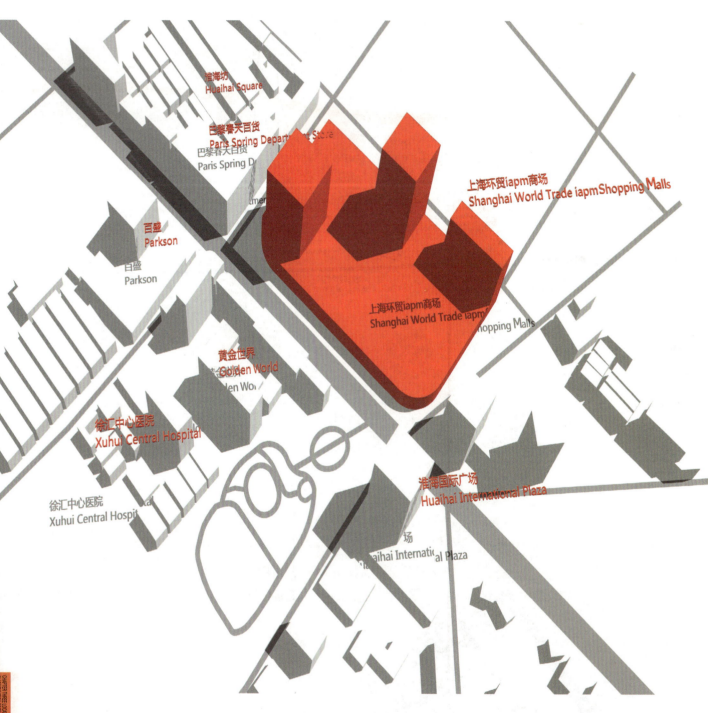

淮海路时尚坐标三维索引：上海 K11 购物艺术中心（详见海派商业新零售时尚产业地标）
KEY PLAN:SHANGHAI K11 SHOPPING ART CENTER

淮海路时尚坐标三维索引：上海图书馆（详见海派观演艺术公建产业文化地标）

KEY PLAN :SHANGHAI LIBRARY

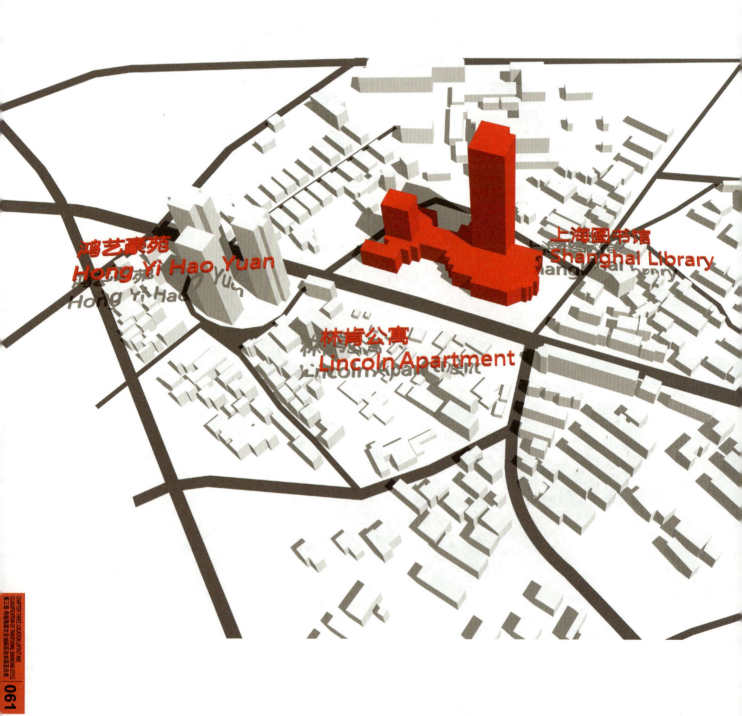

鸿艺豪苑
Hong Yi Hao Yuan

上海图书馆
Shanghai Library

林肯公寓
Lincoln Apartment

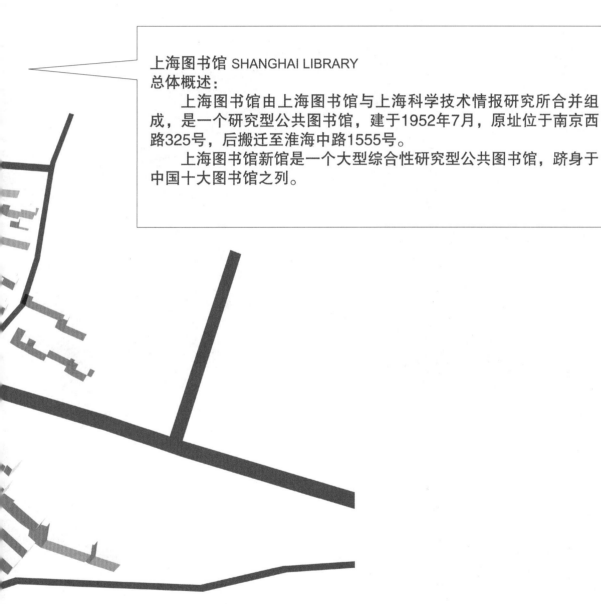

上海图书馆 SHANGHAI LIBRARY

总体概述：

　　上海图书馆由上海图书馆与上海科学技术情报研究所合并组成，是一个研究型公共图书馆，建于1952年7月，原址位于南京西路325号，后搬迁至淮海中路1555号。

　　上海图书馆新馆是一个大型综合性研究型公共图书馆，跻身于中国十大图书馆之列。

四川北路 LANDMARK LOCATION LAYOUT

AND CLASSIFICATION RESEARCH TRADITIONAL:

NORTH SICHUAN ROAD

上海四川北路靠近东宝兴路区段较为繁华，商业地标诸如凯鸿广场、宝大祥、嘉杰广场、巴黎春天、东宝百货等。北侧是上海最著名的"公园广场舞派对"。

四川北路 NORTH SICHUAN ROAD

地标地址：南起四川路桥北堍北苏州路，中经横浜桥至东江湾路

总体概述：GENERAL SUMMARY

四川北路是上海市虹口区的一条南北向街道，全长3700米。以武进路为界，南段和中、北段分属于乍浦路街道和四川北路街道。《上海风土杂记》中有这样的描述："北四川路跳舞场，中下等影戏院、粤菜馆、粤茶楼、粤妓院、日本菜馆、浴室、妓院、欧人妓院、美容院、按摩院甚多，星罗棋布，全上海除南京路、福州路以外，以北四川路为最繁盛，日夕车辆、行人拥挤。"20世纪90年代初，上海市政府对四川北路进行了大规模改造，发展至今已成为大上海一条独具特色的"面向工薪阶层的商业大街"。四川北路也被公认为是仅次于南京路和淮海路的第三大商业街。

景观结构：LANDSCAPE STRUCTURE

四川北路的开端位于虹口区南部、中部偏西，南起四川路桥北堍北苏州路，中经横浜桥至东江湾路。沿途与天潼路、武昌路、塘沽路、海宁路、武进路、虬江路、虬江支路、邢家桥南路、东宝兴路、海伦西路相交，与南崇明路、昆山花园路、昆山路、新广路、厚德路、川公路、新乡路、永明路、秦关路、多伦路南段、长春路、溧阳路、山阴路、甜爱路、多伦路北段、东江湾路、黄渡路相会。全长3700米，也为鱼骨式道路结构。

苏州河是四川北路商业街南端的起点，鲁迅公园是四川北路商业街北端的终点，现今延至虹口龙之梦的商业端点。俞泾浦则横贯四川北路中段，四川北路公园和爱思儿童公园点缀其中。其得天独厚的地理环境和生态优势是其他市级商业中心较难拥有的，这里镌刻着城市厚重的历史文化印记，中共革命家大多旅居于此，左翼作家名仕也隐居其中，被誉为上海最文艺的路段。

业态布局：DISTRIBUTION OF THE FORMATS

曾经被称为上海最长商业街的四川北路在改革开放后的建设进程中，延续了民国时期的繁华商业与街景。由于现代各种因素的影响，诸如徐家汇、五角场等新兴商圈的迅速崛起，使得四川北路已不复昔日辉煌，不过其所拥有的商业历史和文化遗迹依旧，国际海派文化底蕴依然深厚。在这里依然能够找到弄堂街区历史文脉的印记。改建后的四川北路以高品位、中低价的商品和现代电子技术服务，以及利用周边人文景观建设起来的现代文化旅游和娱乐业态为主要特色，现已基本完成街区东北部天潼路商圈（壹丰广场）——中部东宝兴路商圈（嘉杰广场）——西南部宝山路商圈（龙之梦商场）的业态部署，其甜爱路、多伦路文化街和市民公园也吸引着越来越多的市民和国内外的游客。

海派底蕴：SHANGHAI STYLE HERITAGE

四川北路曾经是进步文人的聚居地，出版商社众多，文人会聚。1921年，共进会在四川北路克明路天寿里开设上海通信图书馆，成为上海首个完全开放的公共图书馆。1925年，上海商务印书馆虹口分店建在四川北路昆山花园路口（今新华书店）。1926年，创刊中国第一本大型综合性画报《良友画报》。1927年，中国共产党党员潘汉年、阳翰笙、李一氓等人聚集虹口，团结郭沫若、郑伯奇、鲁迅等一批文化界进步人士，建立文化统一战线，掀起左翼文化运动，此后，春野书店创造出版部、南强书局、水沫书店等先后落户四川北路。在虬江支路开设的新雅茶室曾是上海最早的文艺沙龙。这些历史给这个商业街区抹上了一袭革命进步的红色文化。

丈量城市街区尺度的交通工具是多样性的，共享单车很好地解决了市民出行的便捷性问题，每年3~5月是上海自行车出行率比较高的月份，骑车游上海已成为越来越多的年轻人的首选。

四川北路坐标系统性研究模型
FASHION AND SYSTEMATIC RESEARCH MODEL TO KEY PLAN

虹口 SOHO
Hongkou SOHO

昆山公园
Kunshan Park

海泰时代大厦
Haitai era building

花园小区
Garden District

四川北路公园
North Sichuan Road Park

中信广场
CITIC Plaza

大桥大楼
Bridge Building

上海邮政博物馆
Shanghai Post Museum

新亚大酒店
New Asia Hotel

四川北路地铁站
North Sichuan Road Subway Station

玫瑰广场
Rose Square

北路
huan North Road

虹口商城
Hongkou Shopping Mall

中信广场
CITIC Plaza

河南北路段
Henan North District

盛邦国际大厦
Sheng Bang International Building

海宁路段
Haining District

海泰时代大厦
Haitai era Building

海泰国际大厦
Haitai International Building

四川北路
Sichuan North Road

宇航大厦
Aerospace Building

花园小区
Garden District

虹口区上海西街幼儿园
Hongkou District, Shanghai West Street Kindergarten

南天坊
Shuntianfang

浦西小区
Puxi District

爱思大厦
Aisi Building

长贵里
Changguili

海宁路
Haining Road

四川北路时尚坐标三维索引：上海中信广场
KEY PLAN :SHANGHAI SHANGHAI CITIC PLAZA

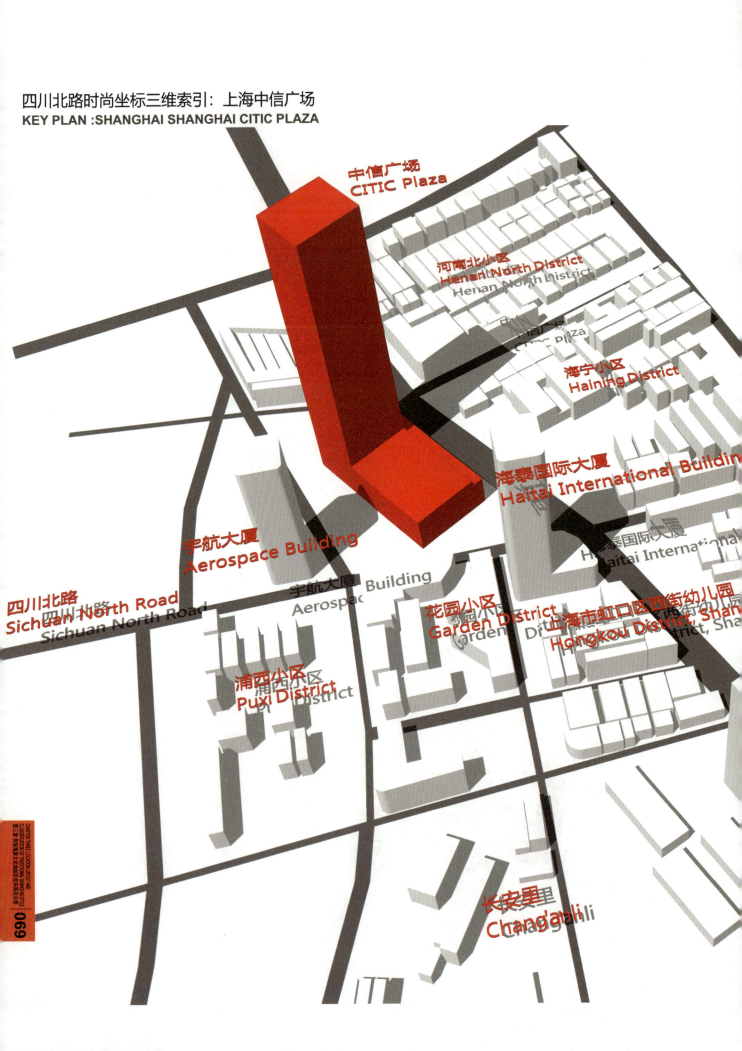

上海中信广场 SHANGHAI CITIC PLAZA
建筑设计师：尧舜设计师郑翊先生
总体概述：
　　　上海中信广场位于上海虹口区104#地块，是北外滩及四川北路核心区域的一座国际5A标准甲级写字楼。中信广场由日本日建株式会社领衔设计，规划沿用基地内传统的里弄建筑形式与虹口大楼的历史建筑形式。
　　　整个项目由街区型商业设施与一栋超高层办公楼组成。项目落成后将成为未来浦西地标建筑之一。

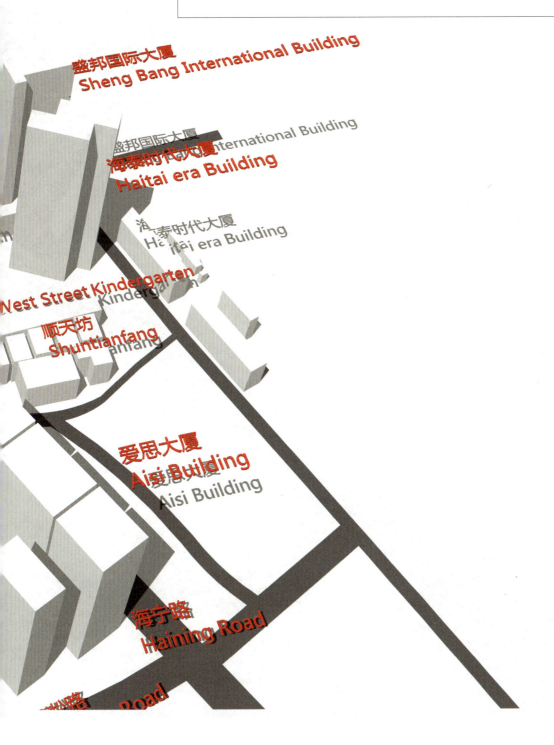

盤邦国际大厦
Sheng Bang International Building

盤邦国际大厦
International Building

海泰时代大厦
Haitai era Building

海泰时代大厦
Haitai era Building

West Street Kindergarten
Kindergarten

顺天坊
Shuntianfang

爱思大厦
Aisi Building

Aisi Building

海宁路
Haining Road

Road

地标区位：LANDMARK LOCATION

浦东新区，西起东方明珠、陆家嘴环岛，东至浦东新区行政文化中心。

总体概述：GENERAL SUMMARY

世纪大道，曾名中央大道，从东方明珠至浦东世纪公园全长约5500米，宽100米，东至浦东新区行政文化中心，西起东方明珠、陆家嘴环岛，被誉为"东方的香榭丽舍大街"。

景观结构：LANDSCAPE STRUCTURE

上海世纪大道绿化带和人行道比车行道宽，使人、交通、建筑三者的关系更加合理。北侧人行道旁，建有8个主题突出、各具特色的植物园，使道路具有园林景致。

时尚特色 FASHION FEATURES

世纪大道功能定位为城市景观大道，由法国夏氏－德方斯提供方案设计，将世纪大道中心线向南偏移10米，成为世界上独一无二的不对称道路，气势宏大，具有强烈的园林景观效果。世纪大道也是第一条绿化带和人行道比车行道宽的城市景观大道。在设计上较好地解决了人、交通、建筑三位一体的综合关系。为凸显园林景观效果，绿化景观及人行道约为69米，北侧44.5米宽的人行道布置了4排行道树，常绿的香樟在外侧，沿街的内侧是冬季落叶乔木银杏，具有夏遮冬透的效果。南侧24.5米宽，布置了2排行道树。同时北侧人行道还建有8个180米长、20米宽的"植物园"，分别取名为柳园、水杉园、茶花园、樱桃园、紫薇园、玉兰园、栾树园、紫荆园和主题突出、各具特色的景致。

雕塑简介：STATUE INTRODUCTION

世纪大道的建筑雕塑主要有：世纪辰光雕塑以中国古计时器"沙漏"为原形，9根高低不一的不锈钢镶玻璃立柱呈抛物线分布，构成行星轨迹。这座精致的科技雕塑与浦东的现代建筑相得益彰，别具情趣。

不锈钢日晷雕塑"沙漏"，9

根据世纪大道的命名特点，世纪大道上的城市系列环境小品规律性地体现了其整体性和现代高技术的风格。使整个世纪大道成为世界上唯一以时间为主题的城市雕塑展示街。

世纪大道沿途设置了以时间为主题的雕塑和小品，如在不同地段布设日晷针、世纪钟、沙漏等。世纪大道的建设，不仅对浦东功能开发和形态开发有重大影响和作用，而且是上海世纪之交城市形态建设的标志性景观。

世纪大道是一项宏伟的建设工程，两侧的景观工程和商业、文化、旅游、休闲功能开发工作将逐渐完善。城市综合体和公园综合体将很好共融。

上海体量最大的雕塑"东方之光"位于世纪大道杨高路交会处，雕塑背靠世纪广场和世纪公园，由法国设计师夏邦杰创意、北京雕塑家仲松设计，其微缩模型现存于田子坊的"逸飞纪念馆"。

从世纪大道陆家嘴步行天桥眺望东方明珠。彰显现代、宣言式的新街区夜景。

世纪大道功能指引
SHANGHAI CENTURY AVENUE

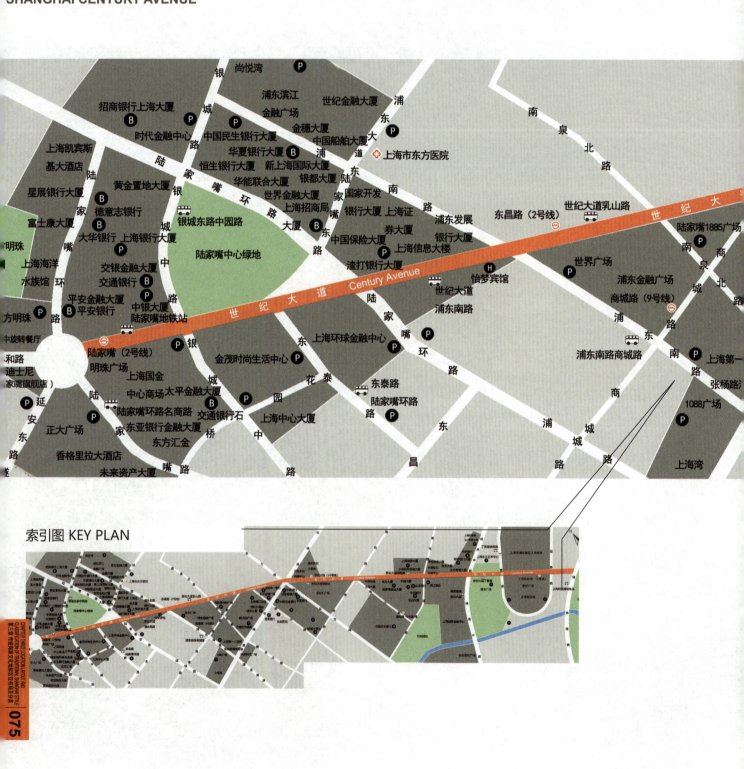

索引图 KEY PLAN

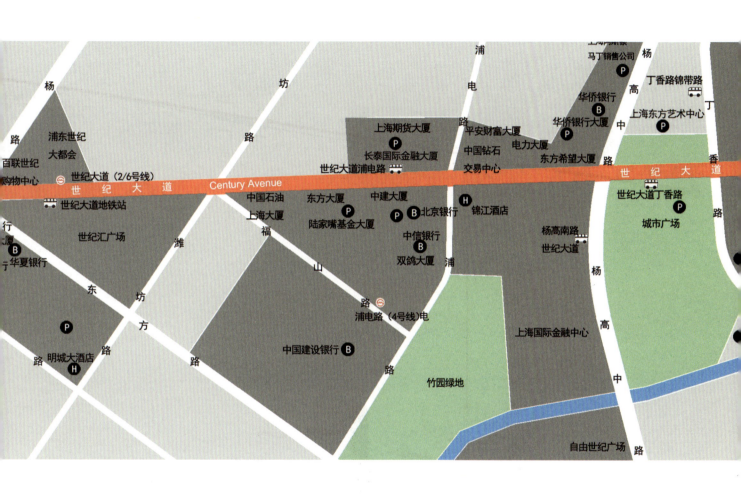

图例 LEGENDS

	公交车站	Bus stop
	地铁站	Subway station
	医院	Hospital
P	停车位	Parking
B	银行	Bank
H	旅馆	Hotel

世纪大道坐标系统性研究模型
FASHION AND SYSTEMATIC RESEARCH MODEL TO KEY PLAN

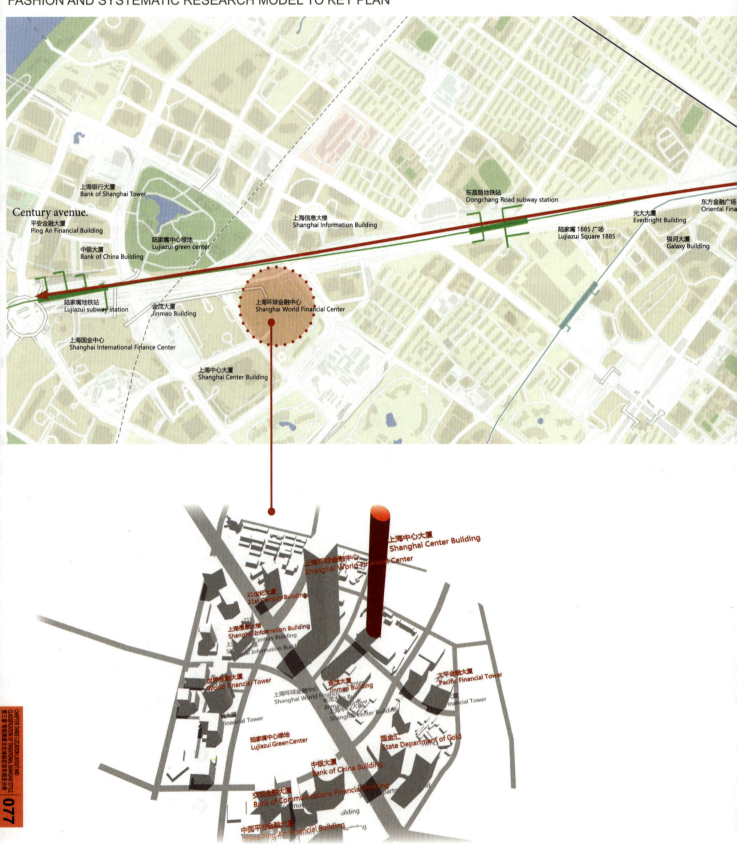

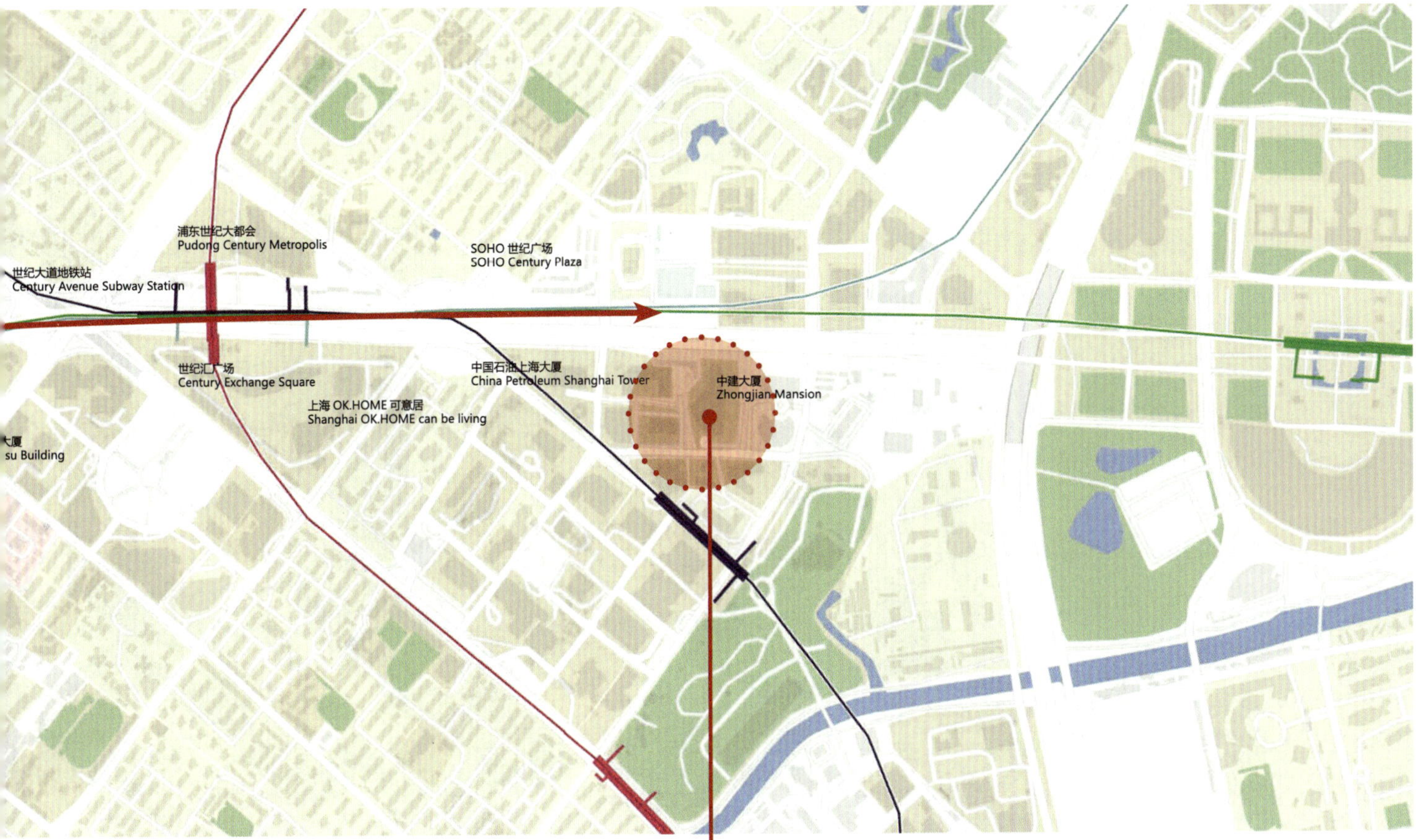

浦东世纪大都会
Pudong Century Metropolis

SOHO 世纪广场
SOHO Century Plaza

世纪大道地铁站
Century Avenue Subway Station

世纪汇广场
Century Exchange Square

中国石油上海大厦
China Petroleum Shanghai Tower

中建大厦
Zhongjian Mansion

上海OK.HOME 可意居
Shanghai OK.HOME can be living

大厦
su Building

Rpower Building

中建大厦
Zhongjian Mansion

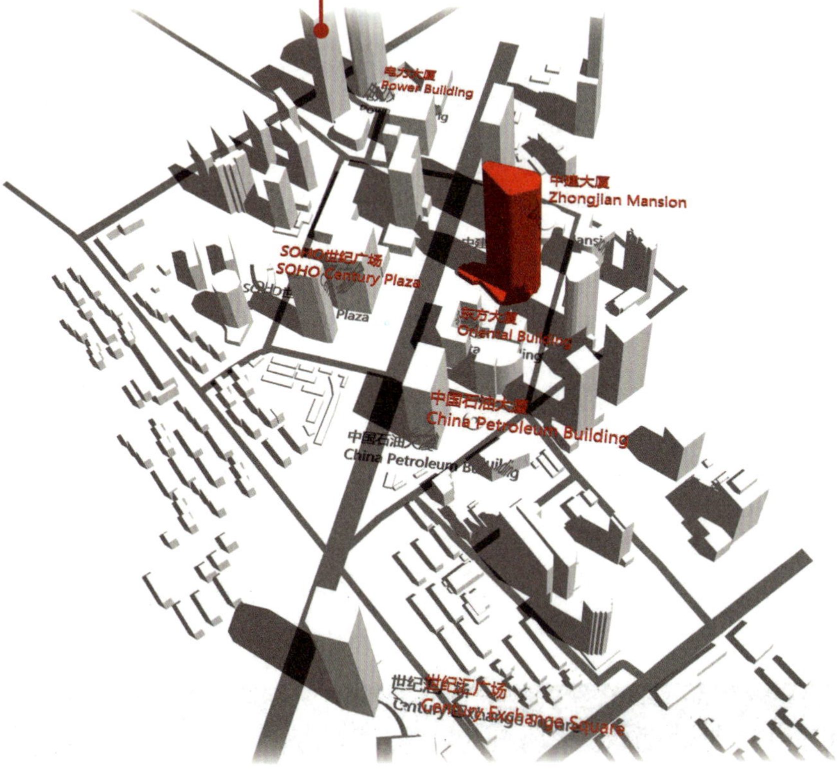

SOHO世纪广场
SOHO Century Plaza

东方大厦
Oriental Building

中国石油大厦
China Petroleum Building

中国石油大厦
China Petroleum Building

世纪汇广场
Century Exchange Square

世纪大道时尚坐标三维索引：上海陆家嘴金融区
KEY PLAN :SHANGHAI LUJIAZUI FINANCIAL ZONE

上海中心大厦、环球金融中心、金茂大厦共同组成陆家嘴"三炷香"，勾勒出陆家嘴终极"天际线"。

心大厦
hai Center Building

上海中心大厦 SHANGHAI TOWER
建筑设计：美国GENSLER建筑设计事务所
景观设计：美国SWA设计事务所
总体概述GENERAL SUMMARY：
　　上海中心大厦目前是中国第一、世界第二的超高层地标式摩天大楼，作为真正的上海之巅，其632米的高度超过上海环球金融中心。上海中心大厦项目面积433954平方米，建筑主体为118层，总高为632米，结构高度为580米，机动车停车位布置在地下，可停放2000辆。其内部综合了办公、观光、商业、餐饮及顶级酒店等，是真正的涵盖基本业态的办公商务综合体。

太平金融大厦
Pacific Financial Tower

inancial Tower

artment of Gold

东方明珠
Pearl of the Orient

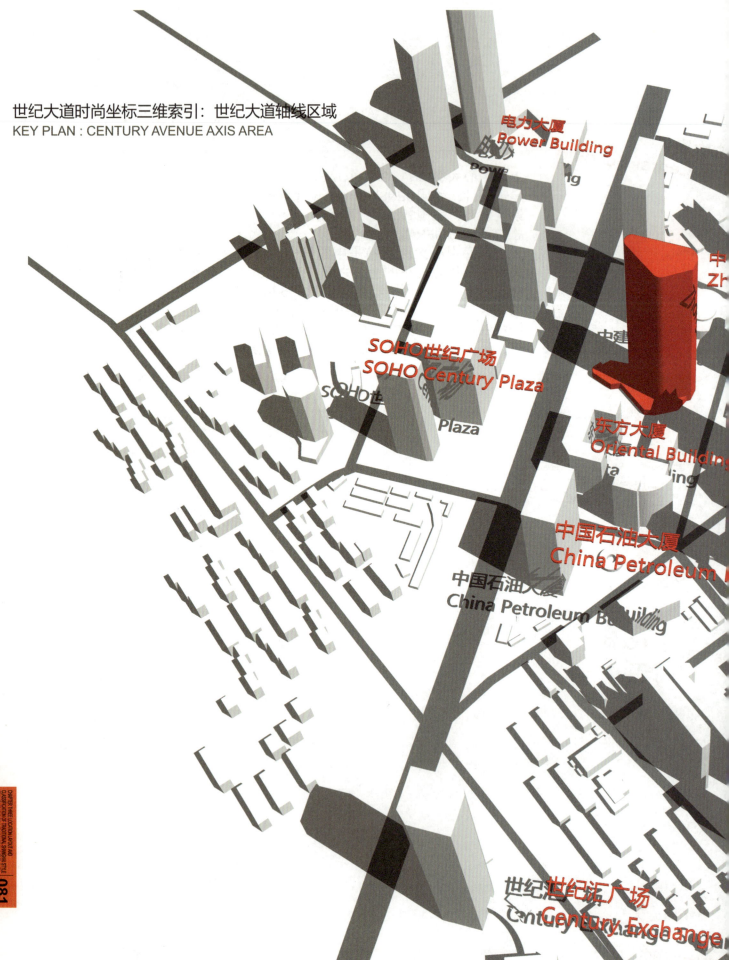

世纪大道时尚坐标三维索引：世纪大道轴线区域
KEY PLAN : CENTURY AVENUE AXIS AREA

电力大厦
Power Building

SOHO世纪广场
SOHO Century Plaza

东方大厦
Oriental Building

中国石油大厦
China Petroleum Building

世纪汇广场
Century Exchange

上海中建大厦 SHANGHAI CSCEC TOWER
建筑设计：美国KPF建筑设计事务所
总体概述GENERAL SUMMARY：

中建大厦是世纪大道、陆家嘴东部核心地标,竹园CBD新高,坐拥世纪大道轨道交通枢纽,该项目周边商务配套完善,六大经济商圈环侍,更可便捷拥享浦东花木行政中心政务资源,是一座全智能化高档办公大厦。

中建大厦外立面360度全景玻璃幕墙为租户提供绿色生态景观,螺旋上升的建筑立面,光影交错的通透大堂,全面提升企业国际形象。此外,中建大厦引入全球先进的A5智能化体系,真正引领智能办公新时代,全方位满足国际高端企业办公需求。

ian Mansion

ing

are

RESTYLE GROWTH 街区源

海派12个历史文化保护街区地标一览

SHANGHAI 12 HISTORICAL AND CULTURAL PROTECTION BLOCK LANDMARKS

1.外滩历史文化风貌区

总体概述：

外滩历史文化风貌保护区位于内环线以内，涉及黄浦区和虹口区。占地面积101公顷，是上海优秀历史保护建筑最密集、所占比例最高的保护区，有文化保护单位和优秀历史建筑97处。

海派地标索引（门牌号均为中山东一路门牌号）

1号：建于1913年，是英商亚细亚火油公司在上海成立的办事处，史称"外滩第一高楼"，现为中国太平洋保险公司总部所在地。

2号：现为东风饭店，曾是上海最豪华的俱乐部——上海总会。有"东洋伦敦"之称。

3~4号：原名联合大楼，属于美国有利银行所有，现为新加坡佳通投资有限公司所在地。是上海第一幢钢结构大楼。

5号：建于1921年，现属华夏银行，原为日本日清公司大楼。

6号：建于19世纪末20世纪初，原为中国通商银行大楼，现属香港侨福国际企业有限公司。

7~8号：建于1907年，原为大北电报公司大楼，现为泰国驻上海总领事馆和泰国盘谷银行上海分行所在地。

9号：建于1901年，轮船招商总局大楼。

10~12号：建于1923年，原为香港上海汇丰银行上海分行所在地，现为浦东发展银行所在地。此楼被誉为"从苏伊士运河到白令海峡最考究的建筑"。

13号：建于1927年，是汇丰银行大楼的姊妹楼，现为海关大厦。

14号：建于1948年，陶馥记营造厂承建，现为上海市总工会，是上海解放前外滩建筑群中最后建成的一幢楼。

15号：建于1902年，原为华俄道胜银行大楼，现为中国外汇交易中心。

16号：原为台湾银行大楼，现属招商银行。

17号：原为《字林西报》大楼，是上海第一幢高层建筑，现为友邦保险大楼。

18号：建于1923年，原名麦加利银行的外滩十八号楼，曾是英国渣打银行驻中国的总部，现成为国际知名时装、珠宝、名表、美食、娱乐、艺术中】等。

6.愚园路历史文化风貌区

总体概述：愚园路历史文化风貌区位于上海内环线之内的静安区、长宁区。占地面积223公顷，以成片集中的花园住宅、新式里弄为主要特征，有文物保护单位和优秀历史建筑42处。

海派地标索引：愚谷新村、华东政法大学、上海第三女子中学、长宁区少年宫等。

7.新华路历史文化风貌区

总体概述：新华路历史文化风貌区位于上海内环线之内的长宁区。占地面积34公顷，以低密度花园住宅为主要特征，有文物保护单位13处。

海派地标索引：新华路花园别墅、新华路花园住宅、汉语大词典出版社等。

8.虹桥路历史文化风貌区

总体概述：虹桥路历史文化风貌区位于上海内环线之外的长宁区。占地面积481公顷，以乡村别墅风光为主要特征，具有良好的自然生态环境。有文物保护单位和优秀历史建筑12处。

海派地标索引：沙逊别墅、罗根花园、西郊宾馆4号等。

9.山阴路历史文化风貌区

总体概述：山阴路历史文化风貌区位于上海内环线之内的虹口区。占地面积129公顷，以成片集中的早期花园洋房和新式里弄为主要特征，有历史文化风貌区文物和近代优秀历史建筑13处。

海派地标索引：多伦路夕拾钟楼、祥德路优秀保护建筑、甜爱路优秀保护建筑、上海纺织老干部活动基地等。

10.提篮桥历史文化风貌区

总体概述：提篮桥历史文化风貌区位于上海内环线之内的虹口区。占地面积29公顷，以成片集中的早期花园洋房和新式里弄为主要特征，有历史文化风貌区文物和近代优秀历史建筑8处。

海派地标索引：霍山路犹太教堂、提篮桥监狱、1933老场坊等。

11.江湾历史文化风貌区

总体概述：江湾历史文化风貌区位于上海内环线之外的杨浦区。占地面积458公顷，以现代

民族建筑为主要特征，有历史文化风貌区文物和近代优秀历史建筑6处。

　　海派地标索引：江湾原市政府历史建筑、复旦大学原址建筑、第二军医大学原址建筑、江湾体育场等。

12.龙华历史文化风貌区

　　总体概述：龙华历史文化风貌区位于上海内环线之外的徐汇区。占地面积45公顷，以革命传统纪念地和古镇风貌为主要特征，有历史文化风貌区文物和近代优秀历史建筑5处。

　　海派地标索引：龙华塔、龙华寺、龙华烈士陵园等。

延伸阅读：
此研究专题遴选自上海城市规划馆——惜珍：《永不飘散的风情：上海的历史文化风貌区》东方出版中心，2009年版。

RESTYLE GROWTH 街区源

海派64条永不拓宽历史文化保护街区地标一览
SHANGHAI 64 NEVER EXPAND THE HISTORICAL AND CULTURAL PROTECTION BLOCK LANDMARK LIST

1.外滩历史文化风貌区（14条）

中山东一路（外滩）
四川北路——四川中路
虎丘路——乍浦路（北苏州路——北京东路）
香港路（江西中路——圆明园路）
北京东路（河南中路——中山东一路）
广东路（江西中路——中山东一路）
福州路（河南中路——中山东一路）
九江路（河南中路——中山东一路）
汉口路（河南中路——中山东一路）
滇池路（四川中路——中山东一路）
圆明园路（南苏州路——滇池路）
江西中路（南苏州路——广东路）
南京东路（江西中路——中山东一路）
北苏州路——黄浦路（河南北路——武昌路）

2.南京西路历史文化风貌区（1条）

南京东路——南京西路（黄陂北路——浙江中路）

3.人民广场历史文化风貌区（3条）

北京西路（胶州路——江宁路）
陕西北路（新闸路——南阳路、南京西路——威海路）
茂名北路（南京西路——威海路）

4.衡山路——复兴路历史文化风貌区（36条）

淮海中路（乌鲁木齐中路——重庆南路）
复兴中路——复兴西路（华山路——重庆南路）
香山路（瑞金二路——思南路）
皋兰路（瑞金二路——思南路）
思南路（淮海中路——建国中路）
雁荡路（淮海中路——南昌路）
巨鹿路（常熟路——陕西南路）
衡山路（天平路——桃江路）
建国西路（衡山路——岳阳路）
五原路（武康路——常熟路）
新乐路（富民路——陕西南路）
汾阳路（淮海中路——岳阳路）
桃江路（乌鲁木齐南路——岳阳路）

安亭路（建国西路——永嘉路）
东湖路（长乐路——淮海中路）
康平路（华山路——高安路）
泰安路（华山路——武康路）
华山路（常熟路——兴国路）
高邮路（复兴西路——湖南路）
湖南路（华山路——淮海中路）
余庆路（淮海中路——衡山路）
兴国路（华山路——淮海中路）
广元路（华山路——衡山路）
宛平路（淮海中路——衡山路）
高安路（淮海中路——建国西路）
乌鲁木齐南路（淮海中路——建国西路）
岳阳路（汾阳路——肇嘉浜路）
武康路（华山路——淮海中路）
华亭路（长乐路——淮海中路）
永嘉路（衡山路——陕西南路）
东平路（乌鲁木齐南路——岳阳路）
长乐路（常熟路——陕西南路）
延庆路（常熟路——东湖路）
太原路（汾阳路——建国西路）
富民路（东湖路——巨鹿路）
永福路（五原路——湖南路）

5.愚园路历史文化风貌区（2条）

愚园路（定西路——乌鲁木齐北路）
武夷路（定西路——延安西路）

6.新华路历史文化风貌区（1条）

新华路（定西路——番禺路）

7.虹桥路历史文化风貌区（1条）

虹桥路（环西大道——古北路）

8.山阴路历史文化风貌区（3条）

山阴路——祥德路（四川北路——欧阳路）
溧阳路（四川北路——宝安路）
甜爱路（甜爱公寓——四川北路）

9.提篮桥历史文化风貌区（3条）

霍山路（东大名路——临潼路）
惠民路（杨树浦路——临潼路）

HISTORIC—
CULTURE

3.3 传统海派历史沿革时尚文化地标
CULTURAL LANDMARK IN THE HISTORY OF THE SHANGHAI STYLE

关键词：外滩、外白渡桥、新天地、田子坊、思南公馆、老码头、衡山坊、老外街、大世界、文庙、豫园、老城隍庙、静安寺、徐家汇天主堂、龙华寺、七宝老街、朱家角、枫泾古镇

引言：传统海派文化底蕴深厚，石库门虽然不及南锣鼓巷的齐整与京派皇城的大气，但其婉约、精致、务实的里弄民间文化仍散发出空间地标的魅力。从黄永玉命名的"田子坊"，到瑞安情怀打造海派顶飨"新天地"，再到香客连绵的"静安寺"。经规划整合，错落的石库弄堂与繁华商区相得益彰，从而映射出海派的本底相容性与文化移植性特征。"老表皮与旧街区＋新产业与新空间"演绎出真实的传统海派一瞥。

Preface: The traditional Shanghaistyle culture has a deep heritage. Although it is not as well-known as the atmosphere of the imperial city of Beijing, Shanghai's graceful, delicate, and pragmatic culture still radiates the charm of landmarks including the "Tianzifang" named by Huang Yongyu, the Shanghaistyle top entertainment "Xintiandi," and the "Jing'an Temple." Through planning and integration, the scattered "Shikumen" is complemented by the prosperous business district, which reflects the background compatibility and cultural portability characteristics of Shanghai-style culture. The old layer with the old block and the new industry with the new space convey the real Shanghai look.

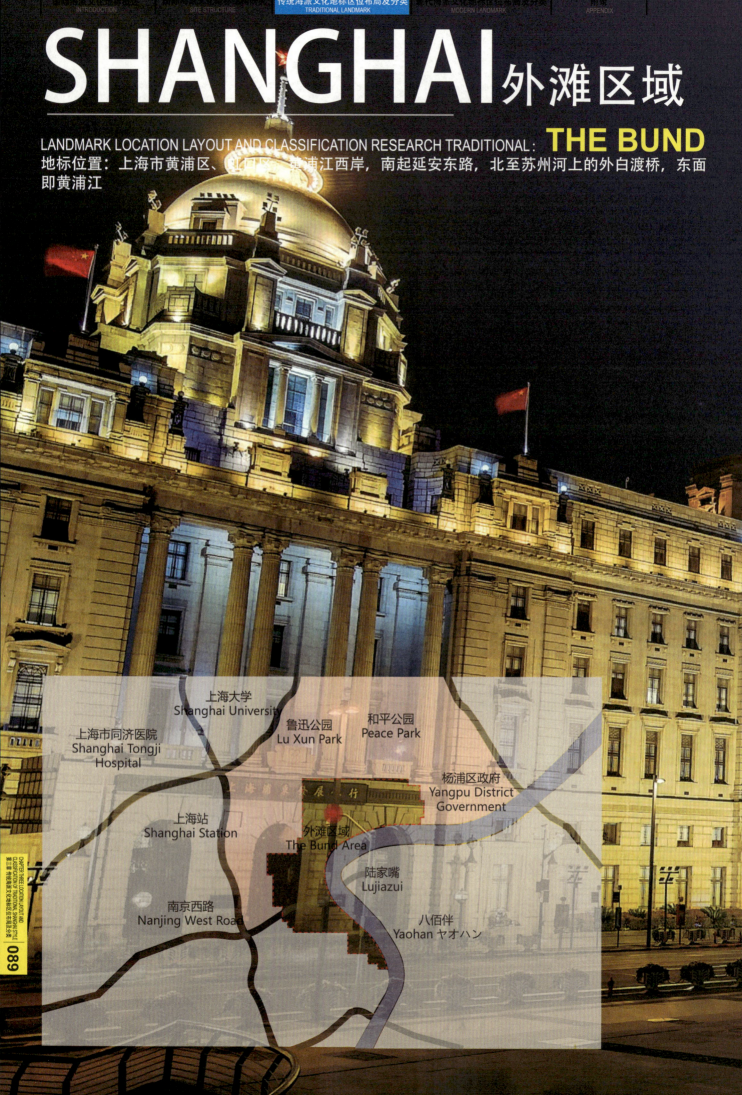

SHANGHAI 外滩区域

LANDMARK LOCATION LAYOUT AND CLASSIFICATION RESEARCH TRADITIONAL : THE BUND

地标位置：上海市黄浦区、虹口区，黄浦江西岸，南起延安东路，北至苏州河上的外白渡桥，东面即黄浦江

上海大学
Shanghai University

鲁迅公园
Lu Xun Park

和平公园
Peace Park

上海市同济医院
Shanghai Tongji Hospital

杨浦区政府
Yangpu District Government

上海站
Shanghai Station

外滩区域
The Bund Area

陆家嘴
Lujiazui

南京西路
Nanjing West Road

八佰伴
Yaohan ヤオハン

国际海派文化地标概述
INTRODUCTION

国际海派文化地标结构研究
SITE STRUCTURE

传统海派文化地标区位布局及分类
TRADITIONAL LANDMARK

现代海派文化地标区位布局及分类
MODERN LANDMARK

附录
APPENDIX

外滩展现了上海百年开埠文化的精华，也是海派建筑文化的灵魂之地。

总体概述： GENERAL SUMMARY

百年风貌看外滩，从十里洋场(也指近代南京路）到中国之窗，这片精神特区一直在国际海派文化中占有非常重要的地位。近年来经过NBBJ改造后的外滩作为黄浦江最核心的景观区段，承载的文化精神远大于城市功能，其文脉寄托跨越百年，也是当今世界城市旅游综合体的一张名片。从功能规划到业态整合，从纯粹眺景到综合商务，国际海派的文化精髓将永续留存。

SHANGHAI STYLE CULTURE
FASHIONABLE LANDMARK
上海国际标杆主义创意与创作示例

景观结构：LANDSCAPE STRUCTURE

　　外滩位于上海市中心黄浦区的黄浦江畔，它曾经是上海十里洋场的风景，隔岸对望东方明珠、金茂大厦、上海中心、上海环球金融中心、正大广场等地标景观，是观光游客的必到之地。外滩自1943年起又名为中山东一路，全长约1500米。它南起延安东路，北至苏州河上的外白渡桥，东临黄浦江，西面是由哥特式、罗马式、巴洛克式、中西合璧式等52幢风格迥异的古典复兴大楼所组成的旧上海时期的金融中心、外贸机构的集中带。外滩的建筑大多经过三次或三次以上的重建，各国建筑师在这里大显身手。

上海外滩天际线已被新建的许多摩天大楼改变了不少。滨江景观带作为一种城市资源优势延续下来，南外滩的风华绝代、北外滩的后起之秀、东外滩的处女地开发与外滩源将逐渐融为一体，彰显"浦江第一湾"的磅礴气势，承载大上海浦西滨江繁荣的伟大文化使命，凸显海派文化的主要特色。

延伸阅读：
城市行走书系《上海外滩建筑地图》，可以进一步了解外滩建筑。

093
CHAPTER THREE: LOCATION LAYOUT AND CLASSIFICATION OF TRADITIONAL SHANGHAI STYLE
第三章 传统海派文化地标区位布局及分类

| 国际海派文化地标概述 | 国际海派文化地标结构研究 | 传统海派文化地标区位布局及分类 | 现代海派文化地标区位布局及分类 | 附录 |
| INTRODUCTION | SITE STRUCTURE | TRADITIONAL LANDMARK | MODERN LANDMARK | APPENDIX |

中国工商银行

凯旋

SHANGHAI 外滩景区

LANDMARK LOCATION LAYOUT AND CLASSIFICATION RESEARCH TRADITIONAL: **THE BUND**

RESTYLE GROWTH

海派滨江源——外滩景区文化旅游其他地标 SHANGHAI STYLE LANDSCAPE LIST

黄浦公园：上海最早的欧式花园，外滩百年沧桑的见证，人民英雄纪念塔屹然挺立。

大型花岗石浮雕：位于黄浦公园下沉式圆岛上，浮雕全长120米，高3.8米。

外白渡桥：闻名中外的外白渡桥是旧上海的标志性建筑之一。

十六铺：街市东临黄浦江，西邻丹凤路，此处依水傍城,是上海的水上门户。

陈毅广场：在十里南京路的尽头，广场上有中华人民共和国第一任上海市市长陈毅的塑像昂然矗立。

瀑布钟："时代的步伐"即位于海关大楼正对面的瀑布钟。镶嵌于绿色长廊，钟高3.5米。

情人墙：建于黄浦公园至新开河的黄浦江边，全长约1700米。观光台建造在伸向浦江上的空箱式结构防汛墙上，地面用14万块彩色地砖和花岗石铺成。

观光隧道：外滩人行观光隧道是连接浦西外滩与浦东陆家嘴两个商务旅游区的通道。是我国第一条越江行人隧道，全长646.70米。

SHANGHAI 外白渡桥

LANDMARK LOCATION LAYOUT AND CLASSIFICATION RESEARCH TRADITIONAL:
GARDEN BRIDGE

地标位置：上海市黄浦区中山东一路

总体概述： GENERAL SUMMARY

外白渡桥处于苏州河与黄浦江的交界处，因此成为连接黄浦与虹口的重要交通要道。它是中国的第一座全钢结构铆接桥梁和仅存的不等高桁架结构桥，也是自1856年以来在苏州河河口附近同样位置落成的第四座桥梁。

现在的外白渡桥于1908年1月20日落成通车。由于其悠久的历史和独特的设计，外白渡桥成为上海的标志之一，同时也是上海的现代化和工业化的象征。1994年上海市人民政府将外白渡桥列为优秀历史保护建筑之一。直至今日，外白渡桥仍然是上海天际线的组成部分。

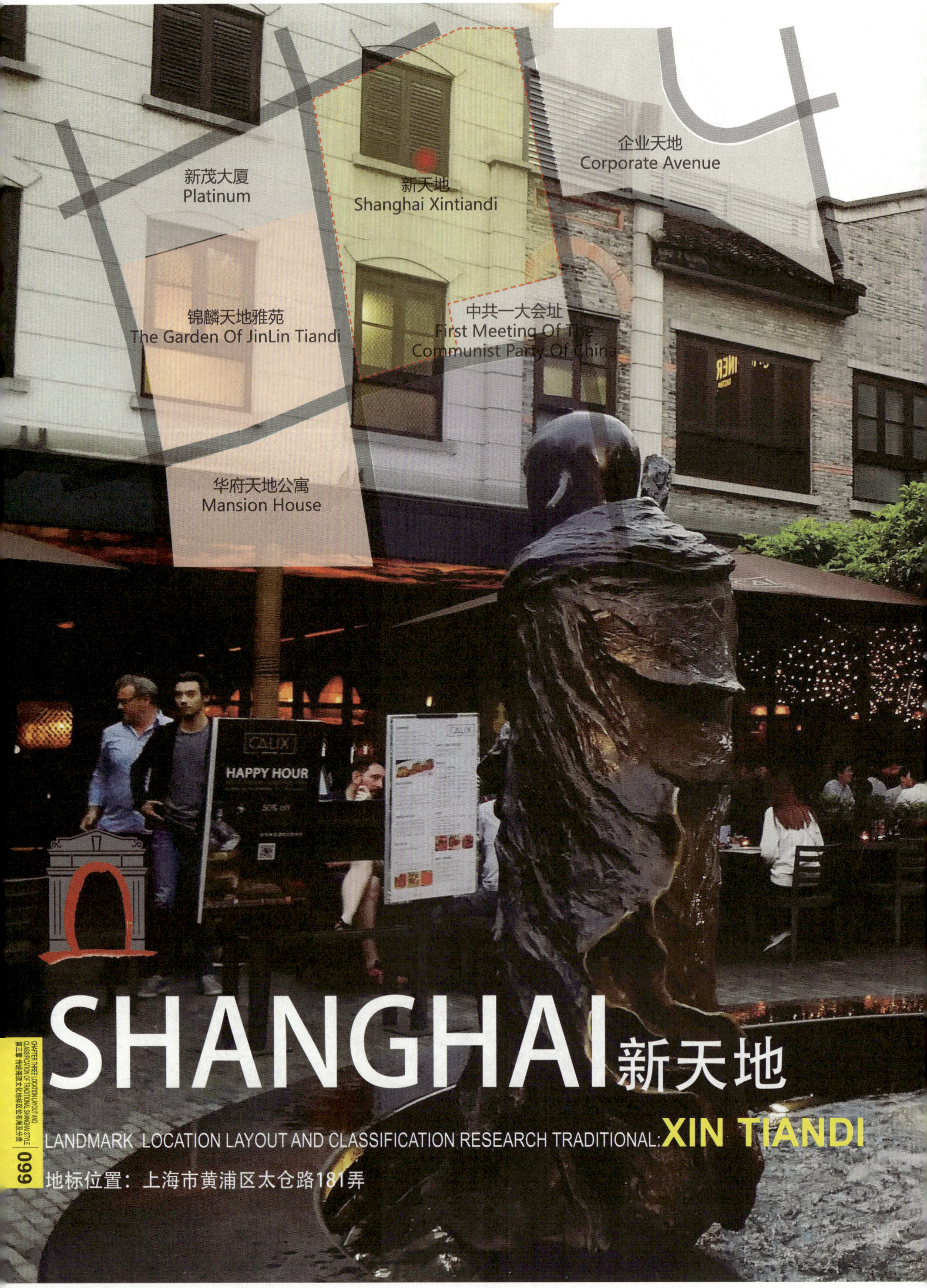

新茂大厦
Platinum
新天地
Shanghai Xintiandi
企业天地
Corporate Avenue
锦麟天地雅苑
The Garden Of JinLin Tiandi
中共一大会址
First Meeting Of The Communist Party Of China
华府天地公寓
Mansion House
HAPPY HOUR

SHANGHAI 新天地

LANDMARK LOCATION LAYOUT AND CLASSIFICATION RESEARCH TRADITIONAL: **XIN TIANDI**

地标位置：上海市黄浦区太仓路181弄

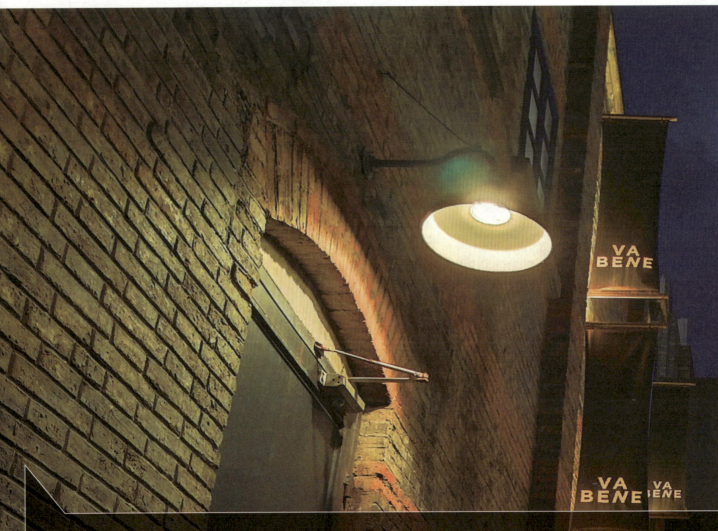

上海新天地 SHANGHAI XINTIANDI

总体概述：GENERAL SUMMARY

上海新天地是一个具有浓郁海派风情的历史文化区域，其出众的区位条件、建筑风格、业态设置、运营手法均标志着中西融合的都市新热点。它以上海近代建筑的标志石库门建筑旧区为基础，首次改变了石库门原有的居住功能，创新地赋予其商业经营功能，把具有上海历史和文化的老房子改造成具有餐饮、购物、演艺等功能的休闲文化娱乐中心。区域面积约为30000平方米。漫步新天地，仿佛时光倒流，有如置身于20世纪20年代的上海，但一步跨进每个建筑内部，则非常现代和时尚，亲身体会新天地独特的理念，这有机的组合与错落有致的巧妙安排形成了一首上海昨天、明天、今天的交响乐，让海内外游客品味独特的文化。

景观结构：LANDSCAPE STRUCTURE

石库门里弄在最多的时候有9000多处，曾占上海市区全部住宅面积的六成以上。单纯从建筑的角度出发，石库门是特定历史时期的产物，而且有些石库门的空间结构也已不适合现代人的居住观念。90年代初期，上海开始了大型的重建和开发。不少石库门老房子被拆除，取而代之的是一幢幢的高楼，一片片充满怀旧风情的老房子渐渐消失，因而保留这些上海独有的"艺术品"显得迫在眉睫。

海派底蕴：SHANGHAI STYLE HERITAGE

上海新天地改写了石库门的历史，给本已走向历史文物的石库门注入了新的生命力。原先的一户户隔墙被全部打通，室内呈现宽敞的空间，墙上的现代油画和立式老唱机悄声倾诉着主人的文化品位。室外是风情万种的石库门弄堂，穿越时空。

FORMER >>
RESIDENCES OF SHIKUMEN

海派石库门

新天地二期承载着更多的文化、文艺、文脉方面的海派商业情怀，街区尺度感及场所感较一期有了显著变化。第三期于2019年开业。

国际海派文化地标概述
INTRODUCTION

国际海派文化地标结构研究
SITE STRUCTURE

传统海派文化地标区位布局及分类
TRADITIONAL LANDMARK

现代海派文化地标区位布局及分类
MODERN LANDMARK

附录
APPENDIX

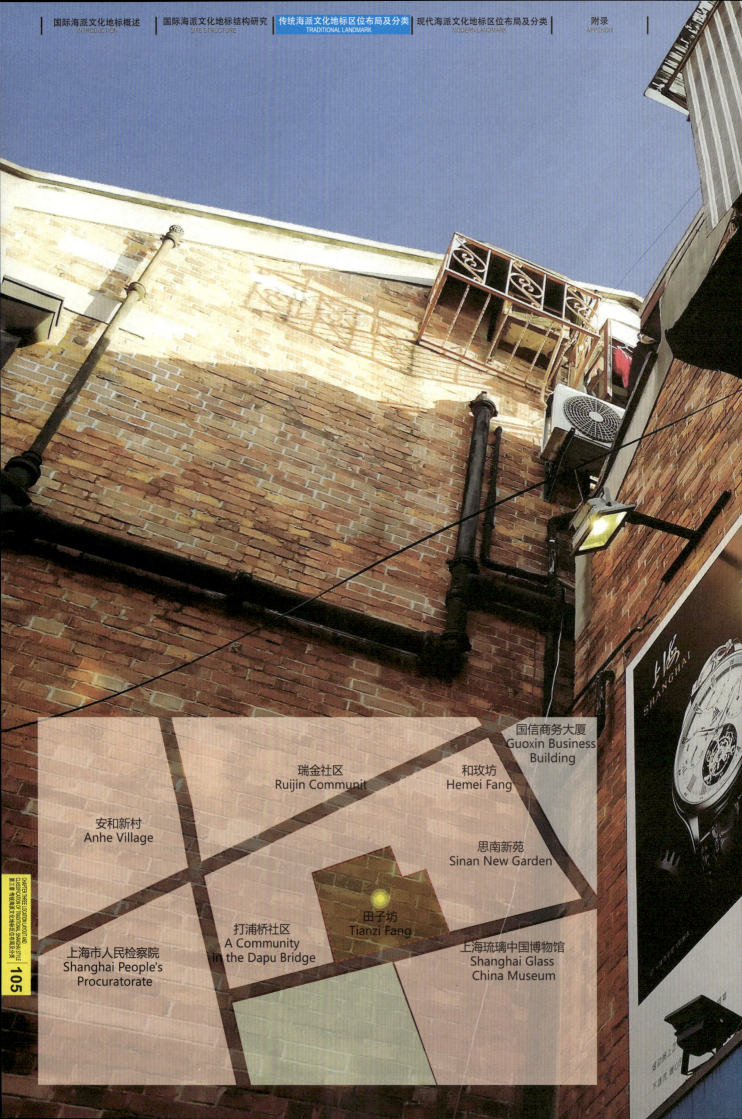

国信商务大厦
Guoxin Business Building

瑞金社区
Ruijin Communit

和玫坊
Hemei Fang

安和新村
Anhe Village

思南新苑
Sinan New Garden

田子坊
Tianzi Fang

打浦桥社区
A Community in the Dapu Bridge

上海市人民检察院
Shanghai People's Procuratorate

上海琉璃中国博物馆
Shanghai Glass China Museum

SHANGHAI 田子坊

LANDMARK LOCATION LAYOUT AND CLASSIFICATION RESEARCH TRADITIONAL: **TIANZI FANG**

地标位置：上海市黄浦区泰康路210弄

田子坊有好几处出入口，以一号门最为正式。入口稍显凌乱，浓郁的海派里弄特色。

田子坊 TIANZIFANG

总体概述：GENERAL SUMMARY

　　田子坊位于中国上海市泰康路210弄。泰康路是打浦桥地区的一条小街，1998年前这里还是一个马路集市，自1998年9月区政府实施马路集市入室后，对泰康路的路面进行重新铺设，在区委政府的领导支持下，泰康路依据打浦桥地区的功能定位开始实施特色街的工程。

　　"田子坊"其实是画家黄永玉几年前给这旧弄堂起的雅号。据史载"田子方"是中国古代的画家，取其谐音，用意自不言而喻。使得曾经的街道小厂、巷子废弃的仓库、石库门里弄的平常人家，被抹上SOHO色彩，多了艺术气息熏染。

海派底蕴：SHANGHAI STYLE HERITAGE

　　泰康路的田子坊，在上海被称为"上海的SOHO"、视觉产业的"硅谷"。田子坊是由上海特有的石库门建筑群改建后形成的时尚地标性创意产业聚集区，也是不少艺术家的创意工作基地，人们往往将田子坊称为"新天地第二"。实际上，除了同样时尚外，它与新天地有着很多不同之处。泰康路上入驻的艺术品、工艺品商店已有40余家工作室，设计室20余家，政府搭台，企业唱戏。田子坊是上海泰康路艺术街的街标，雕塑上方的飘带将把全世界的艺术家们联结在一起，彰显了海派文化的国际化衍生及发展。

业态布局：BUSINESS FORM LAYOUT

田子坊展现给人们的更多是上海亲切、温暖和嘈杂的一面。只要你在这条上海滩最有味道的弄堂里走一走，就不难体会田子坊与众不同的个性。走在田子坊，迂回穿行在迷宫般的弄堂里，一家家特色小店和艺术作坊就这样在不经意间跳入你的视线。从茶馆、露天餐厅、露天咖啡座、画廊、家居摆设到手工艺品，以及众多沪上知名的创意工作室，可谓应有尽有。

田子坊的自主经营理念作为世界城市复兴社区的经典案例被写入《上海手册》中。

思南公馆是上海历史文化风貌区和优秀历史建筑保留保护改造试点项目。

SHANGHAI 思南公馆

LANDMARK LOCATION LAYOUT AND CLASSIFICATION RESEARCH TRADITIONAL: **SINAN**

MANSIONS

地标位置：上海市黄浦区太仓路181弄

南昌花苑
Nanchang Garden

思南路幼儿园
Sinan Road Kindergarten

复兴公园
Fuxing Park

复四社区
Fusi Community

启秀实验中学
Qixiu Middle School

瑞金二路小区
Ruijin village

香山中医医院
Xiangshan Hospital
of Traditional Chinese

思南公馆
Sinan Mansions

花园公寓
Garden Apartment

思南社区
Sinan Community

民防大厦
Minfang Mansion

周公馆
Zhou Residence

万宣坊
Wanxuanfang

上海交通大学
医学院东区
SHJT Medical College

瑞金医院
Ruijin Hospital

上海交通大学
医学院西区
SHJT Medical College
(West Area)

UI · RONG CHINESE CUISINE · 57 AJM

Where? Gastro Club · SAU SAN TONG

ZENJOY · Boxing Cat Brewery

思南公馆的景观庭院设计非常精致，里面海派餐饮、西餐饮、酒吧、酒店、住宅一应俱全。

思南公馆区域外围海派商业氛围浓厚，业态以高端酒店、精品店、酒吧为主。

思南公馆区域星巴克的装修格调也与原先建筑语言保持一致。

思南公馆 SINAN MANSIONS

总体概述：GENERAL SUMMARY

思南公馆地处上海市核心区域，总占地面积约5万平方米，毗邻环境优雅的复兴公园，东靠交通便捷的重庆南路，静谧的思南路贯穿其中，北邻孙中山文物馆，与中国共产党办事处"周公馆"比邻而居，近代历史名人柳亚子、梅兰芳等曾先后在此居住。

业态布局：BUSINESS FORM LAYOUT

思南公馆占地面积约5万平方米，总建筑面积近8万平方米，内设有精品酒店、酒店式公寓、企业公馆和商业区。思南公馆与北面的淮海路、东面的新天地、南面的田子坊各具特色、相得益彰，提供了多种休闲方式及不同体验，更加生动地体现了城市生活的美好与和谐。成为上海市中心最具特色的海派人文、历史和时尚的综合式休闲区。

建筑特色：ARCHITECTURAL FEATURES

上海市中心唯一一个以成片花园洋房的保留保护为宗旨的项目，坐拥51栋历史悠久的花园洋房，同时汇聚了独立式花园洋房、联立式花园洋房、带内院独立式花园洋房、联排式建筑、外廊式建筑、新式里弄、花园里弄、现代公寓等多种建筑样式，是上海近代居住类建筑的集中地。

海派底蕴：SHANGHAI STYLE HERITAGE

思南公馆见证了东方与西方、历史与现代空间元素的和谐融汇。在尊重传统回归的同时赋予这片区域崭新的生命力，院落景观重塑了人文内涵和独特气质，逐渐成为上海城市空间和海派人文风情浪漫格致之地。

SHANGHAI
老码头

LANDMARK LOCATION LAYOUT AND CLASSIFICATION RESEARCH TRADITIONAL:
THE COOL DOCK CREATIVE PARK
地标位置：上海市黄浦区中山南路505弄

国际海派文化地标概述
INTRODUCTION

国际海派文化地标结构研究
SITE STRUCTURE

传统海派文化地标区位布局及分类
TRADITIONAL LANDMARK

现代海派文化地标区位布局及分类
MODERN LANDMARK

附录
APPENDIX

老码头 THE COOL DOCK CREATIVE PARK

总体概述：GENERAL SUMMARY

"老码头"是原来的十六铺，有着最上海的传奇。这里的临江弄堂、老式石库门群落流传着上海滩大亨们的故事。闲坐屋顶的欧式露台，看黄浦江江水滔滔，楼下曾是黄金荣、杜月笙的仓库。如今，老码头更好地融合了上海这座城市的艺术、文化、商业与风尚，呈现给世人别具一格的海派风情。

业态布局：DISTRIBUTION OF THE FORMATS

老码头创意园地处上海市黄浦区中山南路505弄，是黄浦区经委倾力打造的上海滩创意产业园的一个重要组成部分，被评为2008年十佳创意产业园以及2009年上海市工业旅游景点，已然成为南外滩板块的时尚新地标，是一处结合创意办公、商业休闲的创意园。入驻的创意零售商铺与改造之后的十六铺码头，共同构成为了以老上海文化、历史为背景的时尚新地标，也成为海内外游客前来上海旅游时绝对值得一去的所在。

海派底蕴：SHANGHAI STYLE HERITAGE

老码头创意园以老上海的海派历史文化为背景，保持了最富上海韵味的"石库门"建筑特点。同时，项目还巧妙地融入了现代时尚元素玻璃、钢结构，部分建筑经过巧妙设计，原本看似平淡的空间变得精巧、典雅、别致，深受时尚、创意人士和企业的青睐。

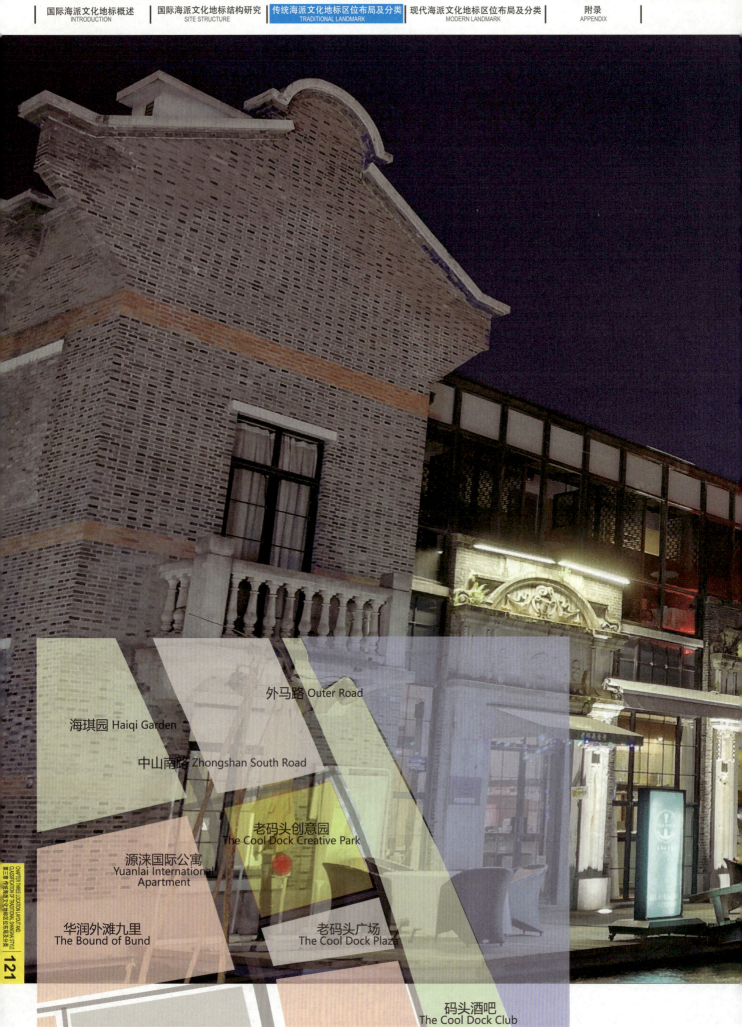

外马路 Outer Road

海琪园 Haiqi Garden

中山南路 Zhongshan South Road

老码头创意园
The Cool Dock Creative Park

源涞国际公寓
Yuanlai International
Apartment

华润外滩九里
The Bound of Bund

老码头广场
The Cool Dock Plaza

码头酒吧
The Cool Dock Club

老码头产业园以特色餐饮和主题餐饮为主，为周边的办公业态和旅游休闲客群提供了有力的支撑。

国际海派文化地标概述
INTRODUCTION | 国际海派文化地标结构研究
SITE STRUCTURE | 传统海派文化地标区位布局及分类
TRADITIONAL LANDMARK | 现代海派文化地标区位布局及分类
MODERN LANDMARK | 附录
APPENDIX

交通大学
SHJT University

百联徐汇商业广场
Bailian Xuhui Commercial Plaza

徐家汇公园
Xujiahui Park

衡山坊
Hengshanfang

港汇恒隆广场
Ganghui Hang Lung Plaza

美罗城
Metro City

永新世纪
Yongxin Century

世纪豪庭
Century Court

SHANGHAI

LANDMARK LOCATION LAYOUT AND CLASSIFICATION RESEARCH TRADITIONAL:

HENGSHANFANG

地标位置：上海市衡山路880号，原为树德坊

由阿科米星事务所设计的8号楼的发光砖体表面，使建筑在夜间产生微妙的光影变化。

CHAPTER THREE LOCATION LAYOUT AND
CLASSIFICATION OF TRADITIONAL SHANGHAI-STYLE
第三章 传统海派文化地标区位布局及分类
125

| 国际海派文化地标概述 | 国际海派文化地标结构研究 | 传统海派文化地标区位布局及分类 | 现代海派文化地标区位布局及分类 | 附录 |
| INTRODUCTION | SITE STRUCTURE | TRADITIONAL LANDMARK | MODERN LANDMARK | APPENDIX |

衡山坊 HENGSHAN FANG

总体概述： GENERAL SUMMARY

衡山坊是位于上海市徐汇区的一个花园住宅和新式里弄改造项目，被视为海派普通型历史街区改造的典范之作。由建于1934年的树德坊和衡山村组成。前者属于砖木结构联排新式里弄，后者为砖木结构独栋花园洋房。树德坊和衡山村均保存了建造年代的典型范式。

空间布局： SPATIAL ARRANGEMENT

当衡山坊街区内后期搭建的附属房屋和围墙被拆除后，原居住单元之外的消极的"室外空间"转变为向市民敞开的"公共空间"。衡山坊内部的业态分区取决于差异化的空间感知：街区靠北的两排新里被设定为创意办公

及餐饮区；南部花园洋房则更易形成业态多样的"商业迷宫"，被设定为精品专卖区及餐饮区。不同业态形式分别对应于上海传统的里弄空间和独立花园住宅的街巷，为消费者提供清晰的空间感知。

海派底蕴： SHANGHAI STYLE HERITAGE

衡山坊再现了20世纪30年代海派建筑风情的历史建筑精品街区。称为"徐家汇后花园"北部新里集合了创意办公、艺术空间及异国美食，南部花园洋房主要以精品零售店为主。不仅保留传承了老上海文化历史的精髓，还通过具有现代感的设计重塑了摩登时尚生活格调。

国际海派文化地标概述
INTRODUCTION

国际海派文化地标结构研究
SITE STRUCTURE

传统海派文化地标区位布局及分类
TRADITIONAL LANDMARK

现代海派文化地标区位布局及分类
MODERN LANDMARK

附录
APPENDIX

衡山坊区域有有名的集合店"衡山合集",方所书店的经营气质与海派文化特质相得益彰。

SHANGHAI 老外街

LANDMARK LOCATION LAYOUT AND CLASSIFICATION RESEARCH TRADITIONAL: **LAO WAI JIE**

地标位置：上海市长宁、闵行两区分界线上（虹梅路3338弄至虹许路797号）

上海老外街 LAO WAI JIE

总体概述：GENERAL SUMMARY

上海"老外街"是位于虹梅路上的一处海派综合休闲地标，首创把十几个国度的风味餐馆浓缩到一条街上。上海"老外街"景区，原来叫作虹梅路休闲街，长约500米的街道，两头与虹许路和虹梅路相连。休闲街采用欧陆现代设计，里弄尺度与田子坊颇为相似，宽度除了餐厅外摆区仅能容纳三四人并行。街区的节点广场处，现代雕塑、喷泉、小山瀑布遍布其中。

街道的两端均可进入，街内中餐主要囊括上海菜、皖南菜、新疆菜等6大菜系的餐厅，国外餐饮主要包括日本、泰国、印度、印度尼西亚、伊朗、墨西哥、美国、德国、西班牙、比利时、希腊等多个国家的主题餐厅、酒吧。值得注意的是，这里中午并没有游客，游客聚集在傍晚及夜间，以外籍人士居多。

海派底蕴：SHANGHAI STYLE HERITAGE

老外街以前曾是虹桥机场运输专用铁路车站。随着城市建设的发展，101专线铁路已废弃停用，而遗留的老厂房就被改造成了国际化餐厅、酒吧。走在街上，写着各国文字的店招让人恍若置身国外，十几个国度的风味餐馆被浓缩在这里，十多个国家的主题餐厅和酒吧拥有很高人气，每一国的餐厅都在店面装潢和菜色上体现所属国家的特色，且过半的餐饮店铺都是外籍人士所开。

景观特色：LANDSCAPE FEATURES

"老外街"景区最吸引人的地方，要数其开放式的餐馆环境和外摆区。每一个店家很用心地将自家的店堂和露天座椅装饰得漂亮而有个性，每逢有体育赛事或演艺活动的夜晚这里非常热闹。这里的酒吧与新天地和衡山路齐名，内部独特的酒瓶装饰与艺术品摆放非常与众不同。休闲街的异域品位在细节处体现精致，2012年已成为国家3A级景区。

武警医院体检中心
The Experience Center Of The Armed

虹延小区
Siphon District

老外街
Laowaijie

老外街
Laowaijie

虹田苑
Hongtian Garden

虹许路 Hongxu road

国际海派文化地标概述
INTRODUCTION

国际海派文化地标结构研究
SITE STRUCTURE

传统海派文化地标区位布局及分类
TRADITIONAL LANDMARK

现代海派文化地标区位布局及分类
MODERN LANDMARK

附录
APPENDIX

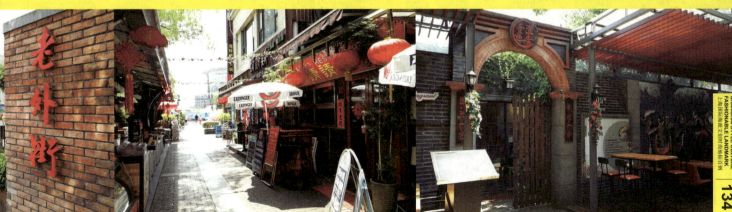

大世界

LANDMARK LOCATION LAYOUT AND CLASSIFICATIO

RESEARCH TRADITIONAL: DA SHI JIE

地标位置：上海市黄浦区西藏南路1号

港陆广场
Harbour Ring Plaza

瑞福小区
Ruifu Reside...

太原坊
Taiyuanfang

东新大厦
East New Buil...

金陵商厦
Jinling Departm...

大世界
Da Shi Jie

余庆里
Yuqing

豪都大酒店
Haodu Hotel

国洲城商业广场
Commercial plaza of guzhou

立贤里
Lixianl...

音乐广场
Music Square

执中里
Zhizhongli

大世界 DA SHI JIE （目前建筑部分暂不对外开放）

总体概述： GENERAL SUMMARY

大世界位于西藏南路、延安东路交叉口。始建于1917年，创办人是黄楚九。以游艺杂耍和南北戏曲、曲艺为其特色，12面哈哈镜成了"大世界"独有的吸引物。新中国成立后曾改名人民游乐场，1974年改名上海市青年宫，1981年1月25日大世界复业，定名为"大世界游乐中心"。大世界是上海最大的室内游乐场，素以游艺、杂耍和南北戏剧、曲艺为特色。从2008年起，大世界修缮谢客，重新开放时间待定。

大世界曾经是旧上海最吸引市民的娱乐场所，里面设有许多小型戏台，轮番表演各种戏曲、曲艺、歌舞和游艺杂耍等，中间有露天的空中环游飞船，还设有电影院、商场、小吃摊和中西餐馆等，游客在游乐场可玩上一整天。

景观结构： LANDSCAPE STRUCTURE

大世界的建筑风格比较复杂，大门、圆柱大厅及剧场等主要是仿西方古典式，而内部颇多中国传统形式，是近代娱乐建筑中有代表性的一处。作为文物保护建筑，大世界一期改造工程全部按照历史原貌进行修缮，外观上没有

一点改动，也没有改变其建筑结构或加高、迁移。未来重新展现在市民面前的，将是一座原汁原味的大世界。

大世界老建筑现占地面积约5740平方米，其中主体建筑面积约为1211平方米。而全新的大世界范围将在原来老建筑用地的基础上扩大，形成西起西藏路，北至延安东路，南邻宁海路，东靠云南路的一个完整街坊。为了使修缮后的大世界重新成为上海的文化地标，大世界将向云南路方面扩大用地范围，并通过建设剧场和地下场所等新老建筑，将附近一带融合成一个"大世界街区"。

海派底蕴： SHANGHAI STYLE HERITAGE

大世界里的12面哈哈镜都将被作为经典保留下来，并有可能结合高科技手段，现场拍下游客在镜前的各种形象，并制成私人电子年历。根据规划，全新亮相的大世界仍将以原先的文艺演出和娱乐业态为主，集传统戏剧戏曲、杂技魔术、民间民俗展示等非物质文化遗产和中外优秀歌舞表演为一体，同时展现国际最先进、时尚的娱乐形式，包括多媒体秀、动漫、互动娱乐等。

文庙 LANDMARK LOCATION LAYOUT AND CLASSIFICATION RESEARCH TRADITIONAL:

地标位置：上海市黄浦区文庙路215号

ONFUCIAN TEMPLE

港龙公寓
Dragonair's Apartment

华兴里
Huaxingli

永业里
Yongyeli

福庆里
Fuqingli

上海市黄浦区
回民幼儿园
Muslim Kindergarten

上海市黄浦区阳光中学
Sunshine Middle School

黄浦区蓬莱
第二小学
Penglai Second Primary
School

上海文庙
Confucian Temple

普育里
Puyuli

上海市敬业中学
Professional High School

中华坊小区
Zhonghua Neighborhood

文庙 CONFUCIAN TEMPLE

总体概述： GENERAL SUMMARY

　　坐落在上海老城厢的文庙路215号，是上海中心城区唯一的一座祭祀中国杰出的思想家、儒家文化创始人孔子的庙学合一的古建筑群，是源远流长的儒家文化圣地，是古代上海的最高学府。

　　上海文庙始建于元代（1291年），位于学宫街，1853年上海小刀会起义，在文庙设指挥部，清军攻陷上海县城，文庙被炮火所毁。1855年文庙在现址重建，占地17亩。内有棂星门、泮池、三顶桥、大成殿、崇圣祠、明伦堂、尊经阁、魁星阁等建筑；有放生池、荷花池等景点；隙地遍种花木。当时已初具规模，新中国成立后列为文物保护单位。在"文革"期间，遭到严重破坏。但改革开放以后，政府拨款修葺和重建了一批建筑和景点，使文庙初步恢复原貌。

海派底蕴： SHANGHAI STYLE HERITAGE

　　民国元年至十五年（1912~1926年），文庙每年有春秋两祭。在此期间，上海名流来此举行隆重的祀孔礼仪。文庙在抗战前的百余年，逐渐成为旧城厢的文化中心，上海的教育事业起源于旧城厢，文庙一度改为上海市民众教育馆，那时钱万能曾在大成殿里举行过几次中国历代钞票展览会。1999年5月上海文庙挂牌对外开放。2002年4月27日成为上海市文物保护单位。

文庙每周六周日定期举办旧书交流活动，可以买半票观瞻交流。

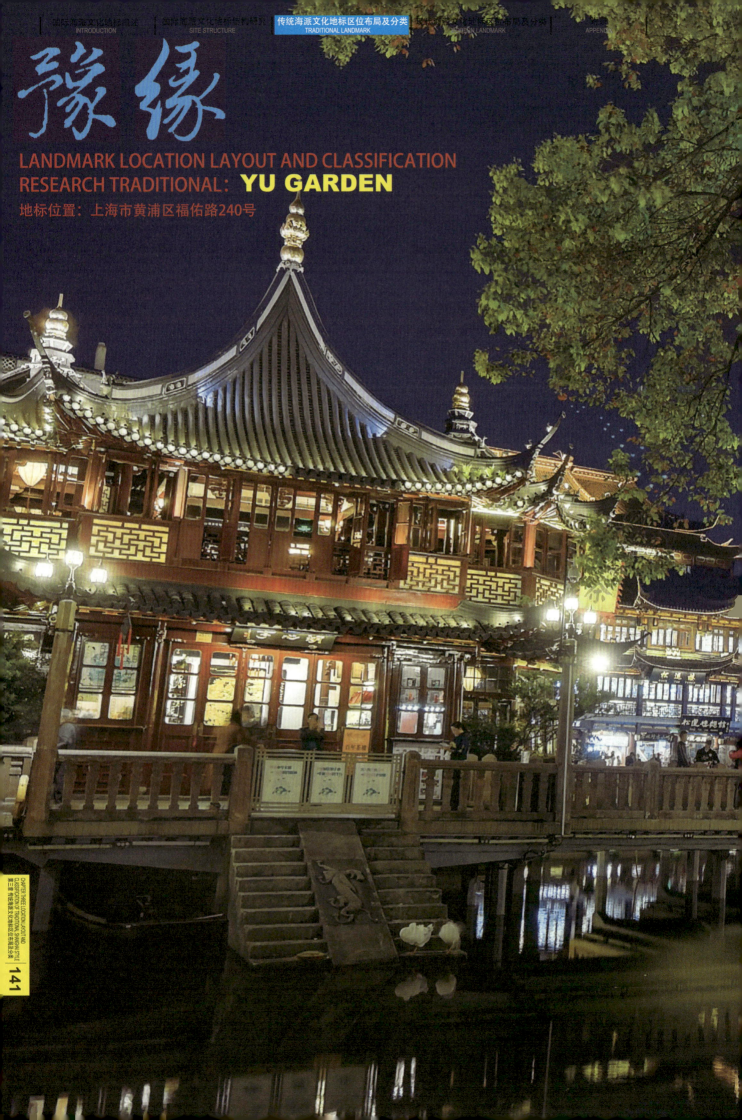

国际海派文化地标概述
INTRODUCTION

国外海派文化地标结构研究
SITE STRUCTURE

传统海派文化地标区位布局及分类
TRADITIONAL LANDMARK

现代海派文化地标区位布局及分类
MODERN LANDMARK

附录
APPENDIX

豫缘

LANDMARK LOCATION LAYOUT AND CLASSIFICATION
RESEARCH TRADITIONAL： **YU GARDEN**

地标位置：上海市黄浦区福佑路240号

国际海派文化地标概述
INTRODUCTION

国际海派文化地标结构研究
SITE STRUCTURE

传统海派文化地标区位布局及分类
TRADITIONAL LANDMARK

现代海派文化地标区位布局及分类
MODERN LANDMARK

附录
APPENDIX

豫园与城隍庙越来越作为一个区域整体发展，每届庙会、灯会流光溢彩，人流如织。

豫园 YU GARDEN

总体概述: GENERAL SUMMARY

　　豫园，位于上海老城厢东北部，北靠福佑路，东邻安仁街，西南与老城隍庙、豫园商城相连。豫园旅游区是上海老城厢的发源地，近年来逐步形成了以豫园、豫园商城、城隍庙、玉龙坊、上海老街等为中心的旅游风景区，民俗工艺、上海及全国特色小吃、上海本土文化及民间文化在此得到飞速发展，是上海市民节庆庙会、民间灯会游览地。

海派底蕴: SHANGHAI STYLE HERITAGE

　　豫园是老城厢仅存的明代园林。园内楼阁参差，山石峥嵘，湖光潋滟，素有"奇秀甲江南"之誉。豫园始建于明嘉靖年间，原系潘氏私园。占地三十余亩。园内有三穗堂、大假山、铁狮子、快楼、得月楼、玉玲珑、积玉水廊、听涛阁、涵碧楼、内园静观大厅、古戏台等亭台楼阁以及假山、池塘等四十余处古代建筑，体现明代江南园林建筑艺术的风格，是江南古典园林中的一颗明珠。豫园为"全国四大文化市场"之一，与北京潘家园、琉璃厂及南京夫子庙齐名。

业态布局: DISTRIBUTION OF THE FORMATS

　　全园可分四大景区。豫园内还收藏上百件历代匾额，大都为名家手笔。豫园1959年被列为市级文物保护单位，1982年2月由国务院公布为全国重点文物保护单位。豫园侧亦有城隍庙及商店街等旅游景点，附近有多家著名食店，包括以小笼包著称的南翔馒头店、绿波廊及上海老饭店以及国外餐饮品牌。楼宇间的多经点位放置着琳琅满目的旅游商铺。

老城隍庙

LANDMARK LOCATION LAYOUT AND CLASSIFICATION RESEARCH TRADITIONAL:

SHANGHAI TOWN GOD'S TEMPLE

地标位置：上海市黄浦区方浜中路

老城隍庙 SHANGHAI TOWN GOD'S TEMPLE

总体概述： GENERAL SUMMAR

　　上海城隍庙坐落于上海市最为繁华最负盛名的豫园景区，是海派文化重要的道教宫观，始建于明代永乐年间，距今已有近六百年的历史。城隍是汉族民间和道教信奉的守护城池之神。城隍神，是城市的保护神，"城"，就是城池；"隍"是干涸的护城河，"城"和"隍"都是保护城市安全的军事设施。

历史背景： HISTORIVAL BACKGROUND

　　上海城隍庙真正始建于明永乐年间（1403~1424年），距今已有近六百年的历史。上海知县张守约将方浜路上的金山神庙改建成了今天的城隍庙雏形。上海老城隍庙原为霍光神祠，供奉的是西汉名将霍光神主。上海建城隍庙，相沿成习，霍光成了上海资格最老的城隍爷。在近六百年的发展历程中，上海城隍庙道观的建设和发展得到了上海地区百姓的热心支持。从明代永乐到清代道光，上海城隍庙的庙基不断扩大，宫观建筑不断增加，最为繁盛时期总面积达到49.9亩，约33000平方米。

海派底蕴： SHANGHAI STYLE HERITAGE

　　1994年，随着宗教信仰自由政策的逐步落实，上海城隍庙得到恢复，重新成为由正一派道士管理的道教宫观。2005年，在市、区政府的关怀下，上海城隍庙大殿前厢房的使用权得以归还，随即开始了二期修复工程。今天的上海城隍庙，包括霍光殿、甲子殿、财神殿、慈航殿、城隍殿、娘娘殿、父母殿、关圣殿、文昌殿九个殿堂，总面积约2000平方米。近年来城隍庙不断局部改建，规模大增。

业态布局： BUSINESS FORM LAYOUT

　　"到上海不去城隍庙，等于没到过大上海。"可见老城隍庙在上海的地位和影响。一般意义上的上海城隍庙是指黄浦区的老城隍庙，在旅游景点中被称为"豫园"。上海豫园——城隍庙商城地处上海中心商业区，集黄金珠宝、餐饮、医药、工艺品、百货、食品、旅游、房地产、金融和进出口贸易等产业为一体，城隍庙周边有众多以驰名商标、中华老字号、上海市著名商标和百年老店等为核心的产业品牌资源。商铺林立，人流如织。

国际海派文化地标概述
INTRODUCTION
国际海派文化地标结构研究
SITE STRUCTURE
传统海派文化地标区位布局及分类
TRADITIONAL LANDMARK
现代海派文化地标区位布局及分类
MODERN LANDMARK
附录
APPENDIX

常德公寓
Changde Apartment

静安嘉里中心
Jing'an Kerry Center

静安寺
Jing'an Temple

静安寺二号线
Jing'an Temple line2

越洋国际广场
Yueyang International Plaza

静安香格里拉大酒店
Jing'an Shangri-La Hotel

静安寺七号线
Jing'an Temple line7

静安公园
Jing'an Park

会德丰国际广场
Wheelock Square

静安寺

LANDMARK LOCATION LAYOUT AND CLASSIFICATION RESEARCH TRADITIONAL:

JING'AN TEMPLE

地标位置：上海市静安区南京西路1686号

静安寺坐落于静安区核心位置，需持票参观。外国游客成为客群的重要组成，是最具"国际性"的寺庙地标。

静安寺 JING'AN TEMPLE

总体概述：GENERAL SUMMARY

静安寺位于上海市静安区南京西路1686号，南邻南京西路，西邻万航渡路，北依豫园路，是上海市著名的真言宗古刹之一，也是上海最古老的佛寺。静安寺的历史最早可追溯至三国孙吴赤乌年间，初名沪渎重玄寺。早于上海建城。

静安古寺毁于"十年动乱"时期，1984年以后，静安寺逐步开始恢复重建，1991年，基本修复到民国时期规模。后又开始扩建，总建筑面积达2.2万平方米，建筑群终成今制，整个庙宇形成前寺后塔的格局。

海派底蕴：SHANGHAI STYLE HERITAGE

元明以来为沪上游览胜地，近代以中西结合的营业性园林著称，今以现代化旅游设施称雄，可谓古与今的连接点，中西文化的汇合处。其悠久的历史文化，是静安区历史发展的源头。光绪二十七年和民国三十四年设置的警区和行政区，均以静安寺命名。

静安寺旧有"静安八景"之说。旁竖阿育王式石柱"梵幢"，题曰"天下第六泉"。寺内尚有"云汉昭回之间"石刻，是南宋淳熙十年光宗赵惇当太子时为学士钱良臣之藏书阁所题，阁毁后移于寺内。经过大修，现已重现古寺风貌。

业态布局：DISTRIBUTION OF THE FORMATS

静安寺的建筑风格是仿明代以前的建筑风格，典型的代表就是斗拱的形制。静安寺很小，却很别致，大雄宝殿后的藏经楼至今尚未完工，不久的将来静安寺会更加雄伟辉煌。静安寺的邻居有著名的久光百货、百乐门、梅龙镇广场、恒隆商厦、会德丰广场、1788美食广场等著名娱乐、办公、商业中心，静安寺周边业态林立，形成规模宏大的"静安寺商圈"。寺庙占地面积很小，但依然属于佛门清静之地。每天早上诸多居士和僧人诵出一种很有感染力的佛经声，涤荡心灵。每当风卷残云之时，寺庙楼宇间的佛铙齐响，声音直达上天，震撼心灵。

静安寺区域不大，但是宗教胜景使得商务型香客络绎不绝。

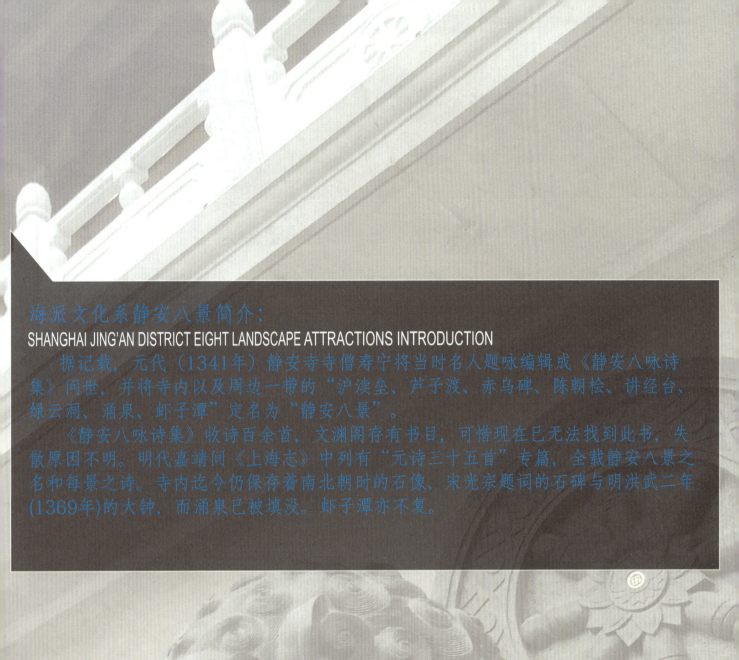

海派文化系静安八景简介：

SHANGHAI JING'AN DISTRICT EIGHT LANDSCAPE ATTRACTIONS INTRODUCTION

据记载，元代（1341年）静安寺寺僧寿宁将当时名人题咏编辑成《静安八咏诗集》问世，并将寺内以及周边一带的"沪渎垒、芦子渡、赤乌碑、陈朝桧、讲经台、绿云洞、涌泉、虾子潭"定名为"静安八景"。

《静安八咏诗集》收诗百余首，文渊阁存有书目，可惜现在已无法找到此书，失散原因不明。明代嘉靖间《上海志》中列有"元诗三十五首"专篇，全载静安八景之名和每景之诗。寺内迄今仍保存着南北朝时的石像、宋光宗题词的石碑与明洪武二年(1369年)的大钟，而涌泉已被填没。虾子潭亦不复。

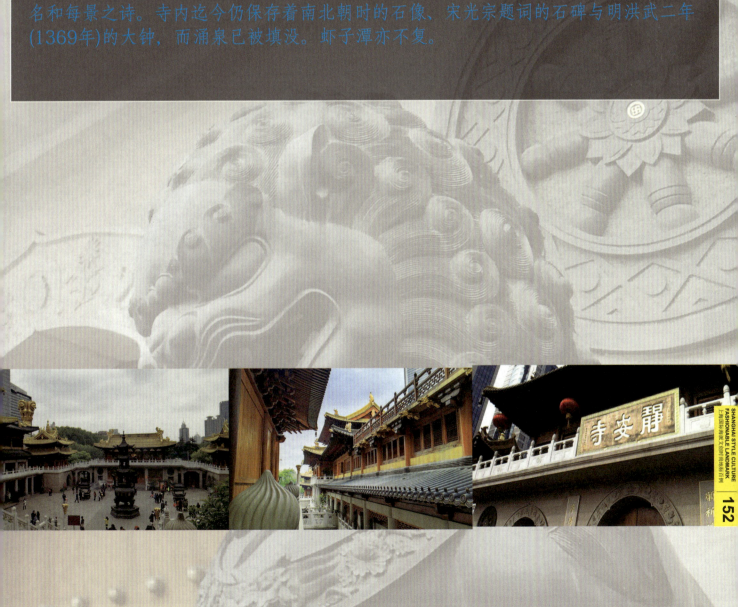

SHANGHAI STYLE CULTURE
FASHIONABLE LANDMARK
上海国际都市文明的时尚标识之例

国际海派文化地标概述
INTRODUCTION
国际海派文化地标结构研究
SITE STRUCTURE
传统海派文化地标区位布局及分类
TRADITIONAL LANDMARK
现代海派文化地标区位布局及分类
MODERN LANDMARK
附录
APPENDIX

xujiahui origin

National AAAA-Rated Tourist Attraction

徐家汇源国家AAAA级旅游景区　历史景点参观联票

徐家汇天主堂是徐家汇源AAAA级景点组成部分，可领票免费参观，此为样票。

徐家汇天主堂 圣依纳爵堂

LANDMARK LOCATION LAYOUT AND CLASSIFICATION RESEARCH TRADITIONAL:

XUJIA HUI CATHOLIC CHURCH

地标位置：上海市徐汇区徐家汇蒲西路158号

SHANGHAI STYLE CULTURE
FASHIONABLE LANDMARK
上海国际潮流文创时尚地标百例

徐家汇天主堂弥撒时间：平日：6:15；7:00。周六：6:15；7:00；16:30；18:00。主日弥撒：中文 6:00；7:30；10:00；18:00。英文 12:00 。

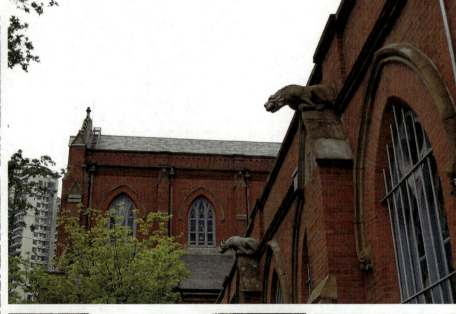
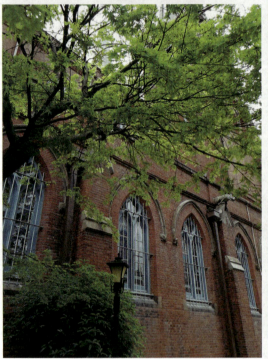

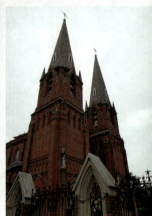

徐家汇天主堂 XUJIA HUI CATHOLIC CHURCH

建筑特色： ARCHITECTURAL FEATURES

徐家汇天主堂是中国著名的天主教堂，位于中国上海市徐汇区徐家汇蒲西路158号，为天主教上海教区最大的主教座堂，正式的名称为"圣依纳爵堂"。堂侧有天主教上海教区主教府、修女院，建筑风格为中世纪哥特式。大堂顶部两侧是哥德式钟楼，尖顶，高50米。大堂内圣母抱小耶稣像立祭台之巅，俯视全堂，为整座教堂之中心。教堂占地面积2670平方米，建筑面积6670平方米，可容纳3000余人。徐家汇天主堂以其规模巨大、造型美观、工艺精湛，在当时被誉为上海的第一建筑。2013年被列入第七批全国重点文物保护单位。

海派底蕴： SHANGHAI STYLE HERITAGE

改革开放以来，该堂成为对外开放的重要场所，每年均有世界各地天主教人士前来参与宗教活动或参观访问，其中有中国香港胡振中枢机主教，中国澳门高秉常主教、林家骏主教以及菲律宾海梅·辛枢机主教等；英国圣公会坎特伯雷大主教伦西博士、凯瑞博士，南非圣公会主教来沪访问期间，曾到该堂参观。

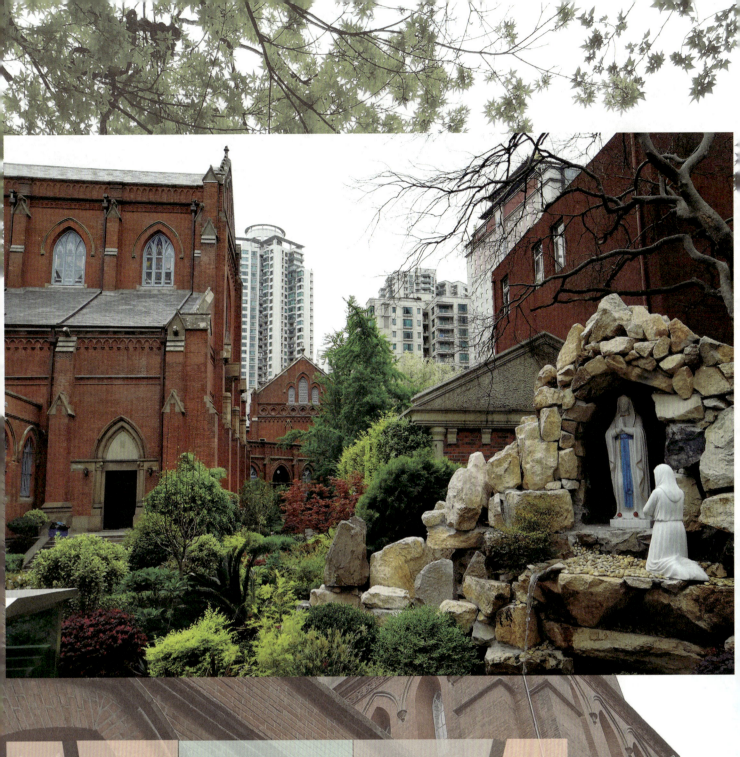

上海市徐汇中学
Xuhui High School

圣爱大厦
Holy Love Building

东方曼哈顿
Oriental Manhattan

徐家汇天主教堂
Xujiahui Catholic Church

紫阳路 90 号
Ziyang Road 90

徐家汇
Xujiahui

中金国际广场
Zhongjin International Plaza

光启公园
Guangqi Park

上海市气象局
Shanghai Meteorological Bureau

龙华寺 LONGHUA TEMPLE

地标概述：GENERAL SUMMARY

龙华寺是上海著名的寺庙，始建于宋代，是江南地区最古老的寺庙之一。1953年由上海市佛教协会复制各殿佛像，重修各殿宇，新建藏经楼等。寺西之桃园改名为龙华公园，今为龙华烈士陵园的一部分。1959年龙华寺被列为上海市文物保护单位。

景观结构：GENERAL SUMMARY

龙华寺建筑为宋代的伽蓝七堂制。是较为少见的建筑布局形制，中轴线上第一进为弥勒殿，供奉慈氏弥勒像一尊。第二进为天王殿，两侧各有4米高的四大天王二尊，正中供奉一尊天冠弥勒像，头戴五佛冠，佩璎珞，是弥勒菩萨在兜率天内院修行的本相。第三进是大雄宝殿，正中供奉毗卢遮那佛像，是法身佛，左右为文殊、普贤。第四进为三圣殿。第五进为方丈室，在封闭庭院内。第六进为藏经楼。

龙华寺东西两侧有钟鼓楼。东西偏殿有观音殿，内塑千手观音一尊。另有罗汉堂。在三圣殿东有染香楼和牡丹园。与破山禅师齐名的著名画僧竹禅僧在此隐居。

龙华寺

地标位置：上海市徐汇区龙华路2853号

LANDMARK LOCATION LAYOUT AND CLASSIFICATION RESEARCH TRADTIONAL:

LONGHUA TEMPLE

龙华古寺的精美建筑细部特写，大门正立面建筑部件。

龙华寺平日免费参观，已成为海派祈福、招财、法会、讲堂的重要地标。

国际海派文化地标概述
INTRODUCTION

国际海派文化地标结构研究
SITE STRUCTURE

传统海派文化地标区位布局及分类
TRADITIONAL LANDMARK

现代海派文化地标区位布局及分类
MODERN LANDMARK

附录
APPENDIX

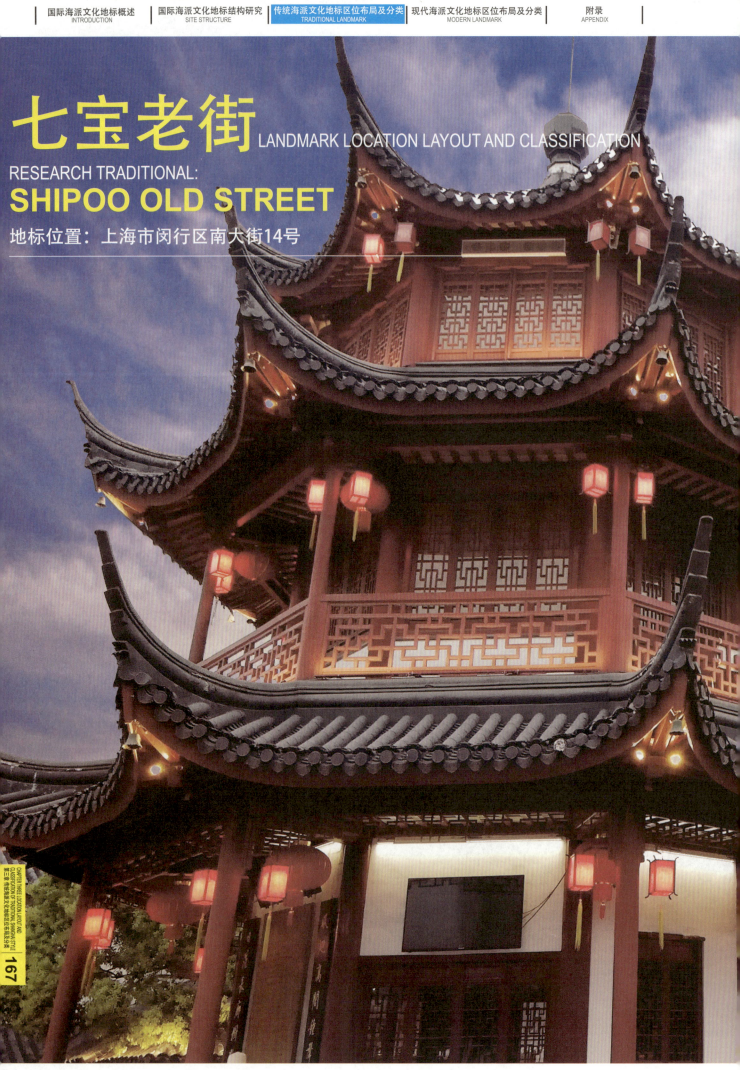

七宝老街 LANDMARK LOCATION LAYOUT AND CLASSIFICATION

RESEARCH TRADITIONAL:
SHIPOO OLD STREET

地标位置：上海市闵行区南大街14号

蒲汇新村
Puhui Village

蒲汇别墅
Puhui Villa

三佳花苑
Sanjia Residential

七宝地铁 9 号线
Shipoo Station Line 9

七宝二中
Qibao No.2 Middle
School

七宝教寺
The Sapporo
Temple

上海七宝明强小学
Shanghai Qibao
Mingqiang
School

莱茵风尚
Lane Fashion

七宝皮影艺术馆
Qibao Shadow
Art Gallery

京都苑
Jingdu Residential

南七宝寺
Shipoo South
Temple

茂盛花苑
Lush Residential

陈家塘
The Chens Pond

七宝老街
Shipoo Old Street

老宅角
Old House
Angle

水晶书香苑
Crystal Garden

宝利大楼
Polly Building

万兆家园
Wanzhao Residential

上海交大农生院
SHJT University

上海交大农生院
SHJT University

黎明花园
Liming Garden

广海花园
Guanghai Garden

国际海派文化地标概述
INTRODUCTION | 国际海派文化地标结构研究
SITE STRUCTURE | **传统海派文化地标区位布局及分类**
TRADITIONAL LANDMARK | 现代海派文化地标区位布局及分类
MODERN LANDMARK | 附录
APPENDIX

七宝古镇只有一条主要街区，两边店面尺距很小，游客基本侧身而过，络绎不绝。近几年七宝商业发展迅猛，其周边的万科七宝商场和交大分校区（整建），都是较为著名的地标景区。

海派文化系七宝传说简介：
SHANGHAI SHIPOO OLD STREET LANDSCAPE ATTRACTIONS INTRODUCTION

　　在民间流传着"七件宝"之说，曰：飞来佛、氽来钟、金字莲花经、神树、金鸡、玉斧、玉筷。另外还有个传说，说七宝最初有八件宝，因为被偷了一件所以叫七宝。因为知道者都是老者，又因年代久远，这个传说已无从考证。

七宝老街 SHIPPO OLD STREET

建筑特色：ARCHITECTURAL FEATURES

七宝老街位于上海市闵行区七宝古镇的新街青年路旁，汉起形成，到宋初发展、明清繁盛，至今已有1000多年历史。七宝古镇同属江南太湖流域的千年古镇，风景如画，典型的城中之镇，又是离市区最近的古镇。

七宝老街分为南北两条大街，南大街以特色小吃为主，北大街以旅游工艺品、古玩、字画为主。整条街均是古色古香的建筑。七宝老街已成为集"休闲、旅游、购物"为一体的繁华街市。

业态布局：BUSINESS FORM LAYOUT

蟋蟀馆、老行当再现的是昔日上海的民俗风情；老饭店、天香楼推出的是颇具代表性的上海菜；七宝戏园展演的是沪上一些主要地方戏曲；微雕馆、书翰馆表现的是中国民间艺术与海派文化的和谐结合；张充仁纪念馆的西洋雕塑艺术更是诠释了海派精神对于外来文化介入时的宽容和理智。酒肆、茶馆内都是老式的八仙桌、长条凳、长嘴铜壶、方头竹筷。

七宝古镇的沿街店铺里的商品已经不再低端，除了传统的小吃，还有不少精致的海派旅游工艺品。

赵屯镇
Zhaotun Town

白鹤镇
Baihe Town

华新镇
Huaxin Town

重固镇
Chonggu Town

徐泾镇
Xujing Town

赵港镇
Zhaogang Town

朱家角镇
ZhuJiaJiao Town

金泽镇
Jinze Town

练塘镇
Liantang Town

朱家角

LANDMARK LOCATION LAYOUT AND CLASSIFICATION RESEARCH TRADITIONAL:

ZHU JIA JIAO

地标位置：上海市青浦区，位于上海市西部、青浦区中南部朱家角镇

朱家角镇 ZHU JIA JIAO TOWN

总体概述：GENERAL SUMMARY

朱家角镇，隶属于上海市青浦区，位于上海市西部、青浦区中南部，紧靠淀山湖风景区。东邻西大盈与环城分界，西濒淀山湖与大观园风景区隔湖相望，南与沈巷镇为邻，北与江苏省昆山市淀山湖镇接壤。

朱家角镇东距青浦镇6千米，距上海市中心48千米。318国道贯穿镇境。全镇的总面积138平方千米。被列为上海四大历史文化名镇之一。2007年，被评为第三批"中国历史文化名镇"。

海派底蕴：SHANGHAI STYLE HERITAGE

朱家角明清两代共出进士16人、举人40多人，民国时期，镇上有民众教育馆、书报社、戏院、书场等文化场所，有咏珠社、韵声社等文艺结社、民间艺人活动。镇上还先后有《珠溪》《薛浪》《骊珠》等20多种报刊出版发行。

中华人民共和国成立后，先后建立了文化馆、工人俱乐部、广播站、电影院等。朱家角还有许多"特色角"，如京剧角、歌唱角、文学角、书画角、健身角等。朱家角教堂的宗教活动也源远流长。普光寺为朱家角地区有历史记载的最早寺院，具有相当规模。建于元代至正年间的圆津禅院以典藏名家书画而成为清代名刹。

位于淀山湖畔的玉佛寺下院，建于明代，香火不断。20世纪80年代后，上海市佛教协会几次修缮扩建，现占地面积38.5亩，建筑面积5000平方米，已被列入市级文物保护单位。还有道教、天主教、基督教、伊斯兰教等，都在朱家角镇建活动场所。

朱家角游览段精华区放生桥的魅力夜景。朱家角的文化旅游业非常发达，显现出成熟的旅游经济的时代特征，并且与当代文化时尚相结合。

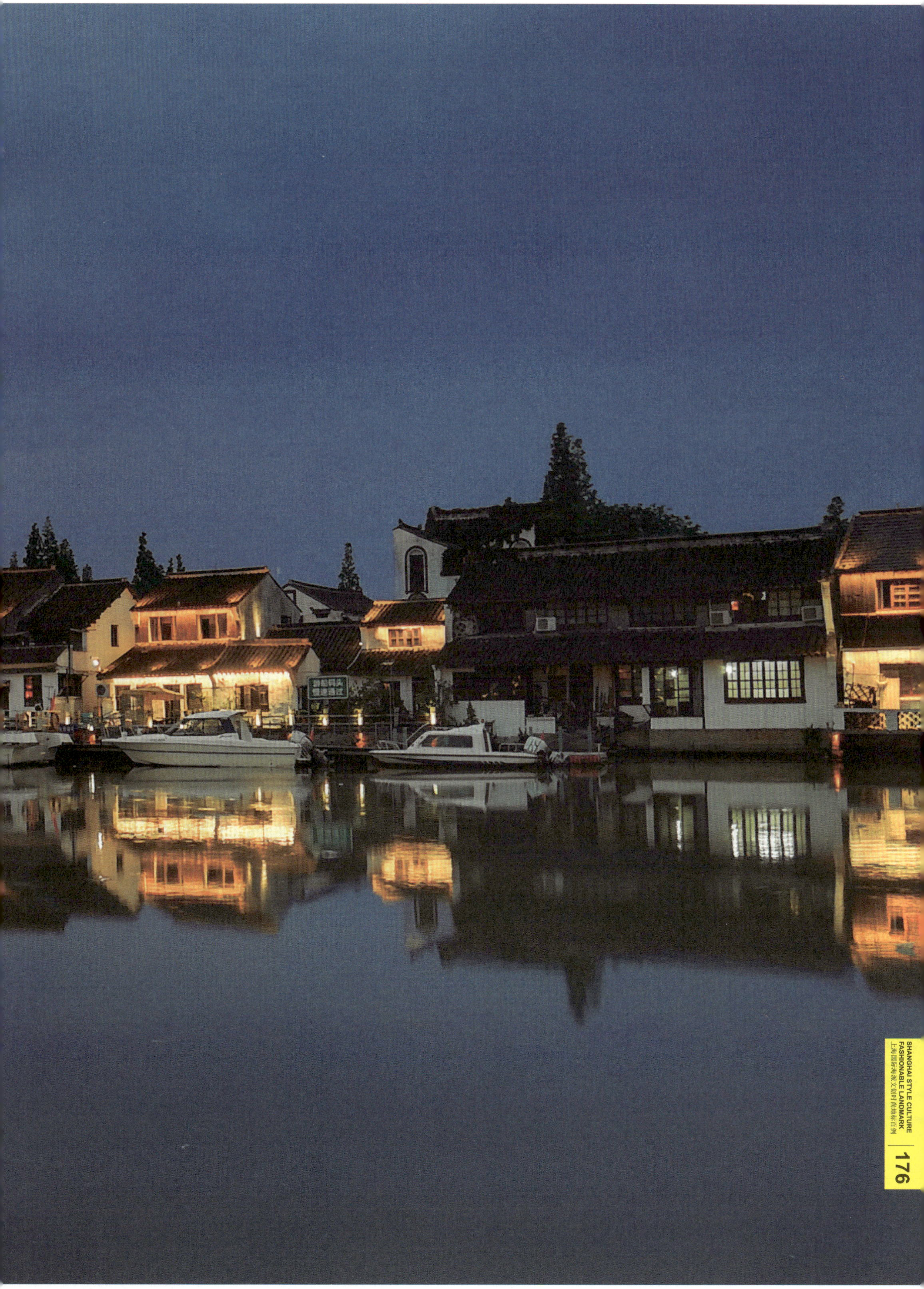

朱家角水岸的商业特色景观，其布局特色与乌镇极其相似，邻水商业十分发达。

古镇

LANDMARK LOCATION LAYOUT AND CLASSIFICATION RESEARCH TRADITIOAL:

FENGJING OLD TOWN 地标位置：上海市金山区西北部湖附近

姚家村
Yaojia Village

金皇朝大酒店
Golden Dynasty Hotel

新华村
Xinhua Village

枫泾古镇
Fengjing Old Town

枫泾酒厂
Fengjing Winery

永乐超市
Yongle Supermarket

枫南村
Fengnan Village

枫泾古镇 FNGJING OLD TOWN

总体概述：GENERAL SUMMARY

枫泾古镇隶属于上海市金山区，位于上海市西南，与沪浙五区县交界，是上海通往西南各省的最重要的"西南门户"。枫泾古镇是中国历史文化名镇，亦为新沪上八景之一，历史上因地处吴越交汇之处，素有吴越名镇之称；枫泾为典型的江南水乡古镇。古镇周围水网遍布，镇区内河道纵横，桥梁有52座之多，现存最古的为元代致和桥，距今有近700年历史。

海派底蕴：SHANGHAI STYLE HERITAGE

枫泾是江南四大名镇之一。成市于宋，建镇于元，是一个已有1500多年历史的文明古镇，地跨吴越两界。枫泾古镇为典型的江南水乡集镇，周围水网遍布，区内河道纵横，素有"三步两座桥，一望十条港"之称，镇区多小圩，形似荷叶；境内林木荫翳，庐舍鳞次，清流急湍，且遍植荷花，清雅秀美，故又称"清风泾""枫溪"别号"芙蓉镇"。

景观特色：LANDSCAPE FEATURES

镇区规模宏大，全镇有29处街、坊，84条巷、弄。至今仍完好保存的有和平街、生产街、北大街、友好街四处古建筑物，总面积达48750平方米，是上海地区现存规模较大、保存完好的水乡古镇。著名景点有：古长廊、火政会、丁聪漫画馆、枫泾牌坊、小吃街、古戏台、吕吉人画馆、施王庙、天命堂、三百园等。

CHAPTER THREE LOCATION LAYOUT AND CLASSIFICATION OF TRADITIONAL SHANGHAI STYLE
第三章 传统海派文化地标区位布局及分类

枫泾的海派文化民俗业态较为发达，古镇为开放型历史街区，海派文化氛围浓厚。

　　枫泾古镇民居的临水步道尺度感极佳，邻水茶馆、工艺品店、时尚书馆等业态具有浓厚的海派特色。

国际海派文化地标概述
INTRODUCTION | 国际海派文化地标结构研究
ONE CULTURE | 传统海派文化地标区位布局及分类
TRADITIONAL LANDMARK | 现代海派文化地标区位布局及分类
MODERN LANDMARK | 附录
APPENDIX

FORMER RESIDENCE

3.4 海派名人故居历史文化地标

HISTORY OF THE FORMER RESIDENCE OF SHANGHAISTYLE CELEBRITIES LANDMARK

SHANGHAI HISTORY CULTURAL LANDMARK

关键词：孙中山纪念馆、中国共产党第一次代表大会会址、蔡元培故居、宋庆龄故居、周公馆、鲁迅故居、
多伦路文化街

引言：纪念性海派文化地标也是海派文化体系下的重要组成部分，走访地标故居就像重温那段激荡的历史，那段底蕴与文化是其独有的魅力所在。本节所遴选的案例均具有中国情怀演绎下的视角特色，从开创国家政体的一大到左翼作家联盟，其兼容并蓄的文化风格与海派一脉相承。

Preface: The monumental landmark is also an important part of the Shanghaistyle culture system. Visiting the landmark residence is just like visiting the active period in Chinese history with the unique charm of the culture. All the cases selected in this section have the perspective of Chinese feelings, from the establishment of the national political system to the leftist writers' union. All the cases have the cultural style of inclusiveness in line with the Shanghaistyle.

孙中山先生是中国伟大的革命先驱，其故居是上海最重要的海派革命文化地标之一。

上海启秀实验中学
Shanghai Qixiu Experimental
Middle School

复兴公园
Fuxing Park

新天地购物中心
Xintiandi Shopping Center

孙中山文物馆
Sun Yat-Sen Museum

SOHO 复兴广场
SOHO Fuxing Square

思南公馆
Sinan Mansion

米丘林公寓
Condo Apartment

交通大学
SHJT University

上海文化广场
Shanghai Cultural Square

瑞金医院
Ruijin Hospital

SHANGHAI 孙中山纪念馆

LANDMARK LOCATION LAYOUT AND CLASSIFICATION RESEARCH TRADITIONAL:

MEMORIAL HALL OF SUN YAT-SEN'S FORMER RESIDENCE IN SHANGHAI

地标位置：上海市黄浦区香山路7号

孙中山故居庭院设置在孙中山文物馆和孙中山故居之间，景观优美，绿草茵茵。

孙中山纪念馆 MEMORIAL HALL OF SUN YAT-SEN'S FORMER RESIDENCE IN SHANGHAI

总体概述：GENERAL SUMMARY

孙中山纪念馆毗邻孙中山故居，是由一幢欧式洋房改建而成。纪念馆共有3层、8个展区，展览面积700多平方米，共展出文物、手迹、资料三百余件。展品中包括孙中山奔走海内外开展革命活动时使用的旅行箱、孙中山任中华民国临时大总统的佩剑、孙中山的老师康德黎亲笔签名并赠送给孙中山的照片、黄兴在武昌起义爆发后指挥汉阳保卫战时使用的战时总司令之印等。

纪念馆还有孙中山《实业计划规划图》电子沙盘、馆藏文物三维电脑仿真、查询系统等现代化多媒体设施。此外，纪念馆还设有影视室，滚动播放电视文献片《走近孙中山》。

故居概况：GENERAL SITUATION OF FORMER RESIDENCE

孙中山故居是孙中山和宋庆龄唯一共同的住所，是一幢欧洲乡村式小洋房，由当时旅居加拿大的华侨集资买下赠送给孙中山。孙中山和夫人宋庆龄于1918年入住于此，1925年3月孙中山逝世后，宋庆龄继续在此居住至1937年。抗日战争爆发后，宋庆龄移居香港、重庆，1945年底，宋庆龄回到上海将此寓所移赠给国民政府，作为孙中山的永久纪念地。

海派底蕴：SHANGHAI STYLE HERITAGE

1961年3月上海孙中山故居被国务院列为首批全国重点文物保护单位。1988年故居正式对外开放，1994年故居被列为上海市爱国主义教育基地。2017年12月入选第2批中国20世纪建筑遗产。上海孙中山纪念馆还积极开展各类对外交流。纪念馆每年选派优秀讲解员赴社区举办讲座，介绍孙中山的革命业绩、思想、学说等，充分发挥纪念馆爱国主义教育基地作用。与复旦大学、上海师范大学、上海应用技术学院等学校签订共建协议，培训讲解员开展义务讲解活动。

中国共产党第一次全国代表大会会址
THE FIRST NATIONAL CONGRESS OF THE COMMUNIST PARTY OF CHINA

总体概述： GENERAL SUMMARY

中国共产党第一次全国代表大会会址，是中国共产党的诞生地。会址位于上海市黄浦区兴业路76号，是一幢沿街砖木结构的旧式石库门住宅建筑。

建筑特色： ARCHITECTURAL FEATURE

中共一大会址房屋建于1920年秋，建成后不久，李汉俊及其兄李书城租用望志路106号、108号为寓所，将两幢房屋的内墙打通，人称"李公馆"。与左右紧邻4幢同类房屋同时建成，属贝勒路树德里一部分。为上海典型石库门式样建筑，外墙青红砖交错，镶嵌白色粉线，门楣有矾红色雕花，黑漆大门上配铜环，门框围以米黄色石条，门楣上部有拱形堆塑花饰。

2016年9月入选"首批中国20世纪建筑遗产"名录。

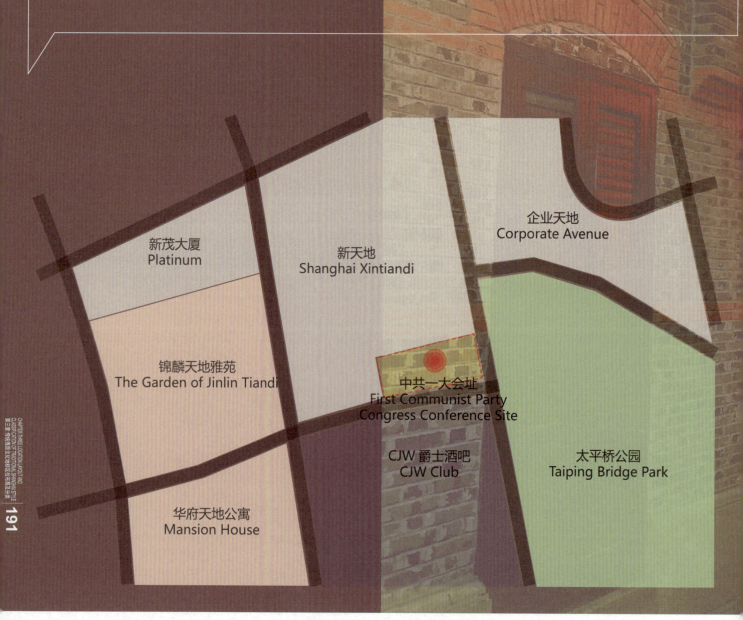

- 新茂大厦 Platinum
- 新天地 Shanghai Xintiandi
- 企业天地 Corporate Avenue
- 锦麟天地雅苑 The Garden of Jinlin Tiandi
- 中共一大会址 First Communist Party Congress Conference Site
- CJW 爵士酒吧 CJW Club
- 太平桥公园 Taiping Bridge Park
- 华府天地公寓 Mansion House

CHAPTER THREE: LOCATION, LAYOUT AND CLASSIFICATION OF TRADITIONAL SHANGHAI STYLE 第三章 传统海派文化地标区位布局及分类

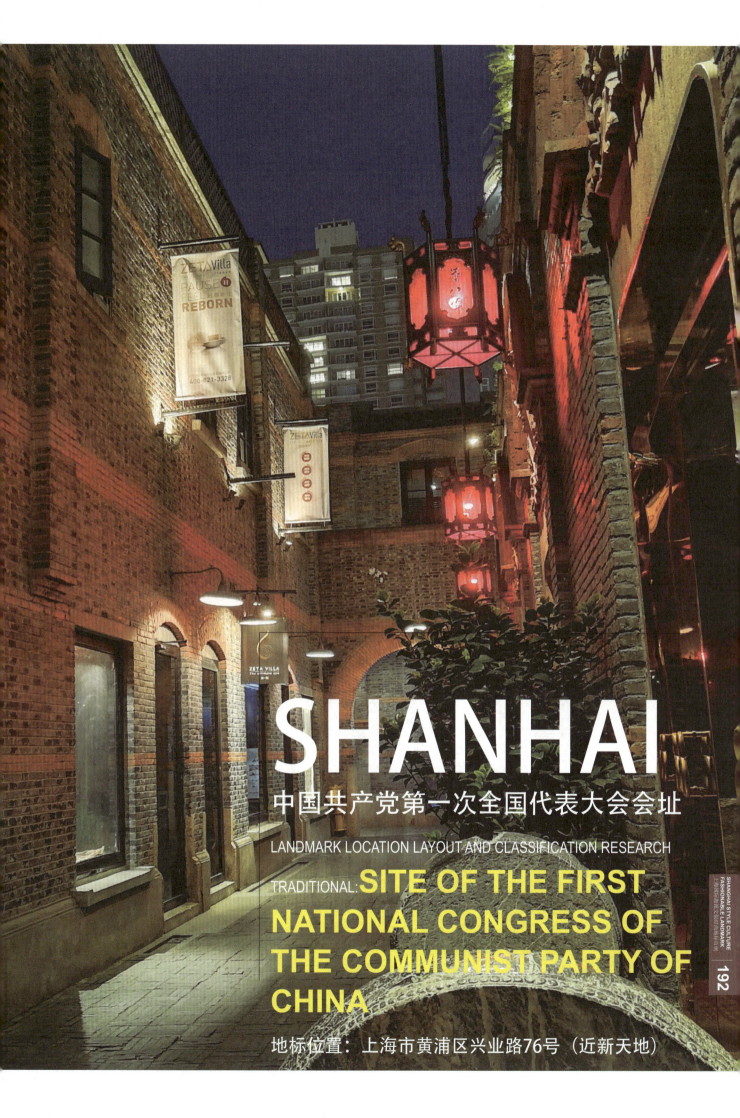

SHANHAI

中国共产党第一次全国代表大会会址

LANDMARK LOCATION LAYOUT AND CLASSIFICATION RESEARCH

TRADITIONAL: **SITE OF THE FIRST NATIONAL CONGRESS OF THE COMMUNIST PARTY OF CHINA**

地标位置：上海市黄浦区兴业路76号（近新天地）

SHANGHAI STYLE CULTURE FASHIONABLE LANDMARK
海派风尚文化时尚地标

海派底蕴：　SHANGHAI STYLE HERITAGE

中共一大会址纪念馆一层是观众服务设施，设有门厅、多功能学术报告厅和贵宾厅。二层为《中国共产党创建历史文物陈列》展览厅。基本陈列即由"中共一大会议室旧址陈列"和"中国共产党创建历史文物陈列"两部分组成。

《中国共产党创建历史文物陈列》由三部分内容组成：中国党成立的历史背景；中国共产党早期组织的成立及其活动；中国共产党第一次全国代表大会召开的全过程。陈列室内还按照历史资料开辟了一个蜡像室，形象地刻画出当年出席中共一大会议的15位出席者围桌而坐、热烈讨论的生动场景。栩栩如生的蜡像人物增强了陈列的直观性和历史感染力，成为参观中的新热点。

参观贴士：　WARM TIPS

该馆为上海唯一午夜后仍有建筑照明的海派地标，建筑外部可以全天观瞻。此图片摄于午夜。该馆向全社会免费开放。

开放时间为9:00~16:00（周一闭馆）。个别观众须至领票处领取参观券，凭票入场，特殊情况时需凭本人有效证件领票。

20人以上的团体观众，须由领队至领票处领取团体参观券，凭票集体整队入场。

70岁以上老人、军人、残疾人凭证件优先入场。

静安香格里拉大酒店
Jing'an Shangri-La Hotel

静安公园
Jing'an Park

延中小区
YanZhong Residential

会德丰国际广场
Wheelock Square

延安饭店
Yanan Hotel

景华新村
JingHuaXin District

上海希尔顿酒店
Shanghai Hilton Hotel

古柏小区
Cooper Residential

蔡元培故居
The Former Residence of
Cai Yuanpei

富民新邨
The Prosperous Community

巨鹿花园别墅
Julu Garden Villa

蔡元培故居 CAI YUANPEI'S FORMER RESIDENCE

总体概述：GENERAL SUMMARY

　　蔡元培上海故居是中国近代史上著名的革命家、教育家、政治家、民主进步人士蔡元培先生出生地、生活工作和从事革命活动的居所之一。蔡元培故居有绍兴故居、杭州故居、上海故居和北京故居四处。

　　蔡元培故居是我国专门介绍蔡元培一生事迹的名人纪念馆。绍兴故居已被列为浙江省重点文物保护单位;上海故居于1984年被列为上海市级文物保护单位;北京故居于1985年10月由东城区人民政府公布为文物保护单位。

海派底蕴：SHANGHAI STYLE HERITAGE

　　上海故居已于1984年被列为上海市级文物保护单位。故居建设面积526平方米，花园面积671平方米，系蔡元培先生前租住，蔡元培先生一生献身国家，没有房屋，生前经北大学生筹款购置未果。房地产的原产权人经辗转买卖，后由人民政府代管，归蔡元培先生亲属居住使用。

建筑特色：ARCHITECTURAL FEATURES

　　现一楼辟为故居陈列馆，二楼、三楼居住着蔡元培先生的子女，故居的陈设基本保持蔡元培

CAI 蔡元培故居 LANDMARK LOCATION LAYOUT

CLASSIFICATION RESEARCH TRADITIONAL:

CAI YUANPEI'S FORMER RESIDENCE

地标位置：上海华山路303弄16号

先生生前的原样。陈列馆建筑面积210平方米，
展览分为：第一部分，从刻苦攻读到教育救国；
第二部分，中国近代教育和科学事业的奠基人；
第三部分，志在民族革命，醒在民主自由。

SHANGHAI 宋庆龄故居

LANDMARK LOCATION LAYOUT AND CLASSIFICATION RESEARCH TRADITIONAL:

SONG Qingling's former residence

地标位置：上海市黄浦区淮海中路1843号

宋庆龄故居（上海宋庆龄故居，目前闭馆维修中）
THE FORMER RESIDENCE OF SONG QINGLING

总体概述：GENERAL SUMMARY

中华人民共和国名誉主席宋庆龄同志故居位于淮海中路1843号，是一幢红瓦白墙的小洋房。这幢房子原是一个德国人的私人别墅，从1948年到1963年，宋庆龄在这里工作、生活达15年之久。上海宋庆龄故居为国家重点文物保护单位、上海宋庆龄故居纪念馆为国家二级博物馆、上海市爱国主义教育基地。

海派底蕴：SHANGHAI STYLE HERITAGE

上海宋庆龄故居是宋庆龄一生中居住时间较长的地方，也是她从事国务活动的重要场所，留下了许多珍贵的历史瞬间和大量文物。1949年宋庆龄就是在这里欣然接受中国共产党的邀请，北上参加开国大典和第一届中国人民政治协商会议，并当选为中央人民政府副主席，参与制定国家各项大政方针。她经常在故居举行各种国务活动，会晤和宴请来访的各国贵宾，促进中外交往，维护世界和平。

她所创建的新中国妇幼文化福利事业和对外宣传刊物也是在这里酝酿、筹划的。她也曾在故居内会见过许多党和国家领导人，如毛泽东、刘少奇、周恩来、邓小平、朱德、陈毅等。

1981年10月，故居被列为上海市重点文物保护单位。2001年经国务院批准列为全国重点文物保护单位，并且是上海市爱国主义教育基地。

建筑特色：ARCHITECTURAL FEATURES

故居占地面积4300多平方米，分为前花园、主楼和后花园。主体建筑为一幢乳白色船形的假三层西式楼房，建筑面积有700平方米，主楼是砖木结构的西式假三层楼房，建于20世纪20年代初期，底层为客厅、餐厅、书房，二楼是宋庆龄的卧室、办公室和保姆的卧室。楼前有宽广的草坪，楼后是花木茂盛的花园，环境优美清静。

宋慶齡故居

全国重点文物保护单位

上海宋庆龄故居

中华人民共和国国务院
二〇〇一年六月二十五日公布
上海市人民政府立

永福第六小区
Yongfu Sixth Community

世界花园别墅
World Garden Villa

霞飞别墅
Xiafei Villa

上海市第十四中学
Shanghai No.14
Middle School

兴武社区
Xing Wu Community

华山儿童公园
Huashan Children's Park

吴兴路小区
Wuxing Road Community

华山花苑
Huashan Garden

宋庆龄故居
The Former Residence of
Song Qingling

宛平路6弄8弄小区
Wanping Road Community

海斯大厦
Haisi Building

上海国际网球中心
Shanghai International
Tennis Center

天平路小区
Tianping Community

衡山公园
Hengshan Park

周公馆 LANDMARK LOCATION LAYOUT AND CLASSIFICATION RESEARCH TRADITIONAL: RESIDENCE OF CENERAL—CHOUENLAI

地标位置：上海市黄浦区思南路73号

CHAPTER THREE LOCATION LAYOUT AND CLASSIFICATION OF TRADITION SHANGHAI STYLE

周公馆的建筑形制基本上与思南公馆如出一辙，由此可见此建筑应是"思南社区"的组成部分。

南昌花苑
Nanchang Garden

复兴公园
Fuxing Park

复四社区
Fu Fourth Community

思南路幼儿园
Sinan Road Kindergarten

启秀实验中学
Qixiu Middle School

瑞金二路小区
Ruijin Residential

香山中医医院
Xiangshan Hospital
of Traditional Chinese
Medicine

思南公馆
Sinan Mansions

花园公寓
Garden Apartment

思南社区
Sinan Community

周公馆
Residential of Ceneral
Chouenlai

万宜坊
Wan Xuan Fang

民防大厦
Minfang Mansion

上海交通大学
医学院东区
SHJT Medical
College(East District)

瑞金医院
Ruijin Hospital

上海交通大学
医学院西区
SHJT Medical
College(West District)

　　海派名人地标延伸阅读："周公馆"附近的名人故居：孙中山故居：香山路7号；张学良公馆：皋兰路1号；梅兰芳旧居：思南路87号；柳亚子旧居：复兴中路517号；刘海粟故居：复兴中路512号。

周公馆（中国共产党代表团驻沪办事处旧址）
RESIDENCE OF CENERAL—CHOUENLAI

总体概述： GENERAL SUMMARY

上海周公馆位于上海思南路。1946~1947年国共谈判期间，周恩来在这里工作、生活，并曾在此接待美国总统特使马歇尔，与国民党政府代表邵力子、吴铁城及第三方面代表沈钧儒、黄炎培等交换意见，还举行过中外记者招待会。1959年由上海市人民委员会公布为市级文物保护单位。1986年起正式对外开放。

建筑特色： ARCHITECTURAL FEATURES

周公馆是一幢建于19世纪20年代初的西班牙式花园楼房，共有一底三层。毗邻的思南路71号建筑是纪念馆的业务办公用房。73号、71号两幢楼房全部占地面积2345平方米，建筑面积1049平方米。

周公馆的外墙上镶嵌着光滑的鹅卵石，夏天整幢楼房掩映在浓绿的爬山虎的叶丛中。楼房的南面，有一个占地一亩多的花园，花园的中间是一片正方形的草坪，草坪的中央耸立着一棵与楼房一般高的百年大雪松，还有一个小的喷水池，环境幽静，当年周恩来曾在花园里会见客人。

一楼朝南的一间会客厅面积约40平方米，当年周恩来多次在这里召开中外记者招待会。朝东的一间面积约14平方米，这是周恩来的工作室兼卧室。中间的一间是饭厅，面积约20平方米，这是办事处工作人员吃饭的地方。二楼整层楼面是办事处外事人员的工作室兼卧室，陈列着编辑出版的《新华周刊》等物品。三楼正中一间面积约40平方米，是办事处集体宿舍。朝北的一间面积约12平方米，是董必武的工作室兼卧室。

海派底蕴： SHANGHAI STYLE HERITAGE

周公馆展厅面积约50平方米，共展出照片70余张，囊括了1946年6月至1947年3月周恩来、董必武等在上海领导"办事处"积极宣传中共坚持和平、民主，坚持政协决议，广泛开展爱国主义统一战线斗争的史迹。内容分五个部分：

第一部分主要介绍办事处设立的历史背景。陈列有周恩来致国民党政府行政院院长宋子文函、有宋子文给上海市市长吴国桢的监视密电等。

第二部分主要是介绍周恩来通过在沪领导办事处举行中外记者招待会等形式，扩大中共在国统区的影响。陈列有周恩来出席中外记者招待会、周恩来在上海纪念鲁迅逝世十周年大会上的演说等珍贵历史照片。

第三部分主要介绍周恩来通过在沪开展统战工作的情况。陈列有周恩来与宋庆龄在一起晤谈、邓颖超等与外国朋友在一起合影，有周恩来等与著名民主人士郭沫若、沈钧儒、马叙伦、盛丕华、许广平、黄炎培等人的活动照片。

第四部分主要陈列周恩来、董必武和国民党行政院善后救济总署和联合国善后救济总署进行黄河堵口及救济物资方面的谈判斗争的有关历史照片。

第五部分主要介绍办事处的撤离。陈列有刊载国民党当局逼迫中共人员撤离南京、上海、重庆的报刊文照、最后一批成员撤离时的合影等。

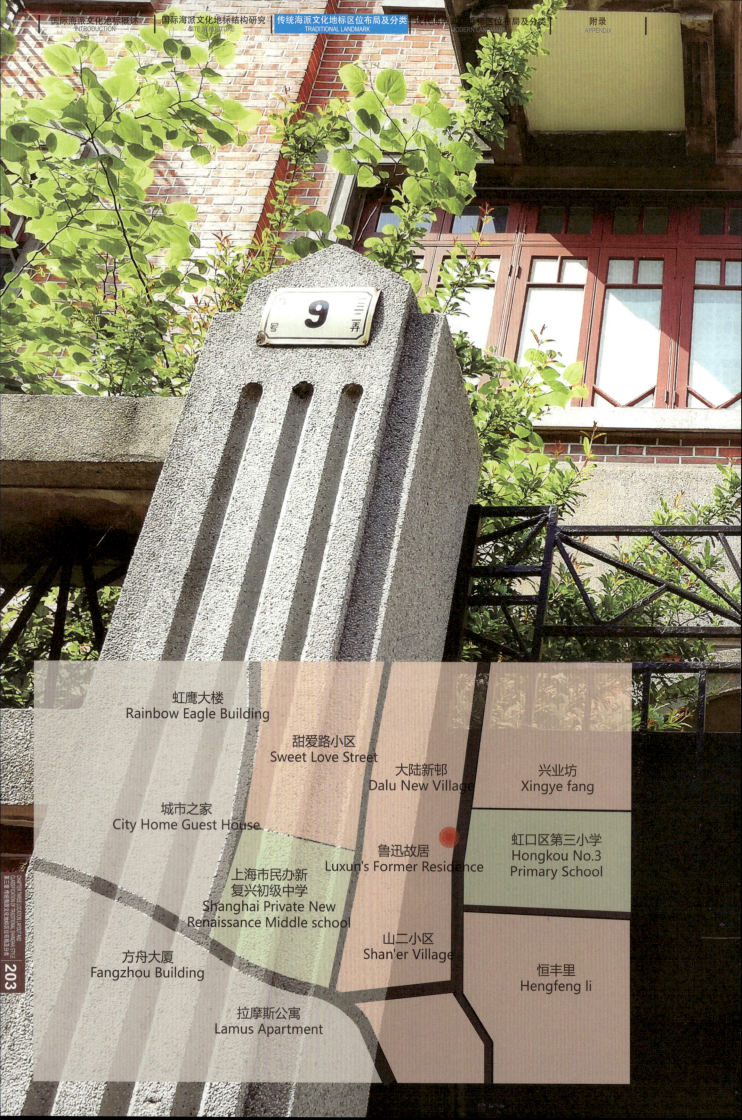

国际海派文化地标概述
INTRODUCTION

国际海派文化地标结构研究
SITE STRUCTURE

传统海派文化地标区位布局及分类
TRADITIONAL LANDMARK

现代海派文化地标区位布局及分类
MODERN LANDMARK

附录
APPENDIX

虹鹰大楼
Rainbow Eagle Building

甜爱路小区
Sweet Love Street

大陆新邨
Dalu New Village

兴业坊
Xingye fang

城市之家
City Home Guest House

上海市民办新
复兴初级中学
Shanghai Private New
Renaissance Middle school

鲁迅故居
Luxun's Former Residence

虹口区第三小学
Hongkou No.3
Primary School

方舟大厦
Fangzhou Building

山二小区
Shan'er Village

拉摩斯公寓
Lamus Apartment

恒丰里
Hengfeng li

鲁迅 故居 LANDMARK LOCATION LAYOUT AND

CLASSIFICATION RESEARCH TRADITIONAL: LUXUN'S FORMER

RESIDENCE

地标位置：上海市虹口区山阴路132弄9号

鲁迅故居（上海鲁迅故居） LUXUN'S FORMER RESIDENCE

总体概述： GENERAL SUMMARY

鲁迅故居，是中国近代伟大的思想家、革命家、教育家——鲁迅先生生前所居住的地方。现已成为重要的人文博物馆，对于研究和传播20世纪前期的人文思想具有重大的意义。

建筑特色： ARCHITECTURAL FEATURES

故居位于上海市山阴路上的大陆新村9号。是一座砖木结构，红砖红瓦的三层楼房，坐北朝南。走进大门，是一个小花园。走上台阶，就是会客室。中间摆着西式餐桌。西墙放着书橱、手摇留声机和瞿秋白去江西瑞金时赠给鲁迅的工作台。他仅靠微薄稿费收入维持家庭生活，但对接济他人，支持革命群众团体，是非常慷慨的。馆名为周恩来总理亲题。建筑外形具有鲁迅故乡民间住宅的传统风格。馆内的1.7万余件陈列品，概括地介绍了鲁迅先生的思想发展和战斗历程，重点表现了他在上海10年中的社会和文化活动。

海派底蕴： SHANGHAI STYLE HERITAGE

鲁迅1927年10月从广州来到上海，到1936年10月19日逝世，在上海整整生活了九年。在上海期间他陆续出版了9本杂文集和历史小说集《故事新编》，先后编辑《语丝》《奔流》《朝花》《萌芽》《前哨》《十字街头》《译文》等文学刊物，翻译了许多外国文学作品，1929年主编《科学的艺术论丛书》。他拥护中国共产党提出的抗日民族统一战线的方针，提出"民族革命战争的大众文学"的口号。1930年鲁迅参加发起并组织成立了中国左翼作家联盟，担任"左联"领导工作。还参加了中国自由运动大同盟、中国民权保障同盟等组织。

参观贴士： WARM TIPS

鲁迅故居现被列为上海市文物保护单位，故居旁的鲁迅公园内，建有鲁迅纪念馆，同时供人瞻仰。其墓葬在附近的四川北路2288号的鲁迅公园内。鲁迅故居边上的6号住宅即是茅盾寓所。附近还有多伦路名人文化街、虹口体育场、内山完造寓所、瞿秋白故居。

延伸阅读：

关于虹口区《海派文学激荡导览》可在地铁八号线虹口足球场站点内观看。

本照片为多伦路文化街鲁迅群雕，特此说明

SHANGHAI 多伦路文化街

LANDMARK LOCATION LAYOUT AND CLASSIFICATION RESEARCH TRADITIONAL DUOLUN
ROAD CULTURAL STREET

地标位置：上海市虹口区东江湾路146号

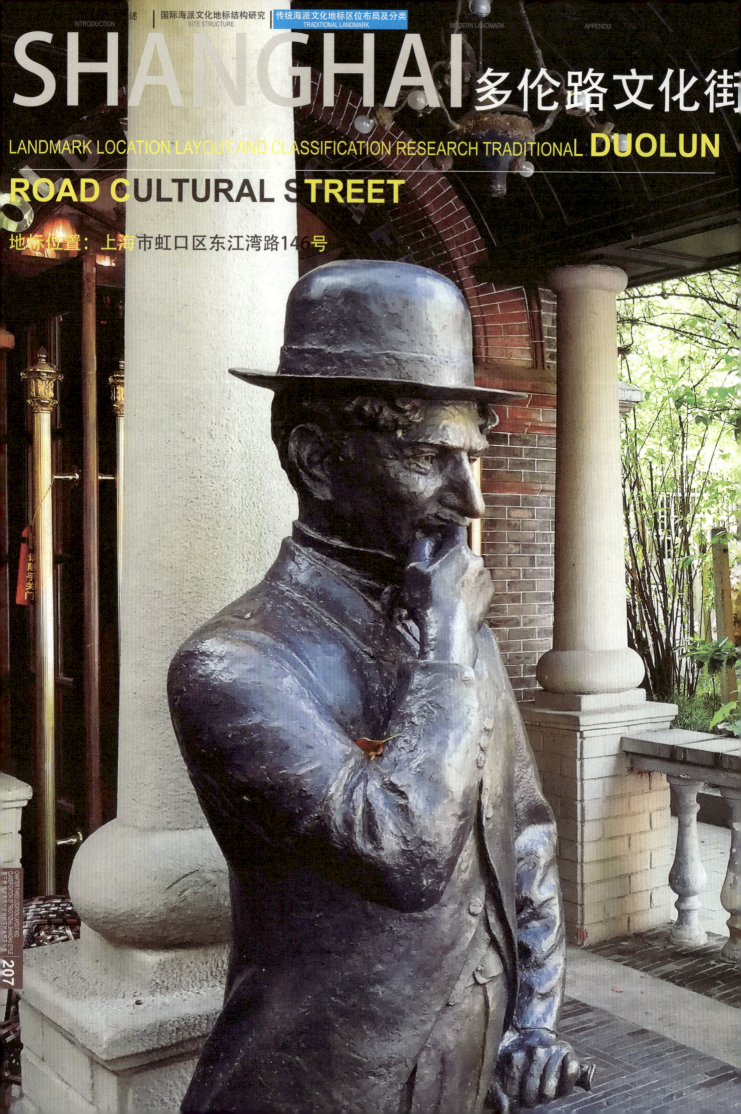

虹祺花苑
Hongqi Garden

燕山别墅
Yanshan Villa

拉莫斯公寓
Ramos Apartment

山阴大楼
Shanyin Building

多伦小区
Duolun Community

多伦路文化街
Duolun Road Culture Street

长春公寓
Changchun Apartment

中梁海伦国际
Helen International

薛公馆
Xue Mansion

时装大厦
Fashion Building

文彦坊
Wenyanfang

上海多伦美术馆
Shanghai Duolun Art Museuming

多伦路文化街　DUOLUN ROAD CULTURAL STREET

总体概述：GENERAL SUMMARY

多伦路，原名窦乐安路，位于虹口区东江湾路146号，路不过550米长，却蜿蜒蛇行，曲径通幽。街道完全再现了20世纪二三十年代的沪上的海派风情。

多伦路文化街是上海的一条小街，南傍四川北路商贸闹市，北邻鲁迅公园、虹口足球场，背靠内环高架、轻轨明珠线，动静相间一里有余。街短而窄，路曲且幽。夹街小楼，鳞次栉比，风格各异。多伦路文化街虽在地图上占地很小，但在近现代中国文化史上却是浓墨重彩的一笔。

景观结构：LANDSCAPE STRUCTURE

多伦路的路面用石块铺成，路两边的各式洋楼涂饰一新，门面洞开，皆为雅商，字画、古董、红木器具，一路列过去，甚是风雅。多伦路的设计意向以文化、旅游为主线，带动沿线相关商业的发展。在路面及环境整治、修缮原有人文景观的同时，创造新的城市开放空间，形成多功能、多层次的集旅游、文博、商业、休闲为一体的环境，赋予多伦路地区以新的城市活力。

海派底蕴：SHANGHAI STYLE HERITAGE

针对多伦路地区的现状及未来的发展定位，沿用近代历史多伦路文化街区拥有的文化底蕴和丰富的近代历史遗址群落，利用沿线的历史名人故居、纪念馆、艺术馆，与步行系统中有机布置的一系列文化名人纪念小品:碑、雕塑、喷泉、亭、铺地等一起，道出"文化名人与您同行"的主题，继承和延续该地区特有的城市文脉。

1.多元化海派文化功能

作为一条文化名人街，多伦路的开发与普通的商业街开发最大的区别在于：它着重于文化与展示的功能。沿线的一系列名人故居、遗址、美术馆、博物馆，充分体现了多伦路的文化特点；而与之相辅的各类特色餐厅、民俗商店、咖啡馆、古玩店、书店、影剧院则为其增加了新的商业活力，使地区功能更为有机、丰富、多元。

2.以人为本的海派思想

现代城市设计理念更加注重人的便利和舒适性。多伦路文化名人街的设计中，从街道尺度、绿化的布置、开放空间的安排、小品的陈设、建筑的细部，直至地面的铺装，都意欲使购物、观光者体会到"步行者的天堂"这一概念，并充分提供通信、纳凉、集会、休憩、公共卫生等服务设施，体现对人的细致关怀。

3.商业文化的海派禀赋

作为"四川北路后花园"，多伦路地区的良好的休憩空间能够促进四川北路商业街的繁荣，而宜人、优雅的城市环境亦能增进本地区特定的商业活动，从而形成多伦路地区可持续发展的开发机制。

多伦路文化名人街区的雕塑组还原了当时旧上海的社会生活场景，该街区也是上海最具人文情怀的区域。

UNIVERSITY EDUCATION

3.5 海派博物馆及"文化源"地标

SHANGHAI STYLE MUSEUM AND LANDMARK OF "CULTURAL SOURCE"

SHANGHAI HISTORY CULTURAL LANDMARK

关键词：董浩云航运博物馆、复旦大学校史馆、复旦大学蔡冠深人文馆、上海纺织服饰博物馆、上海革命历史博物馆、上海邮政博物馆、上海犹太难民纪念馆、凯迪拉克.上海音乐厅、上海外滩美术馆、上海展览中心

"文化源"地标：海派"外滩源"文化地标汇总
　　　　　　　海派"徐汇源"文化地标汇总
　　　　　　　海派"虹口源"文化地标汇总
　　　　　　　海派"静安源"文化地标汇总

引言：上海经济社会发展的目标是形成具有全球影响力的科技创新中心基本框架，实现发展的宏伟蓝图离不开对教育及文化的促进与支持。遴选的案例是对提高海派文化的影响力及传播力做出贡献的非营利科研、教育机构。通过大学平台旨在全球城市间展开知识共享及能力建设，促进海派文化的意识培养，产生积极的乘数效应。

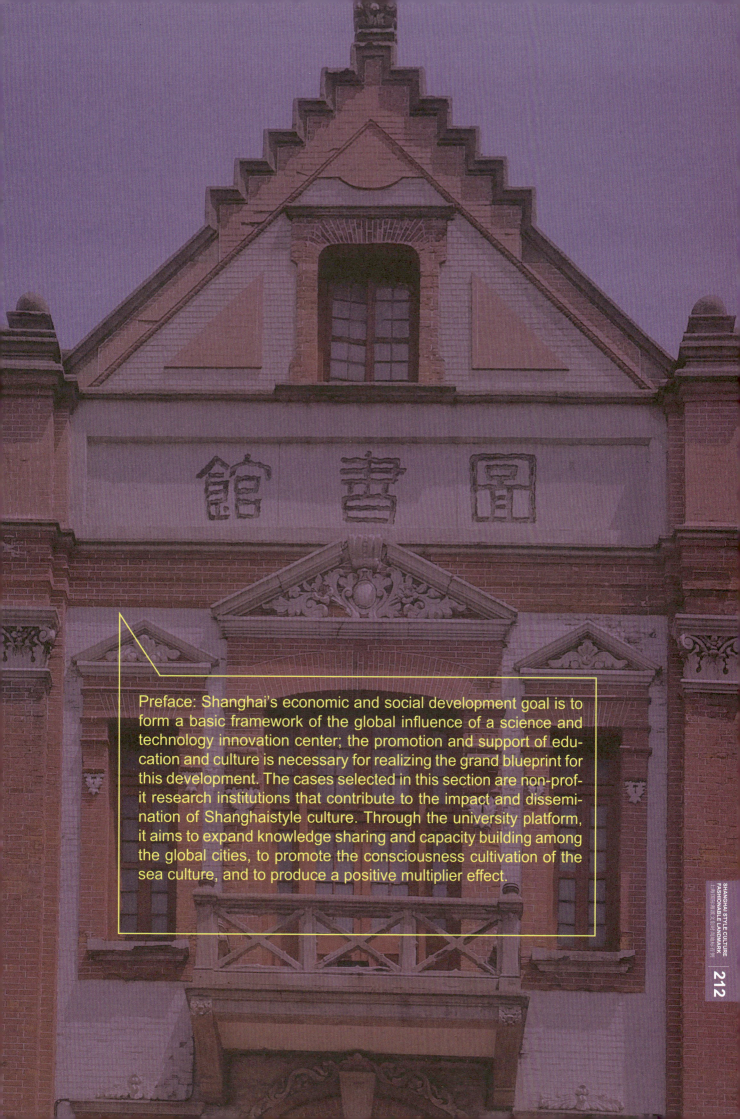

圕書館

Preface: Shanghai's economic and social development goal is to form a basic framework of the global influence of a science and technology innovation center; the promotion and support of education and culture is necessary for realizing the grand blueprint for this development. The cases selected in this section are non-profit research institutions that contribute to the impact and dissemination of Shanghaistyle culture. Through the university platform, it aims to expand knowledge sharing and capacity building among the global cities, to promote the consciousness cultivation of the sea culture, and to produce a positive multiplier effect.

国际海派文化地标概述
INTRODUCTION

国际海派文化地标结构研究
SITE STRUCTURE

传统海派文化地标区位布局及分类
TRADITIONAL LANDMARK

现代海派文化地标区位布局及分类
MODERN LANDMARK

附录
APPENDIX

振新小区
Zhenxin Residential

海斯大厦
Haisi Building

天平小区
Balance District

交通大学 10 号线
SHJT University of Line10

汇星幼儿园
Huixing Kindergarten

天平小区
Tianping Residential

上海交通大学校园
SHJT University

董浩云航运博物馆
C.Y.Tung Maritime Museum

义合坊
Yihefang

SHANGHAI

董浩云航运博物馆

ANDMARK LOCATION LAYOUT AND CLASSIFICATION RESEARCH TRADITIONAL **C.Y. TUNG**

MARITIME MUSEUM

地标位置：上海市徐汇区华山路1954号新中院

SHANGHAI STYLE CULTURE FASHIONABLE LANDMARK 海派城市文化之时尚地标行行色

董浩雲航運博物館
C.Y. TUNG MARITIME MUSEUM

參觀指南
Visitors' Guide

董浩云航运博物馆是徐家汇源AAAA级景点组成部分，领票免费参观，此为样票

董浩云航运博物馆（上海交通大学徐汇校区）C.Y. TUNG MARITIME MUSEUM

总体概述： GENERAL SUMMARY

　　董浩云航运博物馆由香港董氏慈善基金会和上海交通大学联合创办，设立于徐汇区交大新中院。楼高二层，西式建筑，内有天井，是学校早期学生宿舍。展厅面积600平方米，内有中国航运史馆和董浩云陈列室，将作永久陈列。

海派底蕴： SHANGHAI STYLE HERITAGE

　　中国航运史馆通过大量的图片、文献资料和实物模型及航海贸易物品，概括了中国古代自新石器时期以来的舟船及航运历史。董浩云陈列室用生动的照片、资料、实物和逼真的场景，浓缩了"世界七大船王"之一的董浩云传奇的一生，在这个期盼"四海一家"的跨国企业家身上，拥有不变的中国心。

时尚特色： FASHION FEATURES

　　一楼中国航运史馆:我国幅员辽阔，江河密布，大海环抱，生息于这块古代土地上的先民很早就与江河湖海结下不解之缘。人类造船与航海事业的发展奉献了诸多发明，曾独领风骚一时。"海上丝绸之路"已将东西方世界紧密相连；明初伟大的航海家郑和率领庞大的船队，七下西洋，创造了世界航海史上的奇迹；襟江带海的上海依据得天独厚的地理优势，谱写了沙船兴市的华章。二楼董浩云陈列室:本室分"海洋巨子"和"陆地英杰"两部分，展示他在航运领域的理想和成就，并反映他对教育事业的热衷和奉献、对多种艺术的浓厚兴趣、对国际事务的热诚关注及对家庭的重视、对友情的珍惜，凸显其开创精神和人格魅力。

本照片来自"纪念黎照寰校长诞辰130周年"纪念展

国际海派文化地标概述
INTRODUCTION

国际海派文化地标结构研究
SITE STRUCTURE

传统海派文化地标区位布局及分类
TRADITIONAL LANDMARK

现代海派文化地标区位布局及分类
MODERN LANDMARK

附录
APPENDIX

复旦大学北区学生公寓
Student Apartment in North District of Fudan University

复旦大学校史馆
School History Museum of Fudan University

上海香槐园宾馆
Shanghai Xianghuai Garden Hotel

复旦大学
Fudan University

运伊小区
Yunyi Village

复旦大学南区学生公寓
Student Apartments in Southern District of Fudan University

SHANGHAI

复旦大学校史馆

LANDMARK LOCATION LAYOUT AND CLASSIFICATION RESEARCH TRADITIONAL
SCHOOL HISTORY MUSEUM OF FUDAN UNIVERSITY

地标位置：上海市杨浦区邯郸路复旦大学

复旦大学校史馆（复旦大学杨浦校区）
SCHOOL HISTORY MUSEUM OF FUDAN UNIVERSITY

总体概述：GENERAL SUMMARY

　　复旦大学校史馆在邯郸路以北校区的西南部，大草坪的西侧，分为简公堂和景莱堂两部分。简公堂是复旦校园里最古老的建筑物，即为复旦校史馆，里面陈列其成长的百年历史。校史馆面积为七百多平方米，分十一个部分展示了复旦百年的沧桑历史和历年来的发展成就。其中很多文物有重要价值，中国最"老"的毕业文凭，孙中山先生题的"天下为公"条幅复制品等等。

海派底蕴：SHANGHAI STYLE HERITAGE

　　复旦大学发轫于晚清，兴盛于近代，繁茂于现今。几代前贤行师道而守节义，循学理而尽人伦。逝者流芳，存者继行，来者增辉，思者俨然。此亦复旦史馆之所寄。

复旦大学蔡冠深人文馆（复旦大学杨浦校区）
LUGUANSHEN MUSEUM OF FUDAN UNIVERSITY

　　景莱堂现在是蔡冠深人文馆。2011年由香港新华集团主席，新华科技集团主席，复旦大学华商研究中心名誉理事长蔡冠深博士捐赠，极大地丰富了人文馆的馆藏

　　蔡冠深人文馆一楼展厅面积约240平方米。展示中国历代青铜器和古陶瓷标本。陶瓷标本可以提供准确的产地信息和相关年代信息，有很强的直观性，是研究和鉴定古陶瓷的重要参照物，且形成了完整、成系列的古陶瓷标本体系，具有相当高的收藏观赏价值。

天悦小区
Tianyue Residential

延天绿地
Yantian Green Space

新华世纪园
Xinhua Century Garden

虹桥公园
Hongqiao Park

联建小区
Lianjian Residential

东华大学
Donghua University

上海纺织服饰博物馆
Shanghai Museum of Textile and Costume

虹桥中心花园
Hongqiao Central Garden

安东小区
An'dong Residential

皇家花园
The Royal Parks

地铁十号线伊犁路
Yili Road Station line10

SHANGHAI

上海纺织服饰博物馆

LANDMARK LOCATION LAYOUT AND CLASSIFICATION RESEARCH TRADITIONAL:

SHANGHAI MUSEUM OF TEXTILE AND COSTUME

地标位置：长宁区延安西路1882号，东华大学延安路校区内

上海纺织服饰博物馆（东华大学延安路校区）
SHANGHAI MUSEUM OF TEXTILE AND COSTUME

总体概述: GENERAL SUMMARY

上海纺织服饰博物馆位于上海市东华大学延安路校区,展馆面积达6700多平方米，是目前国内唯一综合反映中国纺织服饰历史文化和海派服饰知识的专业博物馆。目前面向社会正式开馆，同时被命名为上海市"科普旅游示范基地"上海纺织服饰博物馆共分为五层。一层为科普互动区、二层为纺织馆、三层为服装馆、四层为流动展区和学术交流区、五层为库房和仓库。总面积达6748平方米。一期展出面积4600多平方米，共分为科普馆、古代馆、近代馆、少数民族馆、视听空间和流动展厅6个分馆。

时尚特色：FASHION FEATURES

科普馆：科普馆以动静结合的展示形式，辅以高科技展示手段和互动展项，展示纺织服饰领域的产业链及其特色环节，普及纺织和服饰科技文化知识。参观者可以亲身体验这些制作和设计过程，走近纺织和服饰。

古代馆：陈列了我国古代各个时期纺织服饰的图片和实物，展示了古代织物、纺织器具的发展以及历代服饰的演变过程。同时展示了色彩丰富、工艺精湛的我国四大名锦：汉唐时期蜀锦、宋元时期宋锦、壮锦以及明清时期云锦。

近代馆：展示了近代中国纺织服饰的实物以及图像资料，展品以中国传统服装为主，分为女装、男装和童装三部分，衣服的面料则基本涵盖了当时的织物种类，以反映近代纺织服饰由晚清至民国时期的演变过程。

少数民族馆：中国的少数民族的纺织与服饰有着丰富的历史积淀。少数民族的服饰绚丽多彩，是体现其族群特征的文化符号，也是维系其民族特性的纽带。该馆通过实物场景、图片以及多媒体展示等方式，展现了少数民族的纺织工艺和服饰风貌。

视空间：视空间是四组环幕组成的圆形空间，播放影片《纺织服饰探秘之旅》，演绎服装"纤维、制版、剪裁、缝制、整烫、营销"整个产业链，让参观者亲历从纤维到日常服饰的奇妙体验。

海派底蕴：SHANGHAI STYLE HERITAGE

上海纺织服饰博物馆的建成开放，是市政府重视海派文化和科学技术普及工作，提高公民科学文化素质，建设"国际海派文化上海"的重要举措；是东华大学注重内涵建设、努力传承和发扬我国悠久历史文化、积极履行大学服务社会职能的充分体现。

博物馆不仅承担着普及和提高社会纺织服饰科学文化知识的功能，为提升大众的科学素养、人文精神和时尚意识创造了良好的条件；而且承担着学术研究、交流和学科教育功能，为开展多层次的国内外纺织服饰科技与文化知识交流提供有利的平台。

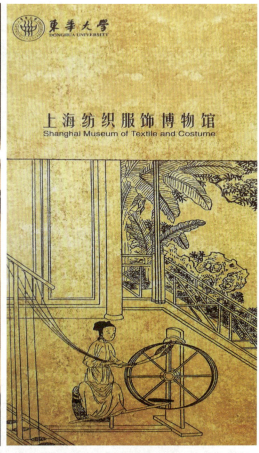

参观贴士：WARM TIPS
上海纺织服饰博物馆对社会实行免费参观。时间：每周二至周六上午9:00至下午4:00
网址：http://web.dhu.edu.cn/mtc/。 注：此馆与上海纺织博物馆不是同一地标。

SHANGHAI STYLE CULTURE
FASHIONABLE LANDMARK
上海国际海派文创时尚地标印象

224

SHANGHAI

上海革命历史博物馆

LANDMARK LOCATION LAYOUT AND

CLASSIFICATION RESEARCH TRADITIONAL: **SHANGHAI REVOLUTION**

MUSEUM

地标位置：上海市静安区南京西路325号

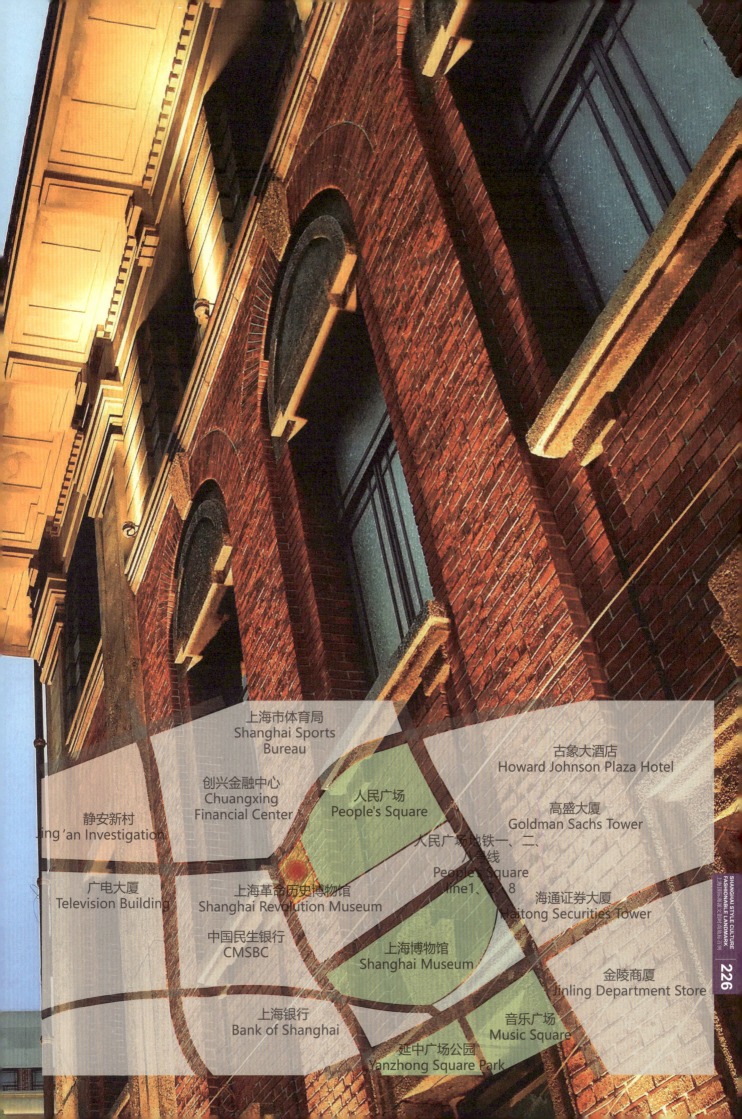

上海市体育局
Shanghai Sports
Bureau

古象大酒店
Howard Johnson Plaza Hotel

创兴金融中心
Chuangxing
Financial Center

人民广场
People's Square

高盛大厦
Goldman Sachs Tower

静安新村
Jing 'an Investigation

人民广场地铁一、二、
八号线
People's Square
line1、2、8

广电大厦
Television Building

上海革命历史博物馆
Shanghai Revolution Museum

海通证券大厦
Haitong Securities Tower

中国民生银行
CMSBC

上海博物馆
Shanghai Museum

金陵商厦
Jinling Department Store

上海银行
Bank of Shanghai

音乐广场
Music Square

延中广场公园
Yanzhong Square Park

上海革命历史博物馆

四馆合一=上海市历史博物馆+上海革命历史博物馆+上海元代水闸遗址博物馆+上海崧泽遗址博物馆

SHANGHAI REVOLUTION MUSEUM

总体概述：GENERAL SUMMARY

上海市历史博物馆成立于20世纪50年代，是反映上海市城市历史与革命历史的一个综合类博物馆，是"十三五"期间规划建设的上海市级重大文化设施。

新建成的"上历博"占地面积10000平方米，展厅面积9800平方米。以基本陈列为主的东楼设"序厅""古代上海"和"近代上海"三个常设展厅，遵循"以城市史为脉络，以革命史为重点"的原则，共陈列展示文物约1000余件/套，全面展现上海城市发展各个历史时期的重要节点和重大革命历史事件。展陈体系以故事线、体验区和互联网为核心，致力打造一座上海的新概念历史博物馆。

海派底蕴：SHANGHAI STYLE HERITAGE

上海市历史博物馆坐落在静安区南京西路325号，原址是1934年建成的上海跑马总会大楼，自1952年以来，这座新古典主义样式的原跑马厅变身成为上海图书馆和上海博物馆。后来，随着上海博物馆的搬迁和上海图书馆的新建落成，上海美术馆又迁入其中。上海世博会结束以后，上海美术馆搬至原世博会中国馆。如今，它变成了上海市历史博物馆和上海革命历史博物馆。古老的大楼见证了上海海派文脉的传承，又将成为上海海派文化的一个新地标。

时尚特色：FASHION FEATURE

这座博物馆对上海文化解读具有非凡的历史意义和属地价值：上海是一个海纳百川的城市，有着悠久的文化和灿烂的历史。市委书记李强曾表示"上海文化"的核心是红色文化、江南文化和海派文化，应该着重打造的就是"上海文化"这张名片。

例如上海市历史博物馆序厅两侧安置着一对铜狮子。这对狮子就充分反映了海派文化：1923年，汇丰银行委托英国铸造一对青铜狮。其后上海汇丰银行首先诞生于外滩，此铜狮子守卫于上海汇丰银行的门口。香港汇丰银行的模具是以上海这对狮子作为原版来翻模。张嘴吼叫的青铜狮取名"Stephen"——香港分行总经理史蒂芬的名字，另一头取名"Stitt"——上海分行经理史迪的名字。1942年日军把铜狮掠回日本，待日本投降后，香港政府通过驻日盟军总部把铜狮寻回。铜狮在上海的外滩默默见证了十里洋场的变迁。新中国成立以后又在市政府大楼的门口静卧了近十年。1966年博物馆把这对珍贵的文物安放于仓库。时至今日，这对铜狮子在新的上海市历史博物馆再次和观众见面。100年来，它们见证了上海的沧桑变迁，堪称上海海派文化的典范及象征。

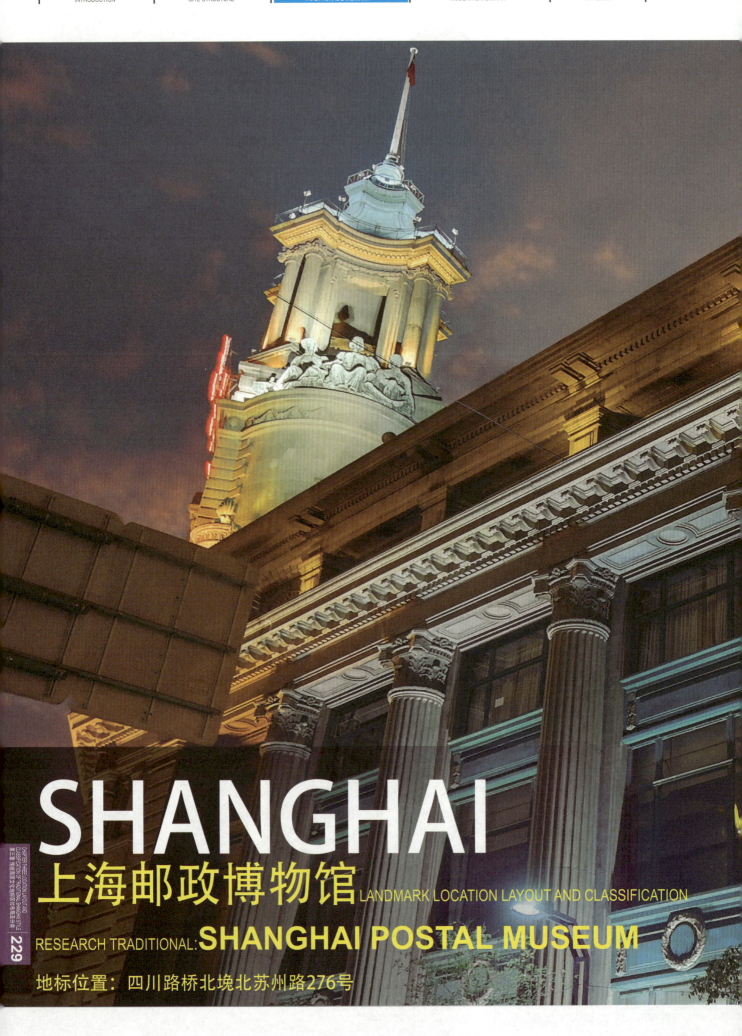

SHANGHAI

上海邮政博物馆

LANDMARK LOCATION LAYOUT AND CLASSIFICATION

RESEARCH TRADITIONAL: **SHANGHAI POSTAL MUSEUM**

地标位置：四川路桥北堍北苏州路276号

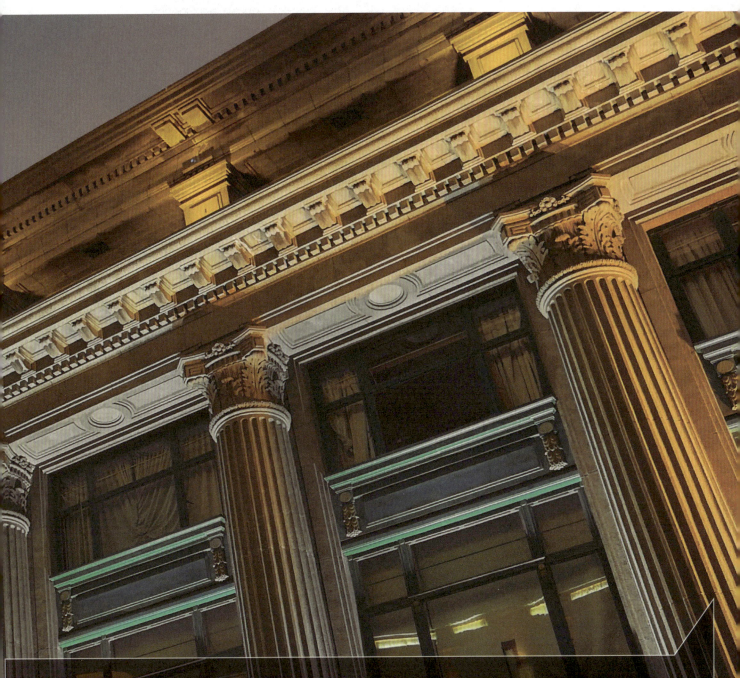

上海邮政博物馆 SHANGHAI POSTAL MUSEUM

总体概述：GENERAL SUMMARY

　　上海邮政博物馆原名上海邮政总局。上海市中国近代邮政的发祥地之一。

　　上海邮政博物馆设在全国重点文物保护单位、上海市优秀建筑——上海邮政大楼内，以翔实的史料和实物，运用现代科技手段，追溯了邮政的起源和发展历程。

时尚特色：FASHION FEATURES

　　上海邮政博物馆具有深厚的海派文化底蕴。集思想性、科学性、知识性、时代性、趣味性和参与性于一体，将成为革命传统教育的课堂，弘扬先进思想文化的阵地，宣传邮政服务理念和产品的管道，青少年普及科学知识的

教育基地，国内外宾客游览观光的景点，也是展示上海邮政的风采的窗口。

　　五楼的屋顶花园还可以通过观景平台欣赏苏州河及黄浦江两岸的美丽景色。

海派底蕴：SHANGHAI STYLE HERITAGE

　　上海市邮政总局为欧洲折中主义建筑学的代表作，占地6400多平方米（约9亩），建筑总面积25294平方米，建筑高度51.16米，建筑立面采用英国古典主义手法，而主立面则围以贯通三层的科林斯柱式列柱支撑的古罗马建筑，体现邮政的公正与庄严。从两侧旋转形楼梯进入1200多平方米的二楼营业大厅，当时有"远东第一厅"的美称。

沿苏州河可以欣赏四川中路——四川北路的邮电博物馆远景，邮政博物馆旁的宝丽嘉BELLAGIO坐落在此，被誉为"亚太第一家"旗舰型顶级酒店。此酒店结合了苏宁全产业的优厚资源与美高梅精深的高端酒店管理经验，整体呈现出引人遐思的视觉浪漫感受及精致优雅的富丽堂皇。

上海市电信有限公司
Shanghai Telecom Co. LTD.

上海国际服装城
Shanghai New Flourishing
International Clothing City

顺和里
Shunheli

瑞泰里
Ruitaili

天潼路十号线
Tiantong Road 10 Line

上海邮政博物馆
Shanghai Postal Museum

河滨大楼
Riverside Building

中国石化加油站
Sinopec Gas Station

上海市供水调度监测中心
Shanghai Water Supply and
Dispatching Monitoring Center

上海犹太难民纪念馆 SHANGHAI JEWISH REFUGEES MUSEUM

总体概述： GENERAL SUMMARY

摩西会堂又称华德路会堂，建于1907年，1927年迁至此。教堂由俄罗斯犹太人修建，是一所供俄罗斯及中欧犹太人使用的会堂，也是犹太人在上海的重要历史见证。"二战"期间，逃亡上海的犹太难民大多居住在虹口区，摩西会堂成为当时犹太人举行宗教仪式的重要场所，上海最大的犹太人教团——上海犹太宗教工会长期设在堂内。另外一个重要的组织犹太复国青年组织"贝塔"总部亦曾设在此处。

2007年虹口区政府对其进行全面修缮，已恢复1928年作为犹太会堂时的风貌，是提篮桥历史文化保护区的重要海派历史文化遗产。

展陈特色： FASHION FEATURES

摩西会堂旧址是上海仅存的两座犹太会堂

旧址之一，1928年由俄罗斯犹太人修建"二战"期间是在沪犹太难民们经常聚会和举行宗教仪式的场所，以色列前总理拉宾参观时留言"感谢上海人民在第二次世界大战时卓越无比的人道主义壮举"。此建筑图纸的复制品现被安置于一楼。三楼设有游客签名仪、犹太难民数据库和视频节目等。

海派底蕴： SHANGHAI STYLE HERITAGE

2004年公布为虹口区文物保护单位，2005年公布为上海市优秀历史建筑，2014年公布为上海市第八批文物保护单位。

命名为"犹太难民在上海纪念馆"的摩西会堂已成为整个上海关于犹太难民历史和实物资料最为齐全的地方，成为犹太人到上海的必访之处。近期计划海外巡展。

上海犹太难民纪念馆

LANDMARK LOCATION LAYOUT AND CLASSIFICATION RESEARCH TRADITIONAL:

SHANGHAI JEWISH REFUGEES MUSEUM

地标位置：上海市虹口区长阳路62号

SHANGHAI STYLE CULTURE FASHIONABLE LANDMARK 上海摩登风尚·时尚休闲地行情

犹太难民收容所旧址
Jewish Refugee Shelter

下海庙
Xiahai Temple

白马咖啡馆
White Horse Cafe

长阳路
Changyang Road

上海国际航运研究中心
Shanghai International Shipping Institute

上海犹太难民纪念馆
Shanghai Jewish Refugee Museum

建爱大厦
Jian'ai Building

霍山公园
Mount Holyoke Park

提篮桥
Tilanqiao

星港国际中心
Star Port International Center

1933~1941年，上海总共接纳了近三万名为逃离纳粹的屠杀和迫害而从欧洲来沪的犹太难民，由此上海也被誉为"东方的诺亚方舟"。

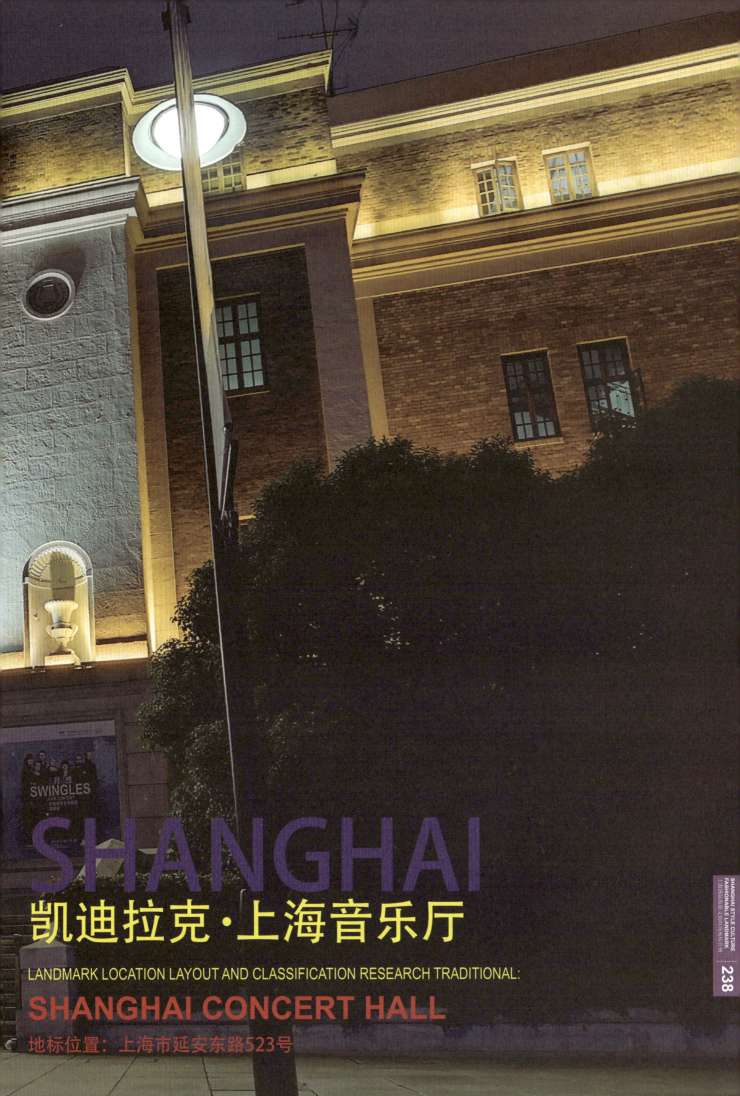

SHANGHAI

凯迪拉克·上海音乐厅

LANDMARK LOCATION LAYOUT AND CLASSIFICATION RESEARCH TRADITIONAL:

SHANGHAI CONCERT HALL

地标位置：上海市延安东路523号

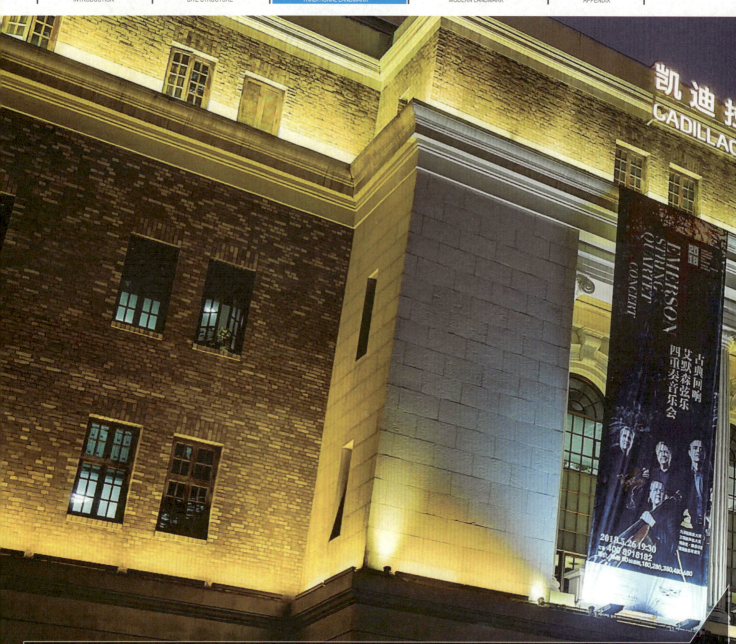

凯迪拉克·上海音乐厅 SHANGHAI CONCERT HALL

地标位置：上海市黄浦区延安东路523号

总体概述：GENERAL SUMMARY

上海音乐厅原名南京大戏院，建于1930年，当时是全国第一座音乐厅。1950年更名为北京电影院。1959年再更名为上海音乐厅，如今随着周边地铁沿线施工，音乐广场暂时缩小，重新冠名"凯迪拉克·上海音乐厅"。

时尚特色：FASHION FEATURES

现今的音乐厅是从原址整体平移过来的，完好地保留了原貌。无论是乐队演奏还是歌剧表演，大跨度的穹顶还原了真实的音色，配上极佳的音响设备，音色华润，使人真切地体会到海派文化软价值。

海派底蕴：SHANGHAI STYLE HERITAGE

上海音乐厅将坚持专业化的定位，即以高品质的古典音乐演出为主，包括交响乐、室内乐、独奏、重奏、声乐、中国民族音乐，以及爵士乐等。增加的舞台表演区和观众席使共享空间更加舒适。便捷的区位交通，紧邻人民广场和延中绿地，地处音乐广场公园，虽处闹市，景观却优美僻静，绿树葱茏。

"欣赏音乐，就到上海音乐厅"。上海音乐厅一如既往地注重普及演出，这不仅是保持优良传统，更是凸显海派文化多元发展的社会责任。音乐厅凭出色的文化推广及特色发展，成为海派文化交流沟通的重要载体及地标。

SHANGHAI CONCERT HALL

SWINGLES
LIVE CONCERT

JOSHUA
BELL
& THE ACADEMY
OF ST MARTIN
IN THE FIELDS

太原坊
Tai Yuan Fang

上海博物馆
Shanghai Museum

西藏南路
Xi Zang Nan Road

大世界
Da Shi Jie

亚龙国际广场
Yalong International Square

凯迪拉克·上海音乐厅
Cadillac. Shanghai Concert Hall

兰生大厦
Shanghai LANCO Building

延中绿地
Yan Zhong Greenbelt

上海广场
Shanghai Plaza

淮海路
Huaihai Road

上海外滩美术馆 LANDMARK LOCATION LAYOUT AND CLASSIFICATION

RESEARCH TRADITIONAL: ROCKBUND ART MUSEUM

地标位置：上海市黄浦区虎丘路20号

RAM
上海外滩美术馆
ROCKBUND ART MUSEUM

上海外滩美术馆 ROCKBUND ART MUSEUM

总体概述：GENERAL SUMMARY

上海外滩美术馆坐落于上海黄浦江与苏州河交汇之处的外滩源片区，曾是中国最早的上海博物院。

展陈特色：FASHION FEATURES

作为外滩地区唯一的当代美术馆，未来将定期举办以上海外滩历史文化为主题的活动，发展成为融艺术、设计和创意为一体的上海新生活美学空间，提升城市生活品质。

海派底蕴：SHANGHAI STYLE HERITAGE

其前身是亚洲文会大楼，不仅是19世纪中西学术文化交流的一个重要历史见证，也是近代中国最早向社会开放的一座博物馆，同时也是具有独特文化底蕴的场所。

在半个多世纪的时间里，亚洲文会大楼与当时的国际重要博物馆，包括大英博物馆、纽约大都会博物馆、法国吉美博物馆等，都建立了藏品交流和业务合作关系。在促进海派学术研究、推动海派文化交流、普及海派科学知识以及丰富市民生活方面做了大量的工作，成为当时最大的东方海派学及海派文化研究中心，也是上海知名的公共文化教育机构。

中实大楼

SHANGHAI

上海展览中心 LANDMARK LOCATION LAYOUT AND CLASSIFICATION RESEARCH

TRADITIONAL: SHANGHAI EXHIBITION CENTER

地标位置：上海市静安区延安中路1000号

CHAPTER THREE: LOCATION LAYOUT AND
CLASSIFICATION OF TRADITIONAL SHANGHAI STYLE
第三章 传统海派文化地标区位布局及分类

上海展览中心 SHANGHAI EXHIBITION CENTER

总体概述： GENERAL SUMMARY

上海市展览中心亦称为上海展览馆，位于上海市中心静安区核心地段，北靠南京西路，南面延安路高架，东起威海路林村，西到铜仁路。共占地93000平方米，其中建筑面积80000平方米。上海展览中心建成于1955年，原名"中苏友好大厦"，是上海的代表性建筑之一，也是20世纪50年代上海市建造的首座大型建筑，与北京展览馆一样同属俄罗斯古典主义建筑风格。

上海展览中心所在地原为英籍犹太人哈同的私人花园爱俪园，俗称哈同花园，户外场地由建筑自然分隔为6个广场，这些广场除为大型会议、展览提供充裕的停车场和放置展品集装箱外，还可搭建临时展馆约10000平方米，使展馆总面积超过30000平方米，可满足大型展览会需要。

时尚特色： FASHION FEATURES

上海展览中心是本市重要的会议中心。上海市人民代表大会、本市许多重要会议以及春节团拜会、国庆招待会等重大活动都在这里举行。作为多功能会议中心，适宜举行各种会议、技术交流和讲座，进行业务洽谈。训练有素、经验丰富的会议策划和会务管理人员、技术人员和服务人员将为各方宾客提供完善、周到、令人满意的服务。

海派底蕴： SHANGHAI STYLE HERITAGE

上海展览中心是新中国成立后上海建成最早的会展场所。接待过党的三代领导人以及数十位外国国家元首、政府首脑，组织和举办了数百个国内外展览会。现已成为全市主要的会议中心和著名的展览场馆，是对外交流的窗口之一。

在此举办的上海艺术展盛况空前，多达上百个展位，上千位艺术家参与其中，为海派文化汇集圣地。

SHANGHAI STYLE CULTURE
FASHIONABLE LANDMARK
上海海派流行之时尚 海派时尚

海派文化源 RESTYLE GROWTH

海派外滩源——AAAA景区海派文化联盟地标导览
GUANG QI ALLIANCE OF MUSEUMS LANDMARK LIST

1.外滩源33项目——原英国领事馆主楼，现外滩源壹号

外滩源33项目以原英国领事馆优秀历史建筑1号、2号楼为核心，加上北侧的原教会公寓、原新天安堂、原划船俱乐部以及公共绿地、亲水平台和地下空间等。项目总占地面积约2.7万平方米，将建成展示馆、会务、文化、沙龙等具有国际最高水准和浓厚历史文化艺术氛围的公共社交区域。

1.1 原英国领事馆主楼，现外滩源壹号

地标位于中山东一路33号1号楼，是外滩现存最早的建筑。建于1849年，立面呈英国文艺复兴风格，它是在中国最早使用水泥的一个实例，因此在建筑史上具有里程碑式的意义。提供独家特色餐饮，承办接待活动，以高端的商务、宴请活动以及文化、金融、艺术展览展示活动为主要功能，是社会各界高阶人群商务休闲的首选之地。

1.2 原英国领事馆辅楼，2号楼

地标位于中山东一路33号2号楼，建于1882年，建筑风格受维多利亚时代后期建筑风格的影响，被列为保护建筑。目前2号楼已租给百达翡丽设立远东地区的旗舰店——百达翡丽源邸。

1.3 原教会公寓，3号楼

地标位于南苏州路79号，1899年由新天安堂所增建，属新巴洛克风格。目前3号楼已租给香港永力管理有限公司，提供女性养生服务，该项目处于装修前期的准备阶段。

1.4 原新天安堂（联合礼拜堂），4号楼

地标位于南苏州路107号，1886年建成。设计者是英国建筑师道达尔。33米的钟塔曾是苏州河南岸的制高点。这是一座乡村风格的哥特复兴式教堂，英国著名哲学家罗素曾在此演讲。

目前，4号楼功能定位为举办各类高端的文艺演出、文化艺术品的展览展示或拍卖、企业新品发布会、品牌推广活动、高端庆典等。推动整个外滩金融集聚带的建设与发展。

1.5 原划船俱乐部，划船总会，5号楼

地标位于南苏州路76号，该建筑顶部为英国维多利亚风格，局部略带巴洛克装饰。现已做了局部保护。现今日本的LD&K股份公司旗下的SHANGHAI ROSE酒吧已正式营业，成为充满生机与活力的集咖啡、酒吧、餐饮、爵士乐表演于一身的场所。

2. 洛克·外滩源项目

地标位于圆明园路——南苏州路——虎丘路——北京东路围合，占地面积1.69万平方米。将建成商业、金融、文化、酒店及酒店式公寓、办公及公共广场等设施。现今虎丘路20号亚洲文会大楼作为"上海外滩美术馆"已正式营运布展。

3. 益丰·外滩源项目

地标位于北京东路与圆明园路口，现有北京东路31至91号优秀历史建筑益丰洋行大楼。于1911年建成。文艺复兴风格，带有巴洛克符号。东西总长度124米，是国内现存最大的海派巴洛克式建筑。

4. 半岛酒店项目

地标位于中山东一路31号，占地面积1.39万平方米。现今是半岛酒店旗舰店。商场入驻品牌有Chanel、Berluti、Valentino等世界顶级品牌。

5. 大市政及环境景观配套

地标位于北京东路、南苏州路、香港路、虎丘路及圆明园路。道路总面积26063平方米。目前，工程已完成区域内全部道路的地下管线改造工程。初步形成了文化环境、建筑环境与历史环境协调的空间环境。

延伸阅读：EXTENDED READING
《上海外滩源历史建筑》，上海远东出版社2007

总体概述： GENERAL SUMMARY

外滩源景区位于黄浦江和苏州河的交汇处，东起黄浦江、西至四川中路、北抵苏州河、南面滇池路，占地16.4公顷。

景观特色： LANDSCAPE FEATURES

外滩源项目是上海市重大工程项目，外滩源项目一期范围为"圆明园路——北京东路——虎丘路——南苏州路"围合地块，占地1.68万平方米。这里有当年最好的东方学博物馆和图书馆——亚洲文会大楼，有最负盛名的商学院——真光大楼，有最早和票价最贵的西洋剧院——光陆大戏院等优秀近代保护保留建筑。为外滩历史文化风貌区的核心区域，是外滩"万国建筑博览会"的源头，也是上海现代城市海派文化的源头之一。

海派底蕴： SHANGHAI STYLE HERITAGE

"外滩源"顾名思义，即外滩的源头，这一地区从时间上讲，拥有外滩地区最早建成的一批历史建筑；从空间上看，又是外滩的起点。从上海开埠起，1849年英国人最早在"外滩源"地段建造驻沪领事馆，逐渐形成了外滩风景线，故又是海派文化早期的发源地之一。

"外滩源"地区可谓近现代上海城市生长发展的摇篮，是上海开埠的起源点，也是研究海派文化早期建筑及空间价值的珍贵遗存。

海派文化源 RESTYLE GROWTH

海派徐汇源——AAAA景区海派光启博物馆联盟其他地标导览
GUANG QI ALLIANCE OF MUSEUMS LANDMARK LIST

1.上海交通大学钱学森图书馆
地标区位：华山路1800号
开放时间：9:00~17:00（周一闭馆）

2.上海交通大学校史博物馆
地标区位：华山路1954号老图书馆三楼
开放时间：9:00~16:30（寒暑假周一、周五开放）
团体预约：提前两个工作日拨打021-62933019

3.上海音乐学院东方乐器博物馆
地标区位：高安路18弄20号
开放时间：周一至周五9:00~16:00（寒暑假周一、周四开放）
团体预约：021-54651834

4.上海师范大学博物馆
地标区位：桂林路81号文苑楼四楼
开放时间：9:00~16:30
团体预约：双休日、国定假日、寒暑假预约拨打021-64324672

5.南洋中学博物馆
地标区位：中山南二路301号
开放时间：每月第一、第三个周五16:00~17:30
团体预约：寒暑假拨打021-64173163

6.中科院上海昆虫博物馆
地标区位：枫林路300号
开放时间：9:00~16:30（16:00停止售票）

7.上海工艺美术博物馆
地标区位：汾阳路79号
开放时间：9:00~16:30（16:00停止售票）

8.龙华烈士纪念馆
地标区位：龙华西路180号
开放时间：9:00~16:30（16:00停止进馆，周一闭馆）

9.上海公安博物馆
地标区位：瑞金南路518号
开放时间：9:00~16:30（16:00停止进馆，周日闭馆）

10.黄道婆纪念馆
地标区位：徐梅路700号
开放时间：8:30~16:30（16:00停止进馆）

11.邹容纪念馆
地标区位：华泾路868号
开放时间：9:00~16:30（16:00停止进馆，周一闭馆）

12.徐光启纪念馆
地标区位：南丹路17号
开放时间：9:00~16:30（16:00停止进馆，周一闭馆）

13.土山湾博物馆
地标区位：蒲汇塘路55-1号
开放时间：9:00~16:30（16:00停止进馆，周一闭馆）

14.上海交响音乐博物馆
地标区位：宝庆路3号
开放时间：周二至周五9:30~16:30
团体预约："地产宝庆"微信公众号预约

15.上海气象博物馆
地标区位：蒲西路166号
开放时间：周六10:00~14:00
团体预约："上海气象博物馆"微信公众号预约，节假日闭馆

16.上海无线电博物馆
地标区位：田林路200号B幢1楼
开放时间：9:30~16:30（周一闭馆）

17.中国"慰安妇"历史纪念馆
地标区位：桂林路81号文苑楼二楼展览厅
开放时间：9:00~16:00（周一、国定假日、寒暑假闭馆）

18.汇学博物馆
地标区位：虹桥路68号
开放时间：周六、周日9:00~16:30（寒暑假周二、周四、周六、周日开放）

19.巴金故居
地标区位：武康路113号
开放时间：10:00~16:30（16:00停止进馆，周一闭馆）

20.柯灵故居
地标区位：复兴西路147号
开放时间：9:00~16:30（16:00停止进馆，周一闭馆）

21.张乐平故居
地标区位：五原路288弄3号
开放时间：9:30~16:30（16:00停止进馆，周一闭馆）

22.上海市第二中学 原务本女中
校史陈列馆、馨逸影视厅
地标区位：永康路200号
开放时间：周一9:00-11:00（国定假日、寒暑假闭馆）
团体预约：仅接待团队，拨打021-64186856

23.徐汇区档案局"徐汇记忆"展厅
地标区位：浦北路268号二楼展厅
开放时间：周一至周五9:00-16:30
团体预约：仅接待团队，参观提前三天拨打021-34768997

延伸阅读：
（1）上海地铁文化艺术长廊、大隐精舍、徐家汇观象台、徐家汇藏书楼等也按期举办展会、科研活动，敬请留意。
（2）继"徐家汇源"4A级都市旅游景区之后，上海还将打造浦江两岸A级景区群，未来，游客可乘坐黄浦江邮轮在这条"流动"景观带上观光，也可以随时下船上岸参观游览。

总体概述： GENERAL SUMMARY
　　徐家汇源景区位于上海都市旅游中心圈徐家汇，东起宛平南路、天平路、华山路，南邻中山南二路，西至凯旋路，北达淮海西路，主要由历史景观风貌、时尚活力购物和绿色休闲娱乐三大板块组成。

景点特色： LANDSCAPE FEATURES
　　徐家汇源景区位于上海都市旅游中心圈徐家汇，是一个集历史建筑、宗教、文化、教育等多方面于一体的综合人文景区。景区内有着众多全国知名乃至世界闻名的资源实体：被称为"远东第一大教堂"的哥特式双塔建筑徐家汇天主堂、140年来从未中断气象观测的徐家汇观象台、上海现存最早的近代图书馆"徐家汇藏书楼"、上海现存最早的民居明代建筑"南春华堂"、以及《义勇军进行曲》的录制地百代公司旧址、中国最早按西洋办学模式设立的学校徐汇公学等历史建筑。誉为"生活着的百年上海"。

海派底蕴： SHANGHAI STYLE HERITAGE
　　徐家汇源景区是沪上首家集聚在单一都市社区内形成的综合开放式景区。徐家汇源AAAA级旅游景区对海派文化走"挖掘+开放+标准化配套"之路，是上海都市旅游创新的一次探索。
　　徐家汇源的参观点涉及教堂、学校、藏书楼、餐厅等隶属不同系统的多家单位，为协调各单位日常工作的关系，景区推出"有约参观"模式。游客可在景区游客中心免费领取"徐家汇源景区旅游联票"，凭票至各参观点免费参观。

SHANGHAI STYLE CULTURE FASHIONABLE LANDMARK

250

海派文化源 RESTYLE GROWTH

海派虹口——山阴路-多伦路景区文化名人其他地标导览
OTHER LANDMARKS OF THE CULTURAL CELEBRITIES OF DUOLUN ROAD

1.金泉古钱币博物馆
位于多伦路210号东侧，全馆展品集上迄先秦、下至民国的各个历史时期的货币精华，并附有世界上187个国家和地区的现行流通货币。

2.奇石馆
位于多伦路189号。在半个多世纪的收藏期间，馆内共有100多个石种。其中雨花石、灵璧石、江河石以及各种象形石尤为突出。

3.藏筷馆
位于多伦路191号，是古筷收藏家蓝翔在上海创办的我国独一无二的民俗藏筷馆。现藏筷馆收藏有古今中外各式筷箸980多种，总共有1600多双。

4.藏钟馆
位于多伦路193号，由上海收藏欣赏联谊会钟表分会理事刘国鼎先生开办。专门收藏南京古钟。钟藏馆收藏了"南京钟"70多座，形成了南京钟收藏系列。

5.左联会址
位于多伦路201弄2号。1930年3月2日，中国左翼作家联盟成立大会在此召开，谱写了中国革命史和中国现代文学史的光辉篇章。

6.左联纪念馆
位于多伦路145号。建成于20世纪20年代，曾作为左翼中华艺术大学校址和学生宿舍。现为左联纪念馆和十大文化名人展馆。

7.景云里
位于多伦路135弄背后。建于1925年，20世纪二三十年代鲁迅、陈望道、茅盾、叶圣陶、冯雪峰、周建人、柔石等一大批文化名人曾在此居住，有历史文化名里之称。

8.夕拾钟楼
位于多伦路119号。名称取自鲁迅先生著名文集《朝花夕拾》。钟楼顶端所置机器人为上海交通大学高新技术产品，可以准确报时，并能简略地介绍多伦景区近代历史演变的大事典故。

9.鸿德堂
位于多伦路59号。为上海市近代优秀保护建筑。作为西方宗教建筑而采用中式建筑的风格，在国内仅此一处，极为罕见。为苏州刺绣厂在上海的主要产品展示窗口。

10.海瓷堂
位于多伦路185~187号，是一家中国古陶瓷私人藏馆。将中国文化再现于限量版文化产品之中。追求卓越的材质与品质，专注于每一个细节，是"海瓷堂"对其文化产品的承诺。

11.孔公馆
位于多伦路250号，是一座二层楼建筑，它的外墙面缀满了细纹抽纱的阿拉伯纹案浮雕，门框、窗框均为修长的椭圆形，上部分为马蹄形拱券，内缘裂成锯齿。精美绝伦，精致细腻。

12.朱屺瞻艺术馆
位于欧阳路580号，作为多伦路海派文化的重要外延，位于上海鲁迅公园东北隅。朱屺瞻艺术馆是以中国当代著名书画大师朱屺瞻先生命名的一座公立美术馆，自成立之日起即以高品位与学术性为目标开展研究、收藏、展览、交流及艺术教育工作。

海派文化源 RESTYLE GROWTH

海派虹口——提篮桥景区"上海方舟"其他地标导览
TOUR GUIDE OF SHANGHAI ARK

1. 白马咖啡馆

堪称"喝下76年的犹太文化",地标位于上海长阳路67号,犹太难民纪念馆对面,原址是长阳路临潼路路口的一座三层小楼。1939年,来沪避难的犹太难民鲁道夫·莫斯伯格和亲友买下此楼,开办白马咖啡馆,成为当时犹太难民重要的日常聚集场所。现今迁址重新开张,复建的白马咖啡馆参照了咖啡馆创办人莫斯伯格及其儿子提供的珍贵历史资料。未来也将作为临时展厅,补充上海犹太难民纪念馆的展品陈列。

2. 美犹联合分配委员会JDC旧址

地标位于霍山路119~121号。约于1901年建造,占地面积290平方米,砖混结构假四层,坐北朝南,青砖外墙,红砖带饰。

该会于1914年在美国纽约成立,为国际上规模巨大、实力雄厚的救济组织。当1938~1939年欧洲犹太难民大批进入上海时,即在该址设立分支机构,成为支援欧洲犹太难民最重要的国际组织。现为虹口区文物保护单位,2005年被上海市人民政府公布为上海市优秀历史建筑。

3. 霍山公园

地标位于虹口区东南部,大门在霍山路舟山路口,坐南朝北,占地面积0.37万平方米。1950年政府建设公园,1999年重新进行了改建。

园内保留着犹太难民收容所,在楼房正面墙上有一块铭牌,用中英文记:为感谢"二战"以前和"二战"期间上海人民对于犹太难民的收留,在虹口区人民政府的支持下,公园内部有以色列政府和以色列企业齐出资修缮的纪念建筑。

4. 罗伊屋顶花园旧址

罗伊屋顶花园也称"麦司考脱屋顶花园",地标位于虹口区霍山路57号,原百老汇大戏院的屋顶。"二战"时期,欧洲避难于此的犹太难民租下了戏院顶层,并将其改为社交场所——屋顶花园,不时举办各种聚会和活动,是当时远近闻名的犹太难民聚会场所,其影响力与"百乐门"齐名。今天,百老汇戏院的建筑屋顶已无法寻觅往日的痕迹。

5. 提篮桥监狱

地标位于上海虹口区华德路117号,今长阳路147号,是由10余幢楼房组成的监狱,占地面积约4公顷,规模宏大,历史悠久,号称"远东第一监狱"。曾关押第二次世界大战中的甲级战犯和革命先烈。

提篮桥监狱始建于1901年,后经陆续扩建、改建,1954年提篮桥监狱向外国来宾开放参观,是新中国首批对外开放的监狱之一。2013年,提篮桥监狱早期建筑被国务院列为全国重点文物保护单位,"死亡之城"目前停止运营。

6. 犹太难民收容所旧址

地标位于长阳路135弄,1939年起,上海全市共有7个收容所为犹太难民提供援助,最大的一所就在长阳路138弄。

以前此地原是白俄商团的营房,"二战"期间,第一难民中心成为隔离区域内规模最大的犹太难民收容场所,犹太难民救济组织安排难民入住,对难民生活、安全予以庇护。

7. 美国前财政部长布鲁门萨旧址

地标位于舟山路59号,是一栋哥特式建筑。美国前财政部长布鲁门萨曾在此度过8年的青少年时光。他视中国为根,至今仍会说些上海话的布鲁门萨说:"在上海,我开始学会了如果要生存必须依靠自己的道理,我很喜欢中国人,也把上海视为第二故乡。"几年前布鲁门萨曾重返旧居,在上海犹太难民纪念馆的"上海犹太人名单"墙上,他也找到了自己和父母的名字。

8. 远东反战大会旧址

地标位于霍山路85号,"二战"期间多为犹太人住居,现为民宅。20世纪20年代末由英商房地产公司建造,占地面积170平方米,古典建筑风格。1933年宋庆龄在此筹备主持召开远东反战大会,并被选举为主席,使中国进步力量与世界反法西斯斗争紧密联系。2003年该建筑被列为虹口区首批"不可移动文物"。

"我相信，我们都相信，记忆就是答案，而且是唯一的答案。"——犹太难民纪念馆姓名墙镌刻 1986 年诺贝尔和平奖得主、犹太作家埃利·维瑟尔。

海派文化源 RESTYLE GROWTH

海派静安源——陕西北路休闲文化街区"城市印记项目"地标索引
CULTURAL LEISURE STREET OF NORTH SHANXI LANDMARK LIST

1. 马勒住宅
地标区位：陕西南路30号全国重点文物保护单位

2. 托益住宅
地标区位：陕西北路80号

3. 华业公寓
地标区位：陕西北路173号

4. 荣宗敬故居
地标区位：陕西北路186号

5. 平安大楼
地标区位：陕西北路203号

6. 陕北菜场遗址
地标区位：陕西北路286号

7. 上海大学旧址
地标区位：陕西北路299弄

8. 西摩别墅
地标区位：陕西北路342弄

9. 宋家老宅——民国家族宋氏家族旧居
地标区位：陕西北路369号

10. 怀恩堂
地标区位：陕西北路375号

11. 许崇智住宅
地标区位：陕西北路380号

12. 董家老宅
地标区位：陕西北路414号

13. 犹太住宅
地标区位：陕西北路414号

14. 何东旧居
地标区位：陕西北路457号

15. 崇德女中校舍
地标区位：陕西北路461号

16. 太平花园
地标区位：陕西北路470弄

17. 自在里
地标区位：陕西北路493弄

18. 大同里
地标区位：陕西北路493弄

19. 西摩会堂
地标区位：陕西北路500号

20. 南洋公寓
地标区位：陕西北路525弄

21. 花园住宅
地标区位：陕西北路549弄

总体概述：GENERAL SUMMARY

陕西北路——NORTH SHAN XI ROAD，是中国上海市中心区的一条南北向道路，主要位于静安区境内，北段伸入普陀区境内。南起延安中路，接陕西南路，北至苏州河畔的宜昌路。

时尚特色：FASHION FEATURES

南京西路到新闸路约500米的陕西北路段，云集了名人旧居、典型风格建筑、革命遗迹等近20多处文化景观。从新闸路开始，沿陕西北路南行，可以领略一批富有特色的建筑，包括远东地区最大的犹太会堂——西摩会堂，近代外国侨民聚居区——太平花园、"香港特区首任特首董建华旧居"董家老宅、"民国第一家族"宋氏家族旧居，上海市优秀近代建筑"宋家老宅""中国共产党培养革命干部的第一所高等学府"上海大学遗址、怀恩堂、何东公馆等。2007年，根据《上海市风貌保护道路规划管理若干意见》，陕西北路被定为"永不拓宽的马路"，非常完好地保护了该街区的历史遗存及文化景观。

海派底蕴：SHANGHAI STYLE HERITAGE

1899年以前，陕西北路所在地域还是上海西郊的农田。上海公共租界向西拓展后，开辟该路新闸路以南到租界南部界线福煦路（今延安中路）段，1905年以英国将领名命名为西摩路。此后陆续向北延伸，延伸路段以上海钱庄老板名命名为李诵清堂路。1943年汪精卫政府接收上海公共租界，以中国省份名更名为陕西北路。

另外，把陕西北路定位为文化休闲街的另一个重要因素是扎根这里的"老上海家具店""老式铁皮玩具店""咖啡馆""旗袍店"等一大批休闲购物点，成为政府扶持海派老字号品牌的标杆街区。

C 第四章 现代海派文化地标区位布局及分类

HAPTER FOUR STUDY ON LOCATION LAYOUT AND CLASSIFICATION OF MODERN SHANGHAI STYLE

SHANGHAI CHAPTER 4

国际海派文化时尚发展的可续特征
SHANNGHAI STYLE CULTURE FASHION THE DEVELOPMENT OF NEW FEATURES

近几年，国际海派的文化发展及转型出现了显著的变化，与传统消费文化相比，海派自身也在不断进步，除了传统的沪剧戏曲、海上清口等传统文化以外，新的文化体系异军突起，在办公圈、商圈、旅游圈、综合体、会展等各方面都有衍生交融的趋势。从世界范围看，探求文化的多元性发展已经成为海派文化持续发展的重点。它既是可续发展行动的逻辑起点，又是可持续发展行动的韧性载体。从《上海打造世界城市》《上海2025》《上海宣言》、"十三五"、"一带一路"等一系列政策引导出发，以结合上海海派文化与城市现代化发展为愿景，使海派文化在现代文明进程中更加有生命力和可操作性；不断转型、提升可续发展的能力。因为其自身的海派文脉禀赋和发展阶段不同，海派可持续发展模式的选择和改进路径及具体对策都会体现出自身的独特性，从而实现联合国可续发展规划SOGS中所倡导的文化多样化可续目标。

国际海派的新特征是可持续发展文化演绎，应把现代文化视为城市可持续发展的关键资源和资产。文化的可续化作为一种价值体系和资源，是解决海派文化发展和冲突矛盾的新途径。只有将因地制宜的观念纳入海派文化发展计划，文化才能显现出可持续发展的重要作用。但是也必须正视海派文化在迅速发展中产生的一系列问题：如缺乏人性化、基础设施无规划、产业发展不均衡、生态绿色基建不足、城市紧致化（URBAN DENSIFICATON）、城市韧性缺失等，这些现象特征破坏了海派文化的独特性，也丧失了部分海派文化的原真性和均衡感。

可喜的是，作为城市的管理者已经在管理及规划方面提出了解决策略。数据显示，联合国教科文组织发布的《文化时代》中显示全球文化创意的创营收总额达到2.25万亿美元，占全世界GDP总量的3%，创造出2590个就业机会。由此可见，国际海派文化的可续发展是增加就业及改善民生的重要途径。本章从时尚文化地标选取了典型案例进行分析，表明时尚文化的融合衍生发展是必然趋势，时尚产业的消费模式深深改变了海派文化的经济发展结构，对充满活力的文化创意产业进行有效投资可以创造巨大的经济效益及价值，还有利于海派文化的时尚氛围的营造，从而提升城市的软实力，进一步推动国际海派文化的可持续发展。

国际海派文化的可续特征还原了中国文化的普世价值，文化本身就是一种价值体系，赋予上海"魔都"魅力的生活方式、价值观念、创新时尚等许多内涵，是人与地标单元的共融发展的基础，也是促进社会包容和维持生态可续的重要因素。在尊重文化多样性的同时，文化内部本身也在改变，最明显的特征表现在国际海派文化的多元及共融方面。

在研究现代海派地标的过程中发现著名地标很难用单一模式进行界定，从文化创意的本身看，其存在的特殊性表明产业界定与细分行业所属的范围仍旧不明确，显示出混合业态模式所独有的特征。即使是"田子坊"类型的文化街区，且不说保留着花园洋房、新老里弄、现代工厂等丰富的建筑文化遗产社区，单从具体的文化改造模式上讲都是成功的范例：拒绝大拆大建、兼顾城市文脉、文化产业创新、契合居民利益、实现社会公正的"软"改造模式。从生产型社区到以创意产业为主体的混合社区的发展脉络及都市实践，标志着海派传统部落融入现代都市的可行性，混业模式渐渐发展形成"全域文化协同"的海派可续模式。

如果说海派文化的可续特征是相关文化社区组织的建立及管理规范的创新的有力尝试，那么海派文化对时尚区的发展及边缘区的扶持也是可续发展的重要构成部分。上海的时尚产业完美地契合城市景观特色。从海派建筑文化考量，上海有中国任何都市都缺乏的"魔幻性"，上海似乎也逐渐完成了从"商品堆积"到"文化景观的庞大聚集"的转变（居伊·德波《景观社会》）。海派文化可续模式已成为"媒介时代"的本质，哪里有独立的文化表象，哪里就有景观独立的重构法则。从海派时尚文化考量，具体表现是明星效应、休闲旅游、商圈零售、会展特色等彰显海派文化光辉的地标胜景。从海派区域发展考量，浦东新区与浦西的海派文化特色差异明显，这是由于城市格局、开发程度以及城市功能差异造成的。但总体来说，包容性的拓展式发展的内涵表征是基于政绩成果下的区域时尚品牌发展之路。这符合文化多元性及多方共赢的结果。从海派管理实践考量，管理体制不应过度介入干预文化衍生，仅针对海派文化特色下的产业政策内容进行引导及补充即可，这就显示出与创意产业发展相吻合的城市治理创新趋势，更好地兼顾了文脉延续、产业创新、文化可塑、人居利益、社会公正的包容关系，也证明了上海国际海派文化具有可续框架下的自洽特征，同时也弱化了全球化消费主义上海本土文化脉络带来的负效应。

CULTURAL LANDMARK

4.1 海派都会旅游商圈时尚文化地标

CULTURAL LANDMARK OF URBAN TOURISM BUSINESS DISTRICT

SHANGHAI MODERN CULTURAL LANDMARK

关键词：上海人民广场商圈——世贸广场、陆家嘴商圈——长江金融带、徐家汇商圈——港汇大厦、五角场商圈——合生汇

引言：国际海派的文化代表着现代时尚、精进并蓄、整旧创新。从城市发展空间而言，既要从旧城改造中汲取经验和灵感，又要从新城建设中保持业态及基建的平衡，从老城区的商圈中心节点开始改造发散，从"城市商圈"到"都市生态圈"再到"综合生境圈"，时尚文化地标悄然改变，由此看出传统时尚业态日现疲态，新的时尚业态不断催生：商圈易逝，体验永恒。

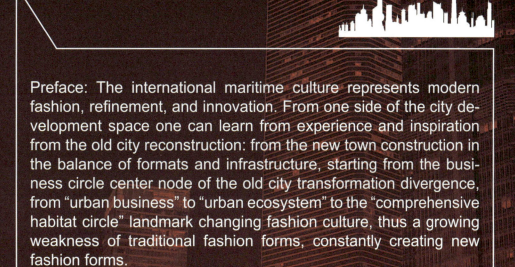

Preface: The international maritime culture represents modern fashion, refinement, and innovation. From one side of the city development space one can learn from experience and inspiration from the old city reconstruction: from the new town construction in the balance of formats and infrastructure, starting from the business circle center node of the old city transformation divergence, from "urban business" to "urban ecosystem" to the "comprehensive habitat circle" landmark changing fashion culture, thus a growing weakness of traditional fashion forms, constantly creating new fashion forms.

SHANGHAI 人民广场商圈

LANDMARK LOCATION LAYOUT AND CLASSIFICATION RESEARCH TRADITIONAL:

PEOPLE SQUARE 地标位置：上海市黄浦区人民大道120号区域

上海市体育局
Shanghai Sports
Bureau

古象大酒店
Howard Johnson Plaza Hotel

创兴金融中心
Chongxing
Financial Center

 人民广场 line2
People's Square

高盛大厦
Goldman Sachs Tower

静安新村
Jing'an Residential

人民广场
People's Square

人民广场 line8
People's Square

广电大厦
Television Building

上海革命纪念馆
Shanghai Revolution Museum

海通证券大厦
Haitong Securities Tower

中国民生银行
CMSBC

上海博物馆
Shanghai Museum

金陵商厦
Jinling Department

上海银行
Bank of Shanghai

音乐广场
Music Square

延中广场公园
Yanzhong Square Park

上海人民广场商圈 PEOPLE SQUARE

总体概述：GENERAL SUMMARY

人民广场位于上海黄浦区，是上海的政治、经济、文化、旅游中心和交通枢纽，也是上海最为重要的地标之一。上海开埠以后称上海跑马厅，是当时上层社会举行赛马等活动的场所。广义上的人民广场主要由一个开放式的广场、人民公园以及周边一些文化、旅游、商业建筑等组成。位于上海市中心的人民广场可容纳120多万人。也是318国道的起点。

景观架构：LANDSCAPE STRUCTURE

被誉为"城市绿肺"的人民广场位于市中心，广场北侧是上海市人民政府所在地，西北侧为上海大剧院，东北侧为上海城市规划展示馆，南侧为上海博物馆。广场两侧各设成片绿化带，"延中绿地"横贯其中，其景观生态作用与曼哈顿下城纽约中央公园类似。

海派底蕴：SHANGHAI STYLE HERITAGE

主体建筑现为七个，处于北面中轴线位置上的是市政大厦，处于原体育宫看台位置上的是上海大剧院。东侧为城市规划馆。人民广场东北侧，是地铁人民广场车站。人民大道南侧，依次是三个大型地下建筑，东南是带式地下商城，往南是亚洲最大城市型地下变电站，西南是上海最大的地下停车库。处于人民广场中轴线南面的是上海博物馆。在大道两侧，辟出了5.5米宽的绿化隔离岛和6.5米的非机动车道，并铺上彩色的人行道。八个公交线路建造了起讫站点，勾出一个弧线形的"月亮岛"。人民广场大规模的绿化建设与12万平方米的人民公园连为一体，成为上海市中心的两叶"绿肺"，大大改善了市中心的环境。成为具有上海新形象、新风貌的城市景观。

CHAPTER FOUR STUDY ON LOCATION LAYOUT AND CLASSIFICATION OF MODERN SHANGHAI STYLE
第四章 现代海派文化地标区位布局及分类

人民广场已经成为上海首选的城市型旅游目的地，代表了上海的海派文化精神，被评为"90年代上海十大新景观"和"十大旅游景点"之一。

人民广场区域坐标系统性研究模型
FASHION AND SYSTEMATIC RESEARCH MODEL TO KEY PLAN

时尚坐标三维索引：上海世贸广场
KEY PLAN :SHANGHAI SHANGHAI CITIC PLAZA

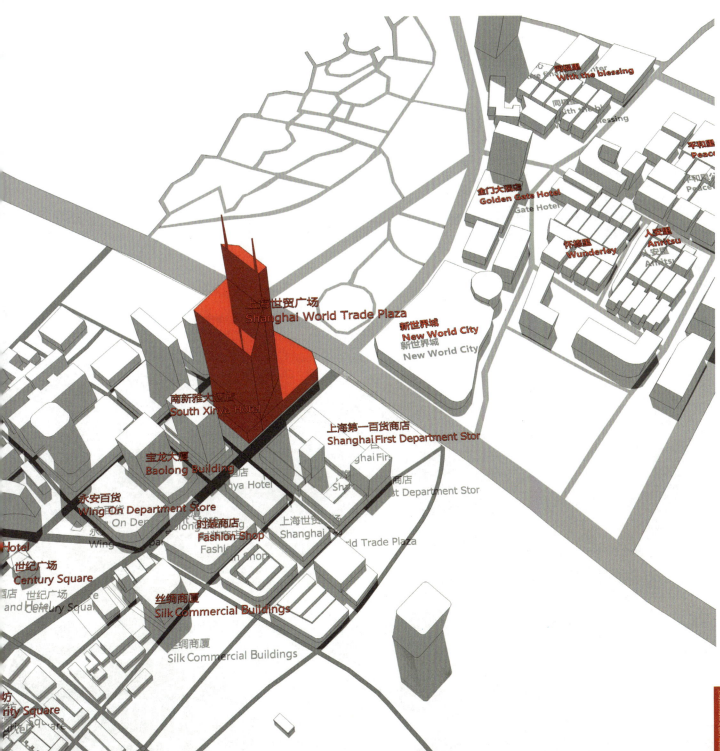

With the blessing

Peace

金门大酒店
Golden Gate Hotel
Gate Hotel

怀德里
Wunderley

人瑞里
Anritsu
安瑞

上海世贸广场
Shanghai World Trade Plaza

新世界城
New World City
新世界城
New World City

南新雅大酒店
South Xinya Hotel

上海第一百货商店
Shanghai First Department Stor

宝龙大厦
Baolong Building

永安百货
Wing On Department Store

时装商店
Fashion Shop

世纪广场
Century Square

丝绸商厦
Silk Commercial Buildings

丝绸商厦
Silk Commercial Buildings

国际海派文化地标概述
INTRODUCTION | 国际海派文化地标结构研究
SITE STRUCTURE | 传统海派文化地标区位布局及分类
TRADITIONAL LANDMARK | 现代海派文化地标区位布局及分类
MODERN LANDMARK | 附录
APPENDIX

SHANGHAI 陆家嘴商圈

LUJIA ZUI

LANDMARK LOCATION LAYOUT AND CLASSIFICATION RESEARCH TRADITIONAL:

地标位置：上海市浦东新区福山路55号

陆家嘴商圈——中国长江经济带国家级金融中心
LUJIA ZUI——NATIONAL FINANCIAL CENTER OF THE CHANGJIANG RIVER ECONOMIC BELT OF CHINA

总体概述：GENERAL SUMMARY

位于上海市浦东新区西北部，东起浦东南路、泰东路，南延陆家渡路，西部和北部紧靠黄浦江，隔江即外滩。是众多跨国银行的中国及东亚总部的所在地，中国最具影响力的金融中心。

陆地面积为6.89平方公里，广义陆家嘴地区分为大陆家嘴、小陆家嘴、陆家嘴金融贸易区之说。小陆家嘴："浦东南路、东昌路内"；陆家嘴金融贸易区："南浦大桥——龙阳路、杨浦大桥——罗山路内"，即内环浦东部分。

海派底蕴：SHANGHAI STYLE HERITAGE

陆家嘴有中国最高的上海中心大厦、环球金融中心和金茂大厦，及中国最高的上海中心大厦。尤其是这里的夜景，堪比欧美高度发达国家的城市灯光照明，电影《007》就有所体现。这里林立着新上海国际大厦、上海环球金融中心、上海中心大厦、汇亚大厦、中建大厦、金茂大厦、长泰国际金融大厦、陆家嘴软件园、上海招商局大厦等，500强总部林立，商界群雄毕至。使陆家嘴办公综合体驰名中外，远近闻名。

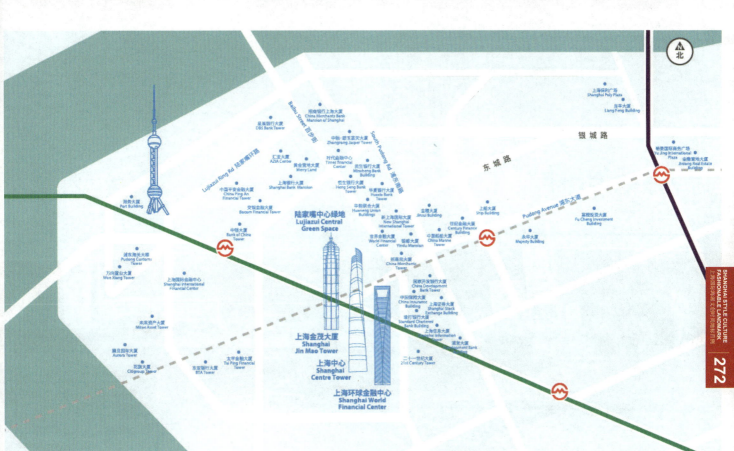

上海保利广场
Shanghai Poly Plaza

良丰大厦
Liang Feng Building

银城路

东城路

怡景国际商务广场
Yu Jing International Plaza

金隆置地大厦
Jinlong Real Estate Building

恒生银行大厦
Hitosheng Bank Building

华夏银行大厦
Huaxia Bank Tower

上船大厦
Ship Building

Pudong Avenue 浦东大道

富城投资大厦
Fu Cheng Investment Building

中融·恒天远天大厦
Zhangrong Jasper Tower

时代金融中心
Times Financial Center

中国商业上海大厦
China Merchants Bank
Mansion of Shanghai

星展银行大厦
DBS Bank Tower

汇宝大厦
AZIA Center

黄金置地大厦
Merry Land

上海银行大厦
Shanghai Bank Mansion

华能联合大厦
Huaneng Union
Buildings

新上海国际大厦
New Shanghai
International Tower

金穗大厦
Jinsui Building

世纪金融大厦
Century Finance
Building

永华大厦
Majesty Building

中国平安金融大厦
China Ping An
Financial Tower

交银金融大厦
Bocom Financial Tower

陆家嘴中心绿地
Lujiazui Central
Green Space

世界金融大厦
World Financial
Center

银都大厦
Yindu Mansion

中国航运大厦
China Marine
Building

港务大厦
Port Building

中银大厦
Bank of China
Tower

招商局大厦
China Merchants
Tower

浦东海关大楼
Pudong Customs
Building

万向富众大厦
Wan Xiang Tower

上海国际金融中心
Shanghai International
Financial Center

国家开发银行大厦
China Development
Bank Tower

中国保险大厦
China Insurance
Building

上海证券交易大厦
Shanghai Stock
Exchange Building

浦发大厦
Development Bank

上海信息大厦
Shanghai Information
Building

未来资产广场
Mitrae Asset Tower

上海金茂大厦
Shanghai
Jin Mao Tower

渣打银行大厦
Standard Chartered
Bank Building

震旦国际大厦
Aurora Tower

花旗大厦
Citigroup Tower

太平金融大厦
Tai Ping Financial
Tower

东亚银行大厦
BEA Tower

上海中心
Shanghai
Centre Tower

二十一世纪大厦
21st Century Tower

上海环球金融中心
Shanghai World
Financial Center

北

Lujiazui Ring Rd 陆家嘴环路
BaiBu Street 百步街
South Pudong Rd 浦东南路

海派底蕴　SHANGHAI STYLE HERITAGE

　　"上海服务、上海制造、上海购物、上海文化"是海派文化的四张底牌。打响"四大品牌"是上海官方的工作重点。近年来浦东新区率先发布实施意见，推进上海"四大品牌"核心承载区建设。

　　作为中国唯一以"金融贸易"命名的国家级开发区，陆家嘴金融城将强化金融核心功能，提升"上海服务"的内涵。打造国际海派金融首席区域，力争陆家嘴金融城外资资管联合会内机构代表的全球资产管理总规模超过30万亿美元，占全球总规模的40%以上。

　　陆家嘴的"雄心壮志"仅仅是浦东打造"四大品牌"核心承载区的计划之一。浦东官方提出四个专项行动方案和三个公共平台建设系统，以推进四大品牌核心承载区建设，力争经过首轮三年(2018~2020年)行动方案实施，浦东主要功能性指标再上新台阶。

　　上海浦东新区商业部署计划宏大：老佛爷百货将在陆家嘴中心开设在华首店。让消费者享受到一流的"上海服务"。"上海购物"让消费者"沉浸式体验"。在未来，陆家嘴商圈将是首入店、旗舰店、集成店和买手店的"乐园""上海智造"落地浦东有明确商业诉求和依赖路径。

陆家嘴区域已经成为国际金融产业服务中心区，荣臻中国金区之首。

上海交通大学（徐汇校区）
SHJT University(Xu Hui Campus)

天平路小区
Balance Road Residential

徐家汇公园
Xujiahui Park

乐山村
Leshan Village

联峰汇大厦
Lianfeng Tower

徐家汇
Xu Jia Hui

徐家汇地铁一号、九号线
Xu Jia Hui Line1、9

永新世纪
New Century Residential

南丹小区
Nandan Community

东方曼哈顿
世纪豪庭
Oriental
Manhattan

圣爱大厦
Holy Love Building

中金国际广场
Zhongjin
International Plaza

嘉汇广场
Gateway Plaza

徐汇区政府
Xuhui District Government

久隆大厦
Kuryu Building

SHANGHAI 徐家汇商圈

LANDMARK LOCATION LAYOUT AND CLASSIFICATION RESEARCH TRADITIONAL:

XU JIAHUI

地标位置：上海市徐汇区，东起宛平路，西至宜山路，北起广元路，南至零陵路区域

本照片经《视觉中国》授权使用，特此说明

徐家汇商圈 XU JIAHUI

总体概述：GENERAL SUMMARY

　　徐家汇是上海四大城市副中心之一，亦为上海十大商业中心之一，东起宛平路，西至宜山路，北起广元路，南至零陵路，占地面积4.04平方千米。徐家汇商业中心规划于1988年，一期工程区域内的电脑市场分布十分密集，徐家汇也成为了上海市民购买电脑、数码产品的地区之一。同时，区域内也有许多经营奢侈品、中高档服饰、各种娱乐、餐饮行业的商家。如今徐家汇的商圈模式日臻成熟并形成十大都市商业中心。

业态布局：DISTRIBUTION OF THE FORMATS

　　徐家汇商业中心的总体设计运用了城市设计理论，防止单体建筑与总体规划之间脱节，做到建筑形态、建筑群体、空间场所、城市景观、交通组织的和谐统一。商业中心在空间布局上采取高、中、低层相结合，从广场中心向四周辐射，形成开放的空间。其中"徐家汇源"申立为国家AAAA级景区，景区东起宛平南路、天平路、华山路，南邻中山南二路，西至凯旋路，北达淮海西路，主要由历史景观风貌、时尚活力购物和绿色休闲娱乐三大板块组成。

CHAPTER FOUR STUDY ON LOCATION LAYOUT AND CLASSIFICATION OF MODERN SHANGHAI STYLE
第四章 现代海派文化地标区位布局及分类

时尚坐标三维索引：上海港汇恒隆中心

KEY PLAN :SHANGHAI CITIC PLAZA

港汇恒隆广场 GRAND GATEWAY 66
总体概述：GENERAL SUMMARY
　　港汇广场坐落于华山路，虹桥路侧交界处，上海轨道交通1号线徐家汇站上盖，在徐家汇天桥可以看到港汇、美罗城等构成的商圈，港汇总面积40余万平方米，统合商业贸易，拥有现代化写字楼、商务套间及住宅三大功能。
　　港汇恒隆广场为大型购物MALL，港汇中心为双塔形甲级写字楼，双塔之间形成商业内街，港汇恒隆广场服务式公寓为高档涉外酒店式公寓。港汇广场是恒隆内地的首个商业项目，现已成为上海市徐家汇商圈的地标性建筑。

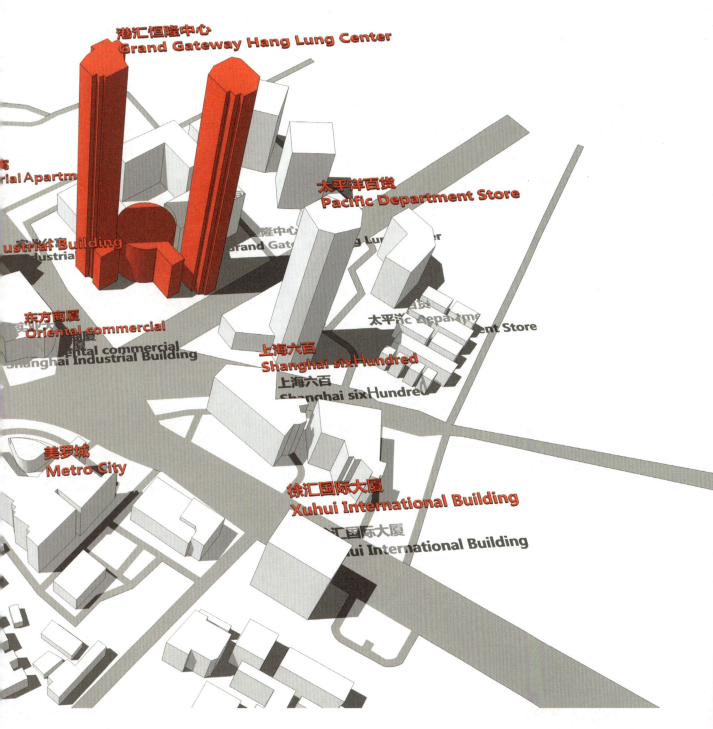

港汇恒隆中心
Grand Gateway Hang Lung Center

rial Apartm

太平洋百货
Pacific Department Store

ustrial Building
Industria

隆中心
Grand Gat   g Lung   er

东方商厦
Oriental commercial

ntal commercial
Shanghai Industrial Building

上海六百
Shanghai sixHundred

太平洋 epa   ent Store

上海六百
Shanghai sixHundred

美罗城
Metro City

徐汇国际大厦
Xuhui International Building

汇国际大厦
ui International Building

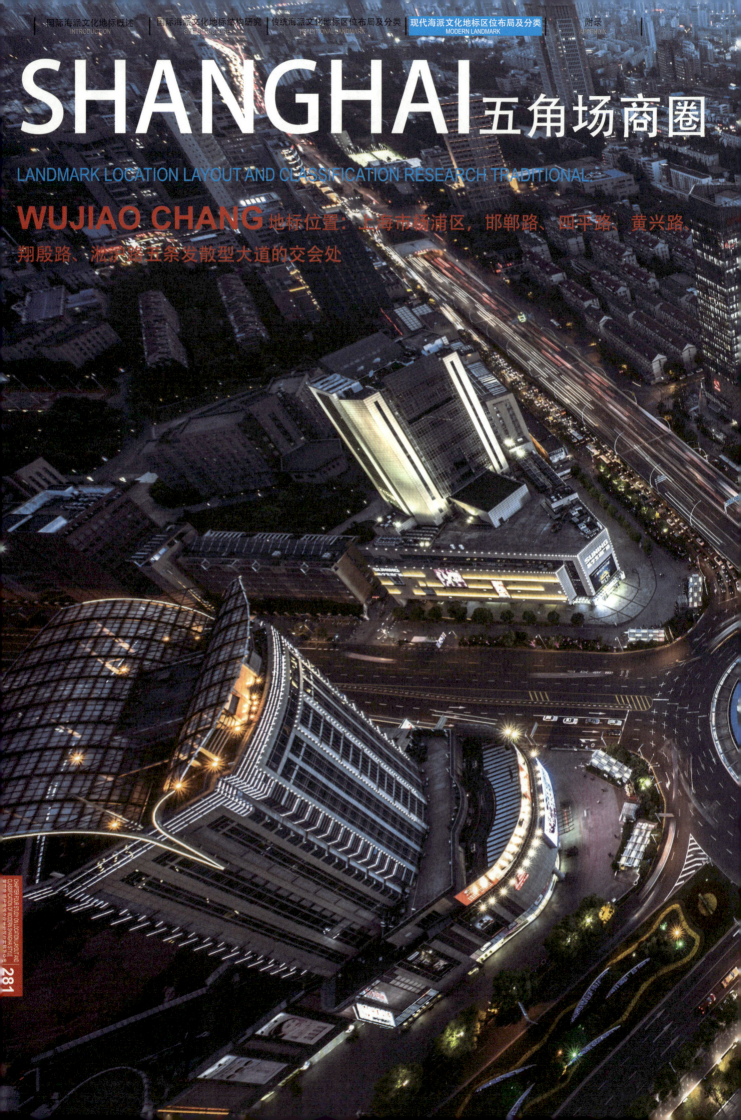

SHANGHAI 五角场商圈

LANDMARK LOCATION LAYOUT AND CLASSIFICATION RESEARCH TRADITIONAL

WUJIAO CHANG 地标位置：上海市杨浦区，邯郸路、四平路、黄兴路、翔殷路、淞沪路五条发散型大道的交会处

复旦大学
Fudan University

建新小区
Jianxin District

万达广场
Wanda Plaza

百联又称一城
Bailian Group

合生汇
Hopson One

五角场
Wu Jiao Chang

蓝天宾馆
Lantian Hotel

上海财富大酒店
Shanghai Fortune Hotel

复旦大学
Fudan University

五角场地铁十号线
Pentangle Square Line10

绿城汇创
国际大厦
Greentown Huichuang
International
Building

蓝天小区
LanTian Residential

铁村小区
Tiecun Residential

五角场区域是上海新晋的商业休闲区之一，繁华的商业氛围是海派时尚文化活力的体现。

本照片经《视觉中国》授权使用，特此说明

总体概述： GENERAL SUMMARY

　　五角场全称"江湾——五角场"，它是上海四大城市副中心之一，南部地块为上海十大商业中心之一，因位于邯郸路、四平路、黄兴路、翔殷路、淞沪路五条发散型大道的交会处而得名。区域整体优势已完全凸显，已发展成为北上海商圈乃至整个上海最繁华的地段之一。

业态布局： DISTRIBUTION OF THE FORMATS

　　五角场是上海四大城市副中心之一。商业地位：上海十大商业中心之一。江湾—五角场城市副中心分为南部、中部和北部三块：南部为上海十大市级商业中心之一、科教商务区；中部为知识创新中央社区，由4个主要功能区组成，分别为"创智天地广场""创智坊""江湾体育场"、与"创智天地科技园"；北部为高端知识商务中心，有大量世界级跨国的公司研发中心、公司总部以及国际学术交流中心等入驻其中。

时尚特色： FASHION FEATURES

　　杨浦五角场城市副中心南部环岛地块是市政府确定的上海十大商业中心之一，与徐家汇、淮海中路、中山公园等商业中心齐名。同时五角场也与徐家汇繁华商业副中心，浦东花木高尚居住副中心，普陀真如交通枢纽副中心并称为上海四大城市副中心区，能为上海居民提供全方位的现代化综合性高端服务，亦是整个上海东北部的旗舰型高端商业中心。

海派底蕴： SHANGHAI STYLE HERITAGE

　　五角场发展目标是建设成为科教特色鲜明、交通环境良好、商业商务发达的上海中心城区东北部最大的知识贸易商务区和综合性商业商务中心。整个大五角场功能区的商务办公写字楼主要分布于五角场城市副中心南部环岛核心区域以及以五条大道为基础的向外拓展区，彰显上海中心城区东北部海派文化的CBD王者风采。

五角场区域坐标系统性研究模型
FASHION AND SYSTEMATIC RESEARCH MODEL TO KEY PLAN

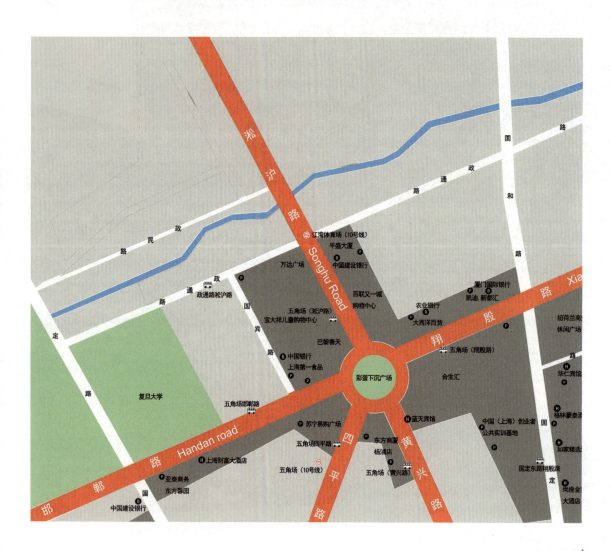

上海合生国际广场（合生汇）HOPSON
建筑设计师：美国凯里森建筑事务所(CALLISON)
总体概述：GENERAL SUMMARY

　　合生国际广场位于上海十大商业中心、四大城市副中心之一的五角场。它将拉动杨浦商业消费的引擎。西临黄兴路及其下穿隧道，北邻中环线，地下空间与环岛下沉广场直通，与地铁10号线直接连通，依托立体交通网络和商业集群效应，抢占人脉和商业的制高点，将迅速成为城市副中心的商业广场。

　　上海合生国际广场是合生创展集团商业地产总部的扛鼎力作，项目总建筑面积36万多平方米，是一个集五星级酒店、大型高端购物中心和甲级写字楼于一体的大规模、现代化、高品质的城市综合体及一站式消费的复合型商业地产项目。

时尚坐标三维索引：上海合生汇
KEY PLAN :SHANGHAI HOPSON HUI

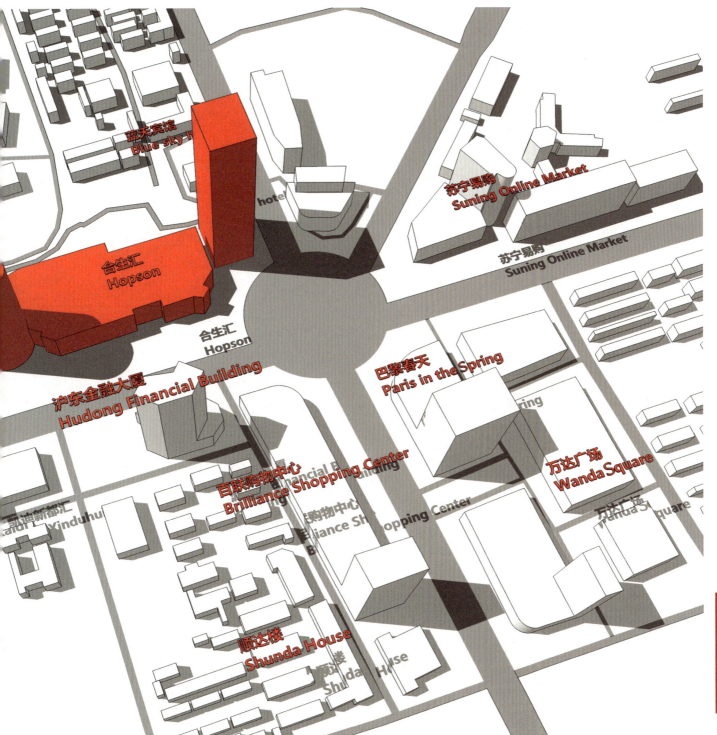

蓝天宾馆
Blue sky hotel

苏宁易购
Suning Online Market

苏宁易购
Suning Online Market

合生汇
Hopson

hotel

合生汇
Hopson

沪东金融大厦
Hudong Financial Building

巴黎春天
Paris in the Spring

万达广场
Wanda Square

百联购物中心
Brilliance Shopping Center

购物中心
Brilliance Shopping Center

凯德新都汇
Yinduhui

顺达楼
Shunda House

OFFICE COMPLEX
4.2 海派办公综合体时尚文化地标

OFFICE COMPLEX FASHION CULTURAL LANDMARK
SHANGHAI MODERN CULTURAL LANDMARK

关键词：上海国际会议中心、上海中心大厦、上海环球金融中心、上海金茂大厦、会德丰广场、凌空SOHO

引言：本节遴选的时尚地标是以高档写字楼为主体进行各业态之间的衔接及配套，兼有居住、商住、会展、社交等设施的综合性办公群体，办公综合体的优势在于能够对人群发挥持续而稳定的虹吸及黏性效应，其产业结构和地理坐标也往往占据最繁华、地价最高的区域。本节遴选的案例均代表海派的文脉特征，案例对区域时尚热点的集聚也起到了重要的文化示范作用。

of completions
were in Asia

Dubai completed the third, fourth, and
fifth-tallest buildings of the year

H-

202
200-

ower

ne Africa's second-
tallest building

Ping An Fi

599 meters tall, the seco
and fourth-tallest buildir

35,145

Preface: In this section, the fashionable landmark is a high-grade
office building as the main body in various forms between cohe-
sion and a complete set, including social facilities such as residen-
tial, commercial, convention, and exhibition halls. It also includes
a comprehensive office, and an office complex's advantage is a si-
milar effect of continuous and stable crowds; its industrial structure
and geographical coordinates also tend to occupy the most pros-
perous, highest land area. The selection of cases are on behalf of
the Shanghaistyle context features, which at the same time play
an important role in regional hot spots and cultural demonstration.

国际海派文化地标概述
INTRODUCTION

国际海派文化地标结构研究
SITE STRUCTURE

TRADITIONAL LANDMARK

现代海派文化地标区位布局及分类
MODERN LANDMARK

附录
APPENDIX

浦江双辉大厦
Pujiang Brilliance Twin Towers

上海海洋水族馆
Shanghai Ocean Aquarium

东方明珠
Oriental Pearl

平安金融大厦
Ping'an Finance Building

陆家嘴中心绿地
Lu Jia Zui Central Greenland

上海国际会议中心
Shanghai International Convention Center

滨江公园
Riverside Park

陆家嘴地铁二号线
Lu Jia Zui Line2

未来资产大厦
Mirae Asset Tower

金茂大厦
Jin Mao Tower

上海环球金融中心
Shanghai World Financial Center

上海中心
Shanghai Tower

滨江壹号
Binjiang One

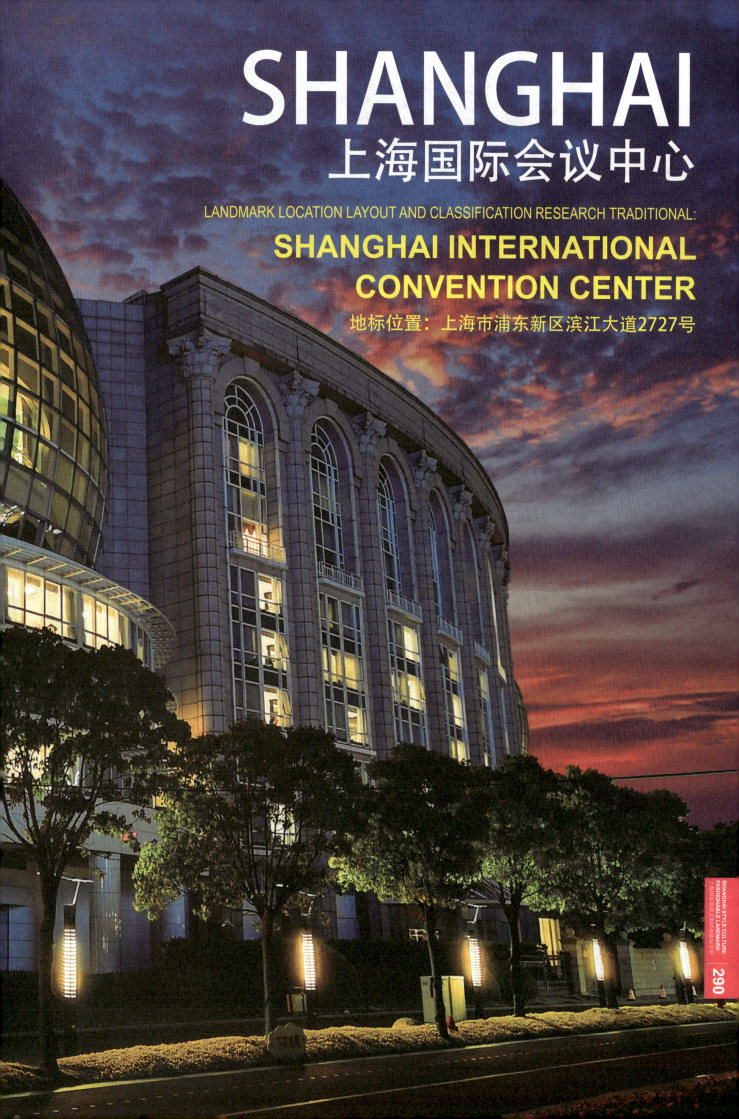

SHANGHAI
上海国际会议中心

LANDMARK LOCATION LAYOUT AND CLASSIFICATION RESEARCH TRADITIONAL:

SHANGHAI INTERNATIONAL CONVENTION CENTER

地标位置：上海市浦东新区滨江大道2727号

SHANGHAI STYLE CULTURE
FASHIONABLE LANDMARK
上海时尚文化之都时尚地标

上海国际会议中心 SHANGHAI INTERNATIONAL CONVENTION CENTER

总体概述： GENERAL SUMMARY

上海国际会议中心位于浦东滨江大道，陆家嘴金融贸易中心，毗邻东方明珠电视塔，与外滩万国建筑群隔江相望，交通方便快捷，地理位置得天独厚，与外滩建筑群隔江相望。它与东方明珠、金茂大厦一起组成陆家嘴地区的一道著名的风景线，被评为新中国成立五十年十大经典建筑之一。

业态布局： BUSINESS FORM LAYOUT

上海国际会议中心总建筑面积达11万平方米，拥有现代化的会议场馆：有4300平方米的多功能厅和3600平方米的新闻中心各1个，可容纳50~800人的会议厅三十余个；豪华宾馆客房，有总统套房、商务套房、标准间近270套；还有高级餐饮设施、舒适的休闲场所和600余个车位。20世纪最后一次"财富"世界论坛就是在这里举行的。

海派底蕴： SHANGHAI STYLE HERITAGE

上海国际会议中心素以举办大型国际会议、商务论坛的专业性与综合性蜚声海内外。多种规模和类型的会议室配以先进完善的会议设施，上海厅面积达到4400平方米，为目前国内最大无柱形多功能厅。此外，酒店另设有28个大小不等、风格迥异的多功能会议厅。均备有最先进的高科技影音系统及同声传译设备，更有经验丰富的会议经理全程筹备策划，使贵宾在轻松享受服务的同时，体验海派会议文化带来的科技乐趣。

建筑特色： ARCHITECTURAL FEATURES

上海国际会议中心坐落在浦东陆家嘴东方明珠广播电视塔旁，与国际会议中心隔江相望，乳白色的外墙轻轻地托起两只巨大的球体。大球直径50米，高度有51米；小球直径也是50米，高度有38米，球体上的透明玻璃拼装出世界地图图形，寓意"上海走向世界"。

国际海派文化地标概述
INTRODUCTION

国际海派文化地标编研研究
SITE STRUCTURE

传统海派文化地标区位布局及分类
TRADITIONAL LANDMARK

现代海派文化地标区位布局及分类
MODERN LANDMARK

附录
APPENDIX

SHANGHAI

上海之巅 SHANGHAI TOWER

LANDMARK LOCATION LAYOUT AND CLASSIFICATION RESEARCH TRADITIONAL

地标位置：浦东新区银城中路501

陆家嘴"三炷香"鼎立，代表了陆家嘴海派发展的世界高度。

293

CHAPTER FOUR STUDY ON LOCATION LAYOUT AND CLASSIFICATION OF SHANGHAI-STYLE CULTURAL LANDMARKS
第四章 现代海派文化地标区位布局及分类

上海中心大厦 SHANGHAI TOWER

总体概述：GENERAL SUMMARY

上海中心大厦，是上海市的一座超高层地标式摩天大楼，其设计高度超过附近的上海环球金融中心。截至2017年，为中国的最高建筑。

业态布局：BUSINESS FORM LAYOUT

上海中心大厦作为一幢综合性超高层建筑，以办公为主，其他业态有会展、酒店、观光娱乐、商业等。大厦分为五大功能区建造，包括大众商业娱乐区域，低、中、高办公区域，企业会馆区域，精品酒店区域和顶部功能体验空间。其中"世界之巅"即是功能体验区，有城市展示观看台，娱乐，VIP小型酒吧、餐饮、观光会晤等功能。另外，在大厦裙房中还设有容纳1200人的多功能活动中心。

建筑特色：ARCHITECTURAL FEATURES

由美国Gensler建筑设计事务所设计，大厦以"龙形"方案作为蓝本深化设计，由同济大学建筑设计研究院完成施工图出图。

上海中心大厦项目面积433954平方米，建筑主体为118层，总高为632米，机动车停车位布置在地下，可停放2000辆车辆。2008年进行主楼桩基开工，2016年"上海中心"举行建设者荣誉墙揭幕仪式并宣布分步试运营。整幢大楼共有24个空中花园，其中118层的"上海之巅"和119层是主要的观光层。

浦江双辉大厦
Pujiang Brilliance Twin Towers

上海海洋水族馆
Shanghai Ocean Aquarium

上海国际会议中心
Shanghai International Convention Center

东方明珠
Oriental Pearl

平安金融大厦
Ping'an Finance Building

陆家嘴中心绿地
Lujiazui Central Greenland

陆家嘴地铁二号线
Lu Jia Zui Line2

滨江公园
Riverside Park

未来资产大厦
Mirae Asset Tower

金茂大厦
Jin Mao Tower

上海环球金融中心
Shanghai World Financial Center

外滩区域
The Bund Area

上海中心大厦
Shanghai Tower

滨江壹号
Binjiang One Residential

上海中心大厦 SHANGHAI TOWER

时尚特色：FASHION FEATURES

2016年"上海中心"举行建设者荣誉墙揭幕仪式并宣布分步试运营，首批裙房和地下室对公众开放。同时上海中心建设者荣誉墙也于当天揭幕。为了铭记每一位参建者的贡献，让社会肯定他们的劳动价值，留住他们人生中最有意义的一段历史，"上海中心"的主楼西面，面向银城中路的一处设立了一面长60米、琉璃材质的荣誉墙，上刻500家单位、4021位个人的名字。

观光贴士： WARM TIPS

"上海之巅"观光厅位于上海中心第118层，垂直高度达546米，面积千余平方米，呈三角环形布局，包裹落地超大透明玻璃幕墙，可360度俯瞰上海城市风貌。

游客可从位于上海中心西北角（近银城中路、花园石桥路口）的"上海之巅"售票厅购买门票后，从地面的观光主入口抵达B1层"上海之巅"观光厅序展区，这里设置了形式多样新颖的互动展项，参观完序展区后，游客将经自动扶梯下至B2层，前往搭乘超高速电梯，只需55秒即可直达546米高空，开启巅峰之旅。

上海中心大厦是上海城市高度的象征，也是海派文化的空间高度的新地标。THE SHANGHAI TOWER IS A SYMBOL OF SHANGHAI'S HEIGHT AND A NEW LANDMARK OF THE SPACE HEIGHT OF THE SHANGHAI CULTURE.

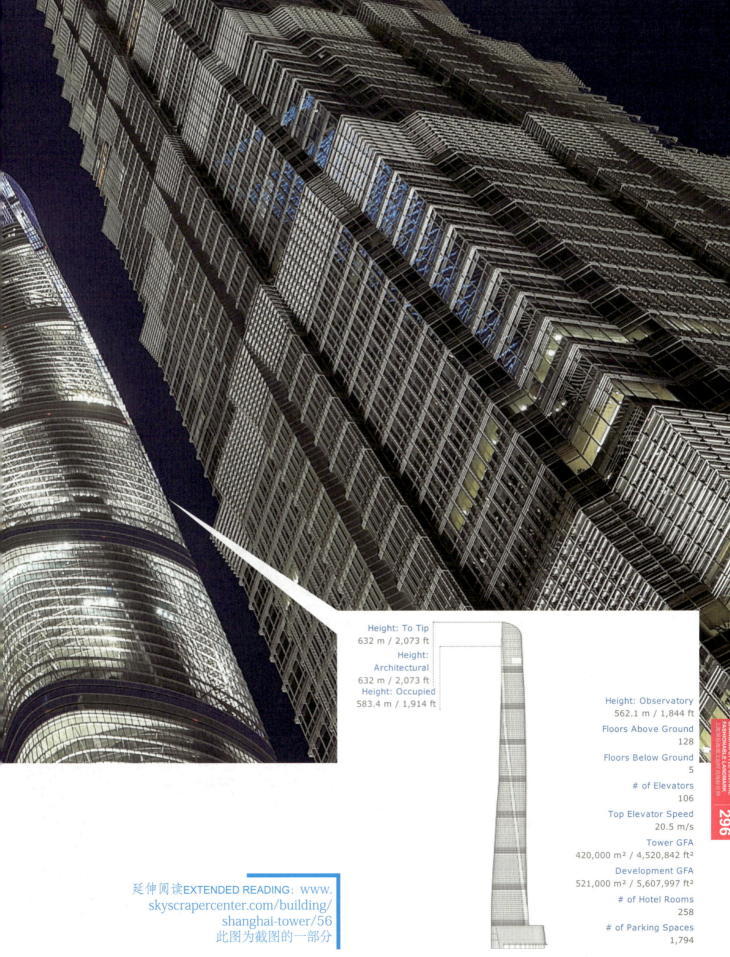

Height: To Tip
632 m / 2,073 ft

Height:
Architectural
632 m / 2,073 ft

Height: Occupied
583.4 m / 1,914 ft

Height: Observatory
562.1 m / 1,844 ft

Floors Above Ground
128

Floors Below Ground
5

# of Elevators
106

Top Elevator Speed
20.5 m/s

Tower GFA
420,000 m² / 4,520,842 ft²

Development GFA
521,000 m² / 5,607,997 ft²

# of Hotel Rooms
258

# of Parking Spaces
1,794

延伸阅读EXTENDED READING：WWW.
skyscrapercenter.com/building/
shanghai-tower/56
此图为截图的一部分

上海环球金融中心
SHANGHAI WORLD FINANCIAL CENTER (SWFC)

总体概述：GENERAL SUMMARY

　　上海环球金融中心是陆家嘴金融贸易区内的一栋摩天大楼，目前为中国大陆第三高楼、世界第五高楼。大楼高492米，地上101层。大厦由商场、办公楼及上海柏悦酒店构成。94~100F为观光、观景设施，AAAA级海派景区。

观光贴士：WARM TIPS

　　观光过程中专门为游客准备了由日本著名多媒体艺术家岩井俊雄先生为观光厅量身设计的"LED光影艺术作品"使人体验到一个全新的梦幻世界。

　　经过94~97F直到100F观光天阁，它位于474米，100F高空的观光天阁是一条长约55米的悬空观光长廊，为目前世界上最高的观光设施，内设三条透明玻璃地板，建筑表皮玻璃通透，完全适合观景拍照留念。由于没有核心筒干扰，观光两侧流线通畅，参观的愉悦感和舒适感大幅提升。

　　观光厅可选购年卡，在一年内凭卡和身份证进行多次观瞻。

上海金茂大厦 JINMAO TOWER

总体概述：GENERAL SUMMARY

　　金茂大厦毗邻上海地标性建筑物东方明珠、上海环球金融中心和上海中心大厦，与浦西的外滩隔岸相对，是上海市最著名的景点以及地标之一。

　　金茂大厦现已成为上海的一座地标，是集现代化办公楼、五星级酒店、会展中心、娱乐、商场等设施于一体，融汇中国塔形风格与西方建筑技术的多功能型摩天大楼，由著名的SOM设计事务所设计，结合中国塔的结构意向，最终打造成为具有中国意境的建构特色。

SHANGHAI

会德丰广场

LANDMARK LOCATION LAYOUT AND CLASSIFICATION RESEARCH TRADITIONAL：

WHEELOCK SQUARE

地标位置：上海市静安区南京西路1717号

柳迎村
Liuying Village

常德公寓
Changde Apartment

静安嘉里中心
Jing'an Kerry Center

申乐大厦
Shenle Building

静安寺
Jing'an Temple

静安寺地铁二号线、七号线
Jing'an Temple Line 2、Line 7

越洋国际广场
Yuanyang International Plaza

静安香格里拉大酒店
Jing'an Shangri-La Hotel

百乐门大都会
The Bailegate Metropolis

静安公园
Jing'an Park

会德丰国际广场
Wheelock Square

中国福利会少年宫
Children's Palace

浦西第一高楼灯光璀璨，彰显着海派文化的现代气质。

会德丰广场 WHEELOCK SQUARE

总体概述：GENERAL SUMMARY

会德丰广场位于上海静安南京西路CBD，紧邻静安公园、静安寺，享静谧办公环境及便利商业氛围。广场总高298米，共59层，主体是高级酒店和办公楼，裙房是高级百货和顶级咖啡店。会德丰国际广场由香港九龙仓投资开发，建筑设计交由纽约享有盛誉的建筑师Kohn Pederson Fox负责，巧妙工整的线条，融合简约高雅的设计理念及品位，美学与功能并重。商业裙楼与办公主楼采用分离式设计，大厦全楼使用IC一卡通，提供管家式服务。会德丰白金级LEED超5A写字楼在上海顶级的商业中心南京西路商圈占重要地位。

业态布局：BUSINESS FORM LAYOUT

会德丰广场目前是浦西第一高楼，楼内可同时欣赏到浦西和浦东的美景。它是上海标志性建筑之一，也是海派现代建筑文化的代表。紧靠国际知名酒店波特曼丽嘉、香格里拉、璞丽酒店。

它的地理位置静安商圈区域更显其核心地位，临高俯瞰，既有CBD的现代动感，又见传统建筑的雅致闲逸以及葱茏绿意。

海派底蕴：SHANGHAI STYLE HERITAGE

会德丰广场是上海首家推出世界水准"管家式物业管理"服务的写字楼。其一流完整的配套设施，五星级酒店式的礼宾服务，专业国际化的员工素养，细致人性的服务态度，是该写字楼物业管理的最大特色。大楼还定期举办各类艺术活动或展览，为业主呈现丰富的国际顶尖设计及文化理念，加强与楼内白领的互动，传递"8+X小时正能量"。

海派文化注重可持续发展的建筑设计手法，倡导绿色基建的生态理念。会德丰广场恰是生态友好的理念和尖端设施的完美结合，宽敞的楼层以及世界级的物业管理服务，使得会德丰国际广场完全能够满足国际顶级企业的需要，成为上海乃至中国现代化办公楼的标杆。

SHANGHAI STYLE CULTURE
FASHIONABLE LANDMARK

国际海派文化地标概述
INTRODUCTION | 国际海派文化地标结构研究
SITE STRUCTURE | 传统海派文化地标区位布局及分类
TRADITIONAL LANDMARK | 现代海派文化地标区位布局及分类
MODERN LANDMARK | 附录
APPENDIX

SHANGHAI
凌空SOHO

LANDMARK LOCATION LAYOUT AND CLASSIFICATION RESEARCH TRADITIONAL:

SKY SOHO 地标位置：上海长宁区金钟路898号

谨以此海派地标，深切地缅怀扎哈·哈迪德女士，因为她确实改变了这个世界。

宛如巨型"银河列车"的SOHO。是已故著名建筑师扎哈的精彩之作。

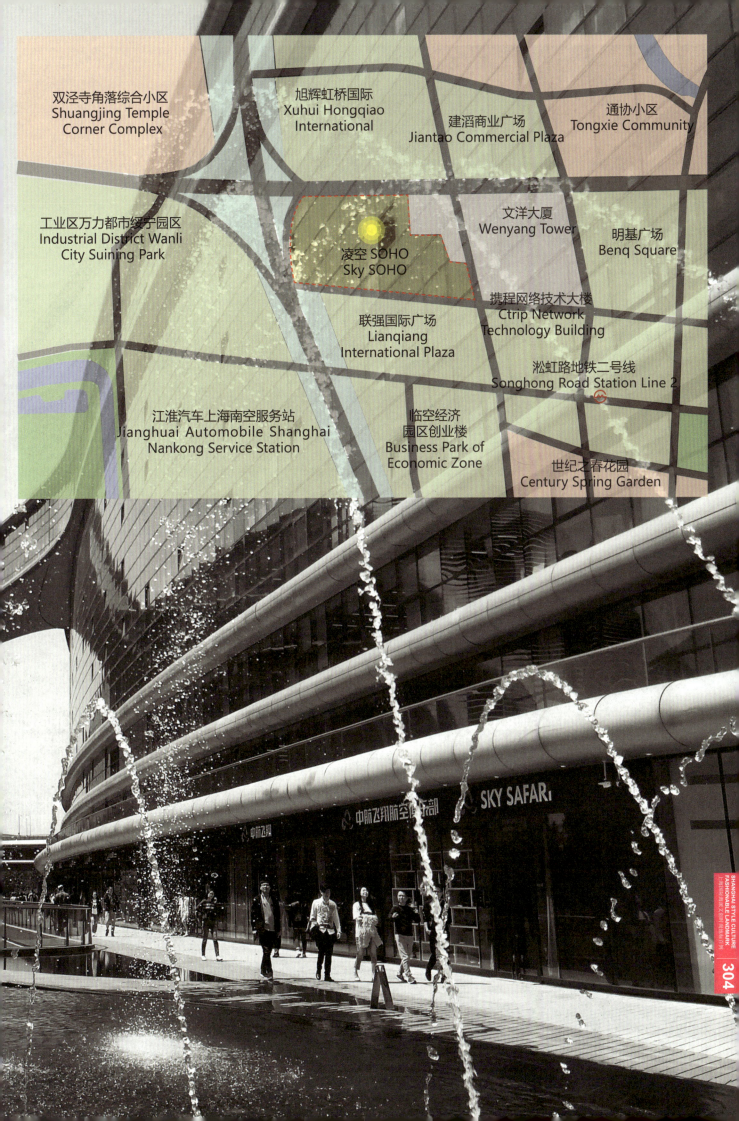

双泾寺角落综合小区
Shuangjing Temple
Corner Complex

旭辉虹桥国际
Xuhui Hongqiao
International

建滔商业广场
Jiantao Commercial Plaza

通协小区
Tongxie Community

工业区万力都市绥宁园区
Industrial District Wanli
City Suining Park

文洋大厦
Wenyang Tower

明基广场
Benq Square

凌空 SOHO
Sky SOHO

携程网络技术大楼
Ctrip Network
Technology Building

联强国际广场
Lianqiang
International Plaza

淞虹路地铁二号线
Songhong Road Station Line 2

江淮汽车上海南空服务站
Jianghuai Automobile Shanghai
Nankong Service Station

临空经济
园区创业楼
Business Park of
Economic Zone

世纪之春花园
Century Spring Garden

SHANGHAI STYLE CULTURE
FASHIONABLE LANDMARK
上海时尚文化时尚地标

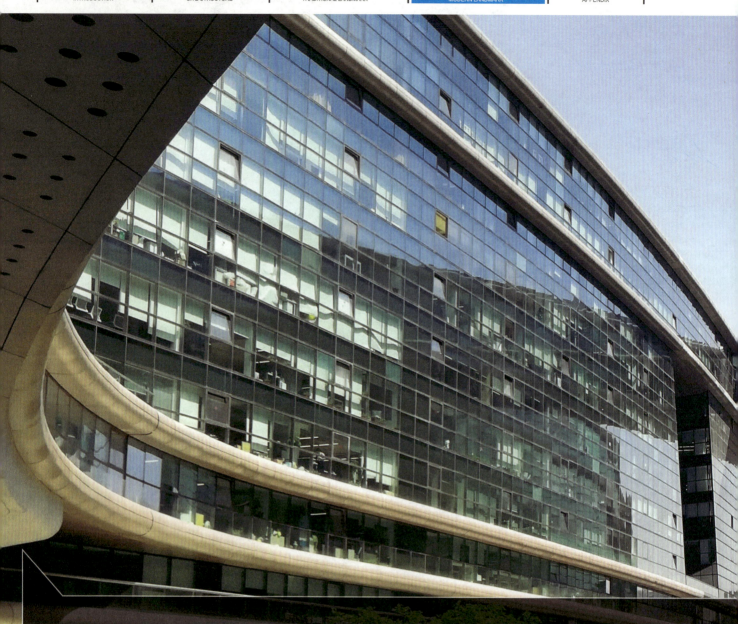

凌空SOHO   SKY SOHO

总体概述：GENERAL SUMMARY

上海凌空SOHO，占地8.6万余平方米、总建筑面积约35万平方米，凌空SOHO是普利兹克奖获得者扎哈.哈迪德(ZahaHadid)的精彩之作。

凌空SOHO所在的上海虹桥临空经济园区，毗邻虹桥综合交通枢纽，区域内有超过800家企业总部，是连接泛长三角地区最具活力和辐射力的国际化商贸总部聚集区,也是虹桥升级为中国顶级战略产业科技特区的重要空间载体支撑。

建筑特色：ARCHITECTURAL FEATURES

外形宛如4列巨型高铁蓄势待发的商业楼宇凌空SOHO于2014年正式揭幕。该建筑群占地8.6万余平方米、总建筑面积约35万平方米，12栋建筑被16条空中连桥连接成一个空间网络。凌空SOHO是继北京的银河SOHO、望京SOHO之后，SOHO中国与建筑设计师、普利兹克奖获得者扎哈·哈迪德联手打造的第3个建筑精品。

业态布局：DISTRIBUTION OF THE FORMATS

SOHO中国宣布将凌空SOHO10万平方米物业出售给携程旅行网，用作其未来业务发展的办公室，交易金额为30.5亿元人民币。公司仍持有凌空SOHO的剩余面积12.8万平方米的投资物业。此次交易彰显了SOHO中国的优质资产组合以及变现能力。同时，携程旅行网入驻将使商业氛围更活跃，有利于凌空SOHO其余部分租赁。

建筑的流线形态与景观、天桥、连廊、下沉广场的搭配恰到好处。

EXHIBITION LANDMARK

4.3 海派会展综合体时尚文化地标

EXHIBITION COMPLEX FASHION CULTURAL LANDMARK

SHANGHAI MODERN CULTURAL LANDMARK

关键词：东方明珠、上海海洋水族馆、中华艺术宫、上海博物馆、上海城市规划展示馆、上海自然博物馆、上海玻璃博物馆、上海喜马拉雅美术馆、上海科技馆、上海电影博物馆、上海国家会展中心等

引言：会展中心与综合体是近几年异军突起的新型地标产业，分为实体永久展示和软文化时效性展示。自二十一世纪最大的上海世博会闭幕至今，海派文化下的后世博精神还在延续，展览会改变了上海的整体面貌与基础设施，使广大市民成为积极的参与者。本节遴选的案例都能准确地反映出不同的城市及国际组织共同构建海派文化的"国际要素"，从而真正创造出具有启发性的都市实践。

Preface: The exhibition center and the complex are the new landmark industries that have emerged in recent years, which are divided into physical permanent display and soft culture timeliness display. Since this century's biggest Shanghai world expo concluded, its spirit has continued. The exhibition has changed the overall condition of Shanghai and its infrastructure and made citizens become active participants. The cases selected in this section can accurately reflect the "international elements" of different cities and international organizations to build a maritime culture, thus creating a truly inspiring urban practice.

SHANGHAI 东方明珠

LANDMARK LOCATION LAYOUT AND CLASSIFICATION RESEARCH TRADITIONAL

ORIENTAL PEARL TOWER

地标位置：上海市浦东新区世纪大道1号

东方明珠　ORIENTAL PEARL TV TOWER

总体概述：GENERAL SUMMARY

东方明珠广播电视塔坐落于黄浦江畔浦东陆家嘴嘴尖上，与外滩的万国建筑博览群隔江相望。塔高468米，建筑总面积近7万平方米，是亚洲著名的高塔，与左右两侧的南浦大桥、杨浦大桥一起，形成双龙戏珠之势，成为上海改革开放的象征。

时尚特色：FASHION FEATURES

旋转餐厅，观景台。

海派底蕴：SHANGHAI STYLE HERITAGE

截至目前，东方明珠观光人数和旅游收入在世界各高塔中仅次于法国的埃菲尔铁塔，从而跻身世界著名旅游景点行列。

东方明珠广播电视塔的设计者富于幻想地将11个大小不一、高低错落的球体从蔚蓝的空中串联到如茵的绿色草地上，两个巨大球体宛如两颗红宝石，晶莹夺目，与塔下新落成的世界一流的上海国际会议中心的两个球体，构成了"大珠小珠落玉盘"诗情画意的壮美景观。

业态布局：DISTRIBUTION OF THE FORMATS

可载50人的双层电梯和每秒7米的高速电梯为目前国内仅有。立体照明系统绚丽多彩、美不胜收。光彩夺目的上球体观光层直径45米，高263米，是鸟瞰大上海的最佳场所。风和日丽，举目远望，佘山、崇明岛都隐约可见，令人心旷神怡。

上球体另有设在267米的旋转餐厅DISCO舞厅、钢琴酒吧和设在271米的20间KTV包房向游客开放。高耸入云的太空舱建在350米处，内有观光层、会议厅和咖啡座，典雅豪华、得天独厚。空中旅馆设在五个小球中，有20套客房，环境舒适、别有情趣。东方明珠万邦百货有限公司商场经营服装、工艺美术品、金银饰品、皮具、食品等，各种综合性业态齐全。

在东方明珠塔下的国际游船码头，您将领略到"火树银花不夜城"的意境。东方明珠广播电视塔集观光、会议、博览、餐饮、购物、娱乐、住宿、广播电视发射为一体，已成为21世纪上海城市的标志性建筑。

浦江双辉大厦
Pujiang Brilliance Twin

上海海洋水族馆
Shanghai Ocean

平安金融大厦
Ping'an Finance Building

陆家嘴中心绿地
Lujiazui Central Greenland

上海国际会议中心
Shanghai
International
Convention Center

东方明珠
Oriental Pearl

滨江公园
Riverside Park

陆家嘴地铁二号线
Lujiazui Line 2

未来资产大厦
Mirae Asset Tower

金茂大厦
Jin Mao Tower

外滩区域
The Bund District

上海中心
Shanghai Tower

上海环球
金融中心
Shanghai World
Financial Center

滨江壹号
Binjiang No.1 Residential

上海海洋水族馆的展览之最：

世界上唯一在展缸内拥有6条金草鱼的水族馆
世界上唯一展示亚马孙热带雨林的观光隧道
中国大陆唯一展示长江流域展区的水族馆
中国最成功培养鲨鱼卵发育全过程的项目
中国大陆最昂贵的水母展缸
中国唯一的一对锯鳐
中国大陆水族动物种类最多的水族馆
亚洲范围内在一个展缸中沙虎鲨数量最多的水族馆
亚洲首次成功人工繁殖缎带海龙的水族馆

SHANGHAI
上海海洋水族馆 LANDMARK LOCATION LAYOUT AND
CLASSIFICATION RESEARCH TRADITIONAL: SHANGHAI OCEAN
AQUARIUM 地标位置：上海市浦东新区陆家嘴环路1388号

浦江双辉大厦
Pujiang Brilliance Twin

上海海洋水族馆
Shanghai Ocean

上海国际会议中心
Shanghai
International
Convention Center

东方明珠
Oriental Pearl

平安金融大厦
Ping' an Finance Building

陆家嘴中心绿地
Lujiazui Central Greenland

滨江公园
Riverside Park

陆家嘴地铁二号线
Lujiazui Line 2

未来资产大厦
Mirae Asset Tower

金茂大厦
Jin Mao Tower

上海中心
Shanghai Tower

上海环球
金融中心
Shanghai World
Financial Center

滨江壹号
Binjiang No.1 Residential

上海海洋水族馆 SHANGHAI OCEAN AQUARIUM

总体概述：GENERAL SUMMARY

上海海洋水族馆位于中国上海浦东新区陆家嘴环路1388号，紧邻东方明珠塔。由新加坡星雅集团和中国保利集团，联合投资5500万美元打造而成，建筑面积20500平方米。每年平均接待来自世界各地的游客超过100万人次，被授予国家及上海市"科普教育基地"称号，也是世界上最大的人造海水水族馆之一。

时尚特色：FASHION FEATURES

一座具国际一流水准的现代化大型海洋水族馆。分中国、南美洲(亚马孙)、澳大利亚、非洲、东南亚、冷水、极地、海岸、深海九大展区。展出了来自五大洲、四大洋的450多个品种、12000多条珍稀鱼类及濒临绝种的稀有生物。水族馆中还有长155米，也是世界上最长的海底隧道之一，让游客有身临其境之感。

业态布局：DISTRIBUTION OF THE FORMATS

中国展区：上海海洋水族馆是全世界唯一一家有独立的中国及长江流域展区来展示中国特有水生生物的水族馆。

南美洲展区：南美洲拥有世界上种类和数量最多的淡水鱼。

澳大利亚展区：澳大利亚淡水鱼种类虽然少，但大多数都是其他地方见不到的特有鱼类。

非洲展区：非洲蕴藏着很多种鱼类，包括维多利亚湖、坦噶尼喀湖和马拉维湖的鱼。

东南亚区：东南亚较高的森林覆盖率，为生物提供了丰富的食物和理想的栖息地。

冷水展区：冷水区唯一的展缸——海豹缸，可以同四只斑海豹近距离地"接触"。

极地展区：身着"燕尾服"的企鹅们翘首以待，展现它们憨态可掬的绅士风采。

海岸展区：有活化石之称的马蹄蟹、被誉为"镇馆之宝"的草海龙、缎带海龙等生物。

深海展区：海岸线、海湾和珊瑚礁中许多远洋捕食性动物在那里游弋出没。

特别展区：特殊"馆中馆"形式集合关联生物，综合并集中呈现的主题型展览区。

SHANGHAI STYLE CULTURE
FASHIONABLE LANDMARK
上海时尚文化地标 | 2019 闳地书局出版

SHANGHAI

中华艺术宫

LANDMARK LOCATION LAYOUT AND CLASSIFICATION RESEARCH TRADITIONAL :

CHINA ART MUSEUM

地标位置：上海市浦东新区上南路205号

中华艺术宫 CHINA ART MUSEUM

总体概述： GENERAL SUMMARY

　　中华艺术宫由中国2010年上海世博会中国国家馆改建而成，于2012年10月1日开馆，总建筑面积16.68万平方米，展示面积近7万平方米，拥有35个展厅。

　　中华艺术宫是集公益性、学术性于一身的近现代艺术博物馆，以收藏保管、学术研究、陈列展示、普及教育和对外交流为基本职能，坚持立足上海、推广海派、携手全国、面向世界。自开馆试展后，参照国际艺术博物馆运行的经验，逐步建立了政府主导下理事会决策、学术委员会审核、基金会支持的"三会一体"运营架构。

海派底蕴： SHANGHAI STYLE HERITAGE

　　打造整洁、美丽、友好、诚实、知性的艺术博物馆的目标，中华艺术宫以上海国有艺术单位的收藏为基础，常年陈列反映中国近现代美术的起源与发展脉络的艺术珍品；联手全国美术界，收藏和展示代表中国艺术创作最高水平的艺术作品；联手世界著名艺术博物馆合作展示各国近现代艺术精品，成为中国近现代经典艺术传播、东西方文化交流展示的中心。同时，馆内还设有艺术剧场、艺术教育长廊等艺术教育传播区域，引进了与馆内整体文化形象相吻合的餐饮、图书、艺术品等配套衍生服务，积极打造"艺术服务综合体"的文化服务概念。

　　中华艺术宫秉持艺术服务人民的立馆之本，始终把观众需求作为第一信号，坚持公益性的基本价值取向，集社会各方之力，立足海派文化，强化公共服务，努力成为公众享受经典艺术、提升艺术美育的高雅殿堂。

3D动画演绎清明上河图。

世博公园
Expo Park

梅赛德斯 . 奔驰文化中心
Mercedes.Benz Culture Center

上海市地面沉降
监测展示馆
Shanghai Land Subsidence
Monitoring Exhibition Hall

世博源
The River MALL

中华艺术宫
China Art Museum

雪野家园
Xueye Home

中化国际广场
Sinochem
International Plaza

上海世博展览馆
Shanghai World Expo
Exhibition Hall

上南花苑
Shangnan Garden

世博源
The River MALL

雪野二村
Xueye No.2 Village

世博大道地铁十三号线
Expo Avenue Line13

上南五村
Shangnan No.5 Village

上南花城
Shangnan Flower City

耀华路地铁七号、八号线
Yaohua Road
Station Line7、8

上海市体育局
Shanghai Sports
Bureau

人民广场地铁二号线
People's Square Line2

古象大酒店
Howard Johnson Plaza Hotel

创兴金融中心
Chonghing
Financial Center

人民广场
People's Square

高盛大厦
Goldman Sachs Tower

静安新村
Jing' an Investigation

人民广场地铁八号线
People's Square Line8

广电大厦
Television Building

上海革命纪念馆
Shanghai Revolutionary
Memorial

香港名品街
Hong Kong
Brand Street

海通证券大厦
Haitong Securities Tower

中国民生银行
CMSBC

上海博物馆
Shanghai Museum

金陵商厦
Jinling Department Store

上海银行
Bank of Shanghai

音乐广场
Music Square

延中广场公园
Yanzhong Square Park

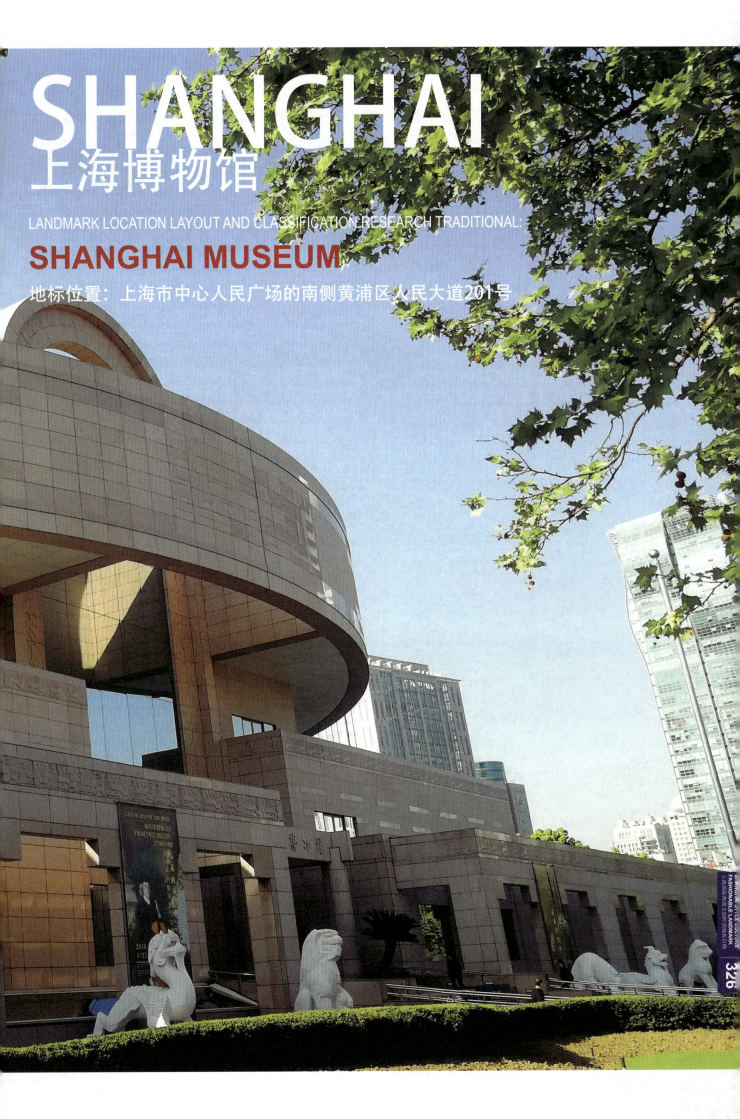

SHANGHAI
上海博物馆

LANDMARK LOCATION LAYOUT AND CLASSIFICATION RESEARCH TRADITIONAL:

SHANGHAI MUSEUM

地标位置：上海市中心人民广场的南侧黄浦区人民大道201号

上海博物馆 SHANGHAI MUSEUM

总体概述：GENERAL SUMMARY

　　上海博物馆创建于1952年，原址在南京西路325号旧跑马总会，现位于上海市中心人民广场的南侧黄浦区人民大道201号。上海博物馆设有十一个专馆，三个展览厅，陈列面积2800平方米。馆藏文物近百万件，其中精品文物12万件，尤其是以青铜器、陶瓷器、书法、绘画最具特色。收藏了来自宝鸡及河南、湖南等地的青铜器，有文物界"半壁江山"之誉，是一座大型的中国古代艺术博物馆。

建筑特色：ARCHITECTURAL FEATURES

　　上海博物馆陈列面积共计12000平方米，一层为中国古代青铜馆、中国古代雕塑馆和展览大厅；二层为中国古代陶瓷馆、陶瓷馆和展览厅；三层为中国历代书法馆、中国历代绘画馆、中国历代查印馆；四层为中国古代玉器馆、中国历代钱币馆、中国明清家具馆、中国少数民族工艺馆和展览厅。

海派底蕴：SHANGHAI STYLE HERITAGE

　　上海博物馆的对外文化交流，早先是接待参观陈列，近几年开始组织专业交流，举办学术讲座、国际海派文化的展览及交流。并赴美、日、意、法、德、西、荷、澳大利亚、墨西哥、瑞典和中国港、澳、台等13个国家和地区展出。

　　2012年上海博物馆建馆60周年，举办了《幽蓝神采——元青花大展》《翰墨荟萃——美国藏中国五代宋元书画展》等大展。

　　2013年，上海博物馆与法国凯布朗利博物馆联合举办了《刚果河——非洲中部雕刻艺术展》，与美国克拉克艺术馆联合举办了《从巴比松到印象派：克拉克艺术馆藏法国绘画精品展》，与土耳其文化部门联合举办了《安纳托利亚文明：从新石器时代到奥斯曼帝国》展览。

　　2017年底的《大英博物馆百物展——浓缩的世界史》是最近一次著名的展览。

SHANGHAI
城市规划展示馆
LANDMARK LOCATION LAYOUT AND CLASSIFICATION RESEARCH TRADITIONAL:
SHANGHAI CITY-PLANNING MUSEUM
地标位置：上海市黄浦区人民大道100号

上海市体育局
Shanghai Sports Bureau

人民广场地铁二号线
People's Square Line 2

古象大酒店
Howard Johnson Plaza Hotel

创兴金融中心
Chonghing Financial Center

高盛大厦
Goldman Sachs Tower

静安新村
Jing'an Investigation

人民广场
People's Square

人民广场地铁八号线
People's Square Line 8

广电大厦
Television Building

上海革命纪念馆
Shanghai Revolutionary Memorial

上海城市规划展示馆
Shanghai Urban Planning Exhibition Hall

海通证券大厦
Haitong Securities Tower

中国民生银行
CMSBC

上海博物馆
Shanghai Museum

金陵商厦
Jinling Department Store

上海银行
Bank of Shanghai

音乐广场
Music Square

延中广场公园
Yanzhong Square Park

上海城市规划展示馆　SHANGHAI CITY-PLANNING MUSEUM

总体概述：GENERAL SUMMAR

　　上海城市规划展示馆于2000年初建成，五年来上海城市规划展示馆作为上海对外宣传的重要窗口，以"城市、人、环境、发展"为展示的主题，向上海人民乃至世界人民展示了上海城市规划建设发展的成就，让市民了解城市规划，参与城市规划，架起了市政府与市民间的沟通桥梁。现今上海城市规划展示馆已经成为上海市文明单位、国家AAAA旅游景点、全国科普教育基地、上海市爱国主义教育基地、上海市环保教育基地、职业见习基地。

海派底蕴：SHANGHAI STYLE HERITAGE

　　上海城市规划展示馆以其独特的姿态耸立在人民广场东侧，其展示规模在世界同类展馆中首屈一指。它借鉴了国内外先进展馆的经验，在布展内容上以"城市、人文、环境、发展"作为主题，彰显了海派的城市建设及文化发展特色。浓缩了上海城市规划和建设的昨天、今天与明天，重点突出未来20年的发展规划。在展示方式上，以传统与现代相结合，突出运用高科技，体现综合、开放、公众参与的特点。

　　上海城市规划展示馆每天接待的中外贵宾应接不暇，党和国家领导人也先后视察了展示馆。上海城市规划展示馆已成为市民了解上海、展望未来、进行爱国主义教育的重要阵地；也是上海加强对外交往，促进国际相互沟通的宣传窗口。

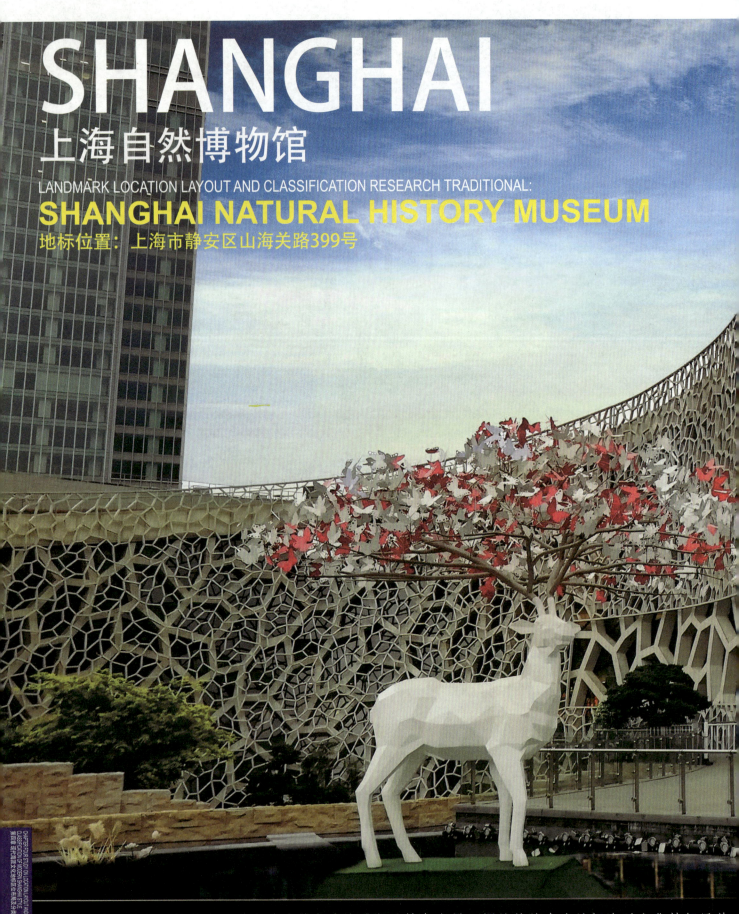

SHANGHAI

上海自然博物馆

LANDMARK LOCATION LAYOUT AND CLASSIFICATION RESEARCH TRADITIONAL:

SHANGHAI NATURAL HISTORY MUSEUM

地标位置：上海市静安区山海关路399号

上海自然博物馆每天接待大量游客，建筑旁边的雕塑及特色水景、螺旋状的中庭地标海派文化特征显著。

永平小区
Yongping village

平德里
Pingdeli

达安城
Da' an MALL

三德小区
Santoku Village

新福康里
New Fukangli

静安雕塑公园
Jing' an Sculpture Park

上海自然博物馆
Shanghai Natural History Museum

国际丽都城
La Doll International City

静安华庭
Jing' an Minneapolis

SHANGHAI

上海自然博物馆

LANDMARK LOCATION LAYOUT AND CLASSIFICATION RESEARCH TRADITIONAL:

SHANGHAI NATURAL HISTORY MUSEUM

地标位置：上海市静安区山海关路399号

展览馆旁边的售卖厅俨然是一个自然科普文化小课堂。

335

CHAPTER FOUR STUDY ON LOCATION LAYOUT AND CLASSIFICATION OF MODERN SHANGHAI STYLE CULTURAL LANDMARKS
第四章 现代海派文化地标区位布局及分类

上海自然博物馆 SHANGHAI NATURAL HISTORY MUSEUM

总体概述：GENERAL SUMMARY

上海自然博物馆是一所包括古生物学、植物学、动物学、人类学、地质学、天文学多种自然科学的综合性博物馆。现有组织机构设置包括：动物学部、植物学部、地质古生物学部、人类学部、天文学部、科学教育普及部、资料部、美术设计部、标本制作中心和《自然与人》杂志社。上海自然博物馆现有标本收藏量近27万件，其中"黄河古象"和"马门溪恐龙"被称作"镇馆之宝"。

2014年，将近50岁的上海自然博物馆在2014年5月12日正式闭馆，新馆迁入位于静安区的静安雕塑公园，于2015年4月19日正式开放。

业态布局：DISTRIBUTION OF THE FORMATS

上海自然博物馆以"自然·人·和谐"为主题，通过"演化的乐章""生命的画卷""文明的史诗"三大主线，呈现起源之谜、生命长河、演化之道、大地探珍、缤纷生命、生态万象、生存智慧、人地之缘、海派故事、未来之路10个常设展区及1个临展厅、4D影院、探索中心等配套功能区域。

海派底蕴：SHANGHAI STYLE HERITAGE

整个陈列按低等到高等的顺序排列，反映生物演化的历程，有动物界各个门，各个纲，各个目的代表物种，并配有各种生态模拟环境，其中许多为我国特产和一二级的保护动物。另外馆内还经常举办各种专题展览，动物标本制作和化石修复演示，为广大观众提供多种服务。

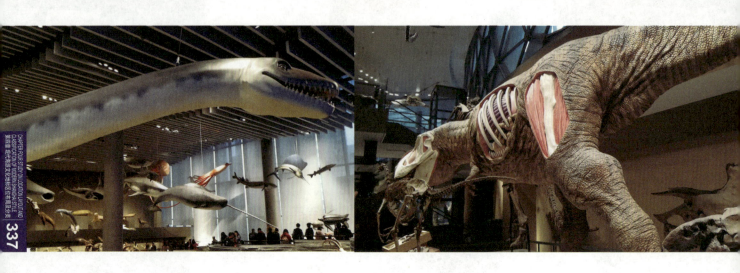

玻璃博物馆

SHANGHAI MUSEUM OF GLASS

地标位置：上海市宝山区长江西路685号

LANDMARK LOCATION LAYOUT AND CLASSIFICATION RESEARCH TRADITIONAL

导览图 MAP MAPA

上海玻璃博物馆
Shanghai Museum of Glass

咖啡馆和餐厅
CAFÉS AND RESTAURANTS

LET'S TALK GLASS DESIGN STUDIO
ESTUDIO DE DISEÑO VIDRIO

RESTORED FACTORY
FÁBRICA ORIGINAL

KIDS MUSEUM OF GLASS
MUSEO INFANTIL DE VIDRIO

KIDS DESIGN GLASS
EXHIBICIÓN DE DISEÑO DE NIÑOS

CONTEMPORARY ART HALL
MUSEO DE ARTE CONTEMPORÁNEO

DIY CREATIVE WORKSHOPS
ESTUDIO DIY

DIY CREATIVE WORKSHOP
ESTUDIO DIY

DIY LIFESTYLE WORKSHOP
ESTUDIO DIY ESTILO DE VIDA

SHOPS
TIENDAS

DESIGN STORE
TIENDA DE SOUVENIR DE DISEÑO

FACTORY STORE
TIENDA DE FÁBRICA

ARTS & CRAFTS MARKET
MERCADO DE ARTESANÍAS

NUBANG CAFÉ & RESTAURANT
CAFETERÍA Y RESTAURANTE

KILM CHINESE CUISINE
RESTAURANTE CHINO

KIDS CAFÉ
CAFETERÍA DE LOS NIÑOS

EVENT & BANQUET HALL
SALA DE EVENTO Y BANQUETE

服务和公共区域
SERVICE AND PUBLIC AREAS

CAR PARKING
PARQUEO

BANK
BANCO

VISITOR CENTER
CENTRO DE TURISTAS

TICKET OFFICE
VENTANA DE BILLETES

INFORMATION & SERVICES
INFORMACIÓN Y SERVICIO

FIRST AID
PRIMEROS AUXILIOS

后工业生态景观公园
Post-industrial Ecological
Landscape Park

保利悦活荟
Aloe Vera Residential

保利悦庭
Poly Yuet Court

上海云峰钢材现货市场
Shanghai Yunfeng
Steel Market

SHANGHAI STYLE CULTURE
FASHIONABLE LANDMARK
上海海派文化时尚地标品鉴

340

上海玻璃博物馆　SHANGHAI MUSEUM OF GLASS

总体概述：GENERAL SUMMARY

　　上海玻璃博物馆，位于宝山区长江西路685号上海玻璃博物馆园区内，前身是曾经的上海玻璃仪器一厂。上海玻璃博物馆由上海文物管理委员会主管，是非营利性私立博物馆，参观者甚至可以在观展过程中见到做园区规划的甲方。

　　2015年上海玻璃博物馆被批准为国家4A级旅游景区。

业态布局：DISTRIBUTION OF THE FORMATS

　　上海玻璃博物馆园区以"共享玻璃的无限可能"为目标，使得园区向着全方位国际化、社区化、体验式的玻璃主题园转变。分三段式售票，仅成人馆就有9个展馆，上海玻璃博物馆向参观者传达玻璃的无限可能，通过视觉、触觉、听觉甚至嗅觉等创造了全新的参观体验，在参观过程中游客可以按路径回答参观券上的专业问题。在空间布局上，以玻璃博物馆为圆心向周边扩散，形成高度开放的交流式空间和社区化的传播方式，以"共享"为主题拉近玻璃、艺术文化与人之间的距离。这种全方位的高度互动、深度体验的参观体验，在博物馆中十分少见。

海派底蕴：SHANGHAI STYLE HERITAGE

　　一座博物馆可以成就一座城市，形成所谓的"毕堡效应"。海派文化秉承的精神不仅在于形式的创新，还在于参观体验上的创新。上海玻璃博物馆(SHANGHAI MUSEUM OF GLASS)与儿童玻璃博物馆(KIDS MUSEUM OF SHANGHAI)就是这样的组合模式。承载着上海玻璃工业发展的百年遗产，借鉴世界最为先锋的城市发展与文化艺术再生的概念，将文化、艺术、设计、观光、亲子美学生活方式集为一体，打造一座以共享体验为主旨的新理念博物馆及美学生活园区。并形成了产业规模，催生出"博物馆综合体"的雏形。漫步其中，游客可以学习上海玻璃博物馆的丰富新知，和跨越时代的藏品一一对话，感受古今中外艺术家的伟大创造力，并借由艺术的藤蔓攀升个人美学赏鉴之体验。玻璃博物馆也有许多临时展览，为期半年有余，参展作品质量很高。

　　"上海玻璃博物馆综合体"已成为集博物馆、设计展、艺术空间、休闲娱乐、创意活动、餐饮、手工学校、亲子活动、商品特卖甚至婚礼庆典于一体的新型海派活力创意地标。

玻璃博物馆定期会举办各种质量极高的艺术展览，展期几个月到半年不等。

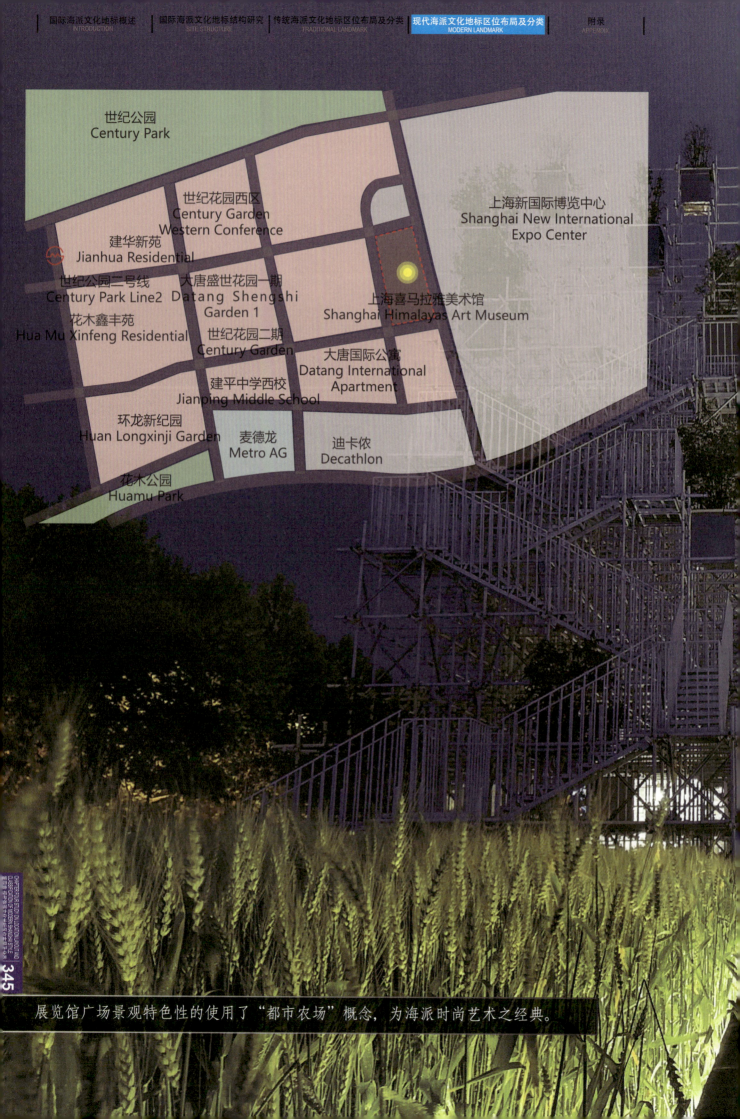

世纪公园 Century Park

世纪花园西区 Century Garden Western Conference

建华新苑 Jianhua Residential

世纪公园二号线 Century Park Line2

花木鑫丰苑 Hua Mu Xinfeng Residential

大唐盛世花园一期 Datang Shengshi Garden 1

世纪花园二期 Century Garden

建平中学西校 Jianping Middle School

环龙新纪园 Huan Longxinji Garden

麦德龙 Metro AG

迪卡侬 Decathlon

花木公园 Huamu Park

上海新国际博览中心 Shanghai New International Expo Center

上海喜马拉雅美术馆 Shanghai Himalayas Art Museum

大唐国际公寓 Datang International Apartment

345

展览馆广场景观特色性的使用了"都市农场"概念，为海派时尚艺术之经典。

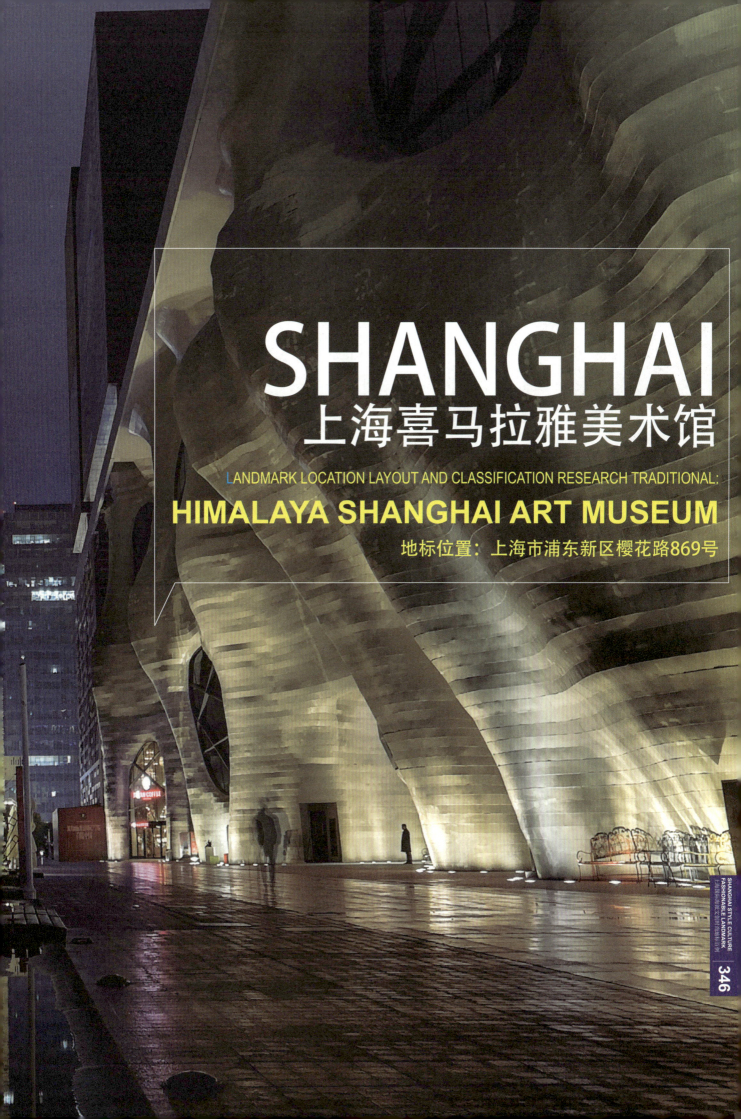

SHANGHAI
上海喜马拉雅美术馆

LANDMARK LOCATION LAYOUT AND CLASSIFICATION RESEARCH TRADITIONAL:

HIMALAYA SHANGHAI ART MUSEUM

地标位置：上海市浦东新区樱花路869号

国际海派文化地标概述
INTRODUCTION
国际海派文化地标结构研究
SITE STRUCTURE
传统海派文化地标区位布局及分类
TRADITIONAL LANDMARK
现代海派文化地标区位布局及分类
MODERN LANDMARK
附录
APPENDIX

像巨大溶洞、鲸腹般的巨大空间本身就具有展览特色，也体现出建筑师矶崎新天才般的奇想。

国际海派文化地标概述
INTRODUCTION
国际海派文化地标结构研究
SITE STRUCTURE
传统海派文化地标区位布局及分类
TRADITIONAL LANDMARK
现代海派文化地标区位布局及分类
MODERN LANDMARK
附录
APPENDIX

地铁七号线由此下B2

楼层导购 FLOOR GUIDE

7F-8F
6MF
6F
3F-4F
2F
1MF
1F

B1
B2
B3

上海喜玛拉雅美术馆 HIMALAYA SHANGHAI ART MUSEUM

总体概述：GENERAL SUMMARY

上海喜玛拉雅美术馆是一家从事艺术展览、教育、收藏、研究与学术交流的民营非营利性艺术机构，其前身是上海证大现代艺术馆（Zendai Museum of Modern Art），由上海喜玛拉雅美术馆主馆、证大当代艺术空间、证大朱家角艺术馆三部分组成。

主馆由世界著名建筑师矶崎新设计，坐落于上海大浦东人文核心地块喜玛拉雅中心内，是一个从事艺术展览、教育、收藏、研究与学术交流的民营非营利性艺术机构。

海派底蕴：SHANGHAI STYLE HERITAGE

从成立以来始终以开放的姿态和前瞻性的视野，在当代的社会语境下探索美术馆的新模式，发掘新兴的艺术力量，不断与国际文化交流碰撞，连接传统与当代，尝试跨领域合作，打造具有中国文化精神的当代艺术。

美术馆不仅是艺术家表现和发表作品的空间，也是培养、发展艺术观众，提升大众对艺术鉴赏能力的学习场所。所有的艺术观赏都要落实到对于观众的意义。美术馆的公共艺术教育对社会的艺术发展至关重要，是美术馆最具价值的工作之一，它在艺术与公众之间架起桥梁。自建馆以来，喜玛拉雅美术馆一直着重发展公共艺术教育的广度和深度，提倡生活美学与公众的紧密联系，真正将艺术融入日常生活，培养新一代的艺术观众。通过专业导览、艺术讲座、文化论坛、体验工作坊、少儿创意大赛、志愿者服务、教师研习营等形式，为公众创造接触和参与艺术的机会，培养公众独立的审美意识，拥有更全面的文化修养。

建筑特色：ARCHITECTURAL FEATURES

位于喜玛拉雅中心内的主馆，以举办大型主题展及国际交流展为主。由矶崎新先生设计的新空间为展览/活动提供了更多的可能。他为喜玛拉雅美术馆设计了极富视觉冲击力的异形体空间——无极场。由巨大的异形柱体构成的无极场就像宇宙中一个可以实现瞬间时空跳跃的虫洞，其延展、扭曲、变异的空间犹如蕴藏了巨大能量的"重力场"。在这个特殊场域之内，艺术家必须与空间产生对话来创作，作品将与空间浑然一体，形成美术馆具有个性魅力的体验场域。特别开辟公众艺术体验与学习空间，建设图书资料中心、多功能活动室和创意中心，通过艺术互动项目——"流动美术馆"、高校巡讲、公众参与展、亲子家庭日、家长课堂、"艺术有约"等为公众提供一处全方位的体验空间，吸引公众在美术馆空间内学习与休闲。

山水+远景之丘=新零售时代嬗变 THE NEW RETAIL ERA IS CHANGING

总体概述： GENERAL SUMMARY

藤本壮介与上海本土团队在矶崎新设计的上海喜马拉雅美术馆旁边合作搭建完成了他的最新临时装置艺术——远景之丘。作为第一届qw艺术展的开幕场馆，这个巨大的装置自然而然地获得了业界的首肯，通透的作品比较谦逊地与喜马拉雅比肩而立，立面尺度舒适，是近年海派文化不多见的与人互动的装置艺术。此装置极似蛇形画廊的翻版，或者说是进化版，屋顶的绿化及灯光的设计赋予了此艺术品无与伦比的新内涵。

近期主办方与山水集团合作，又催生出山水集合店的全新商业概念，持续经营。

海派底蕴： SHANGHAI STYLE HERITAGE

从商业运营来说，远景之丘的成本高达千万元，装置的使用寿命还没结束。山水集团用此装置作为商业空间载体，进行商业包装，合理利用此内部空间使之成为独一无二的经营场所，这种利用艺术的空间弹性创造衍生价值的案例在海派时尚商业文化中较为少见，山水团队只花了1个月的时间。在原本的半室外空间分隔出一块200平方米左右的全室内空间。此装置艺术展现了难得一见的二元特征：同时具备艺术功能与商业功能，民众可以进行装置互动的同时进行购物、休闲等娱乐体验活动。

山水店是一个集合店和买手店，同时具有快闪店的部分特征，是新零售时代的尖端产物。其标新立异的集合性也体现出海派时尚的商业地标特征：艺术业态是商业价值的空间投影。也是重塑艺术生命力及表现力的价值抽象和物化衍生。

建筑特色： ARCHITECTURAL FEATURES

装置远观像一座山，山上有树，山下有石子，有种日本缩微式园林景观枯山水的意思。现在这种景观中又有了房子，在艺术中增添了些许趣味。

实现集合店的愿景很美，但是实施很困难：要在极为有限的时间里，开起一个咖啡馆、一个花店，打造250个金属货架，以及让30多个设计品牌进驻。最大的问题在于，远景之丘在设计时并没有开实体店的计划，所以先要解决内部空间设置，上下水、地面高低不平和接电的一系列非效果类的建造问题。

空间内部主要是白色系和金属材质，户外搭配了珊瑚红、石灰绿的丝绸椅。里面还有一些买手精品和原创品牌，商品价格适中，每件都具亮点。山水产品与玻璃结构的建筑搭配亲切温馨。富有建造的实用性和体验的感染力。

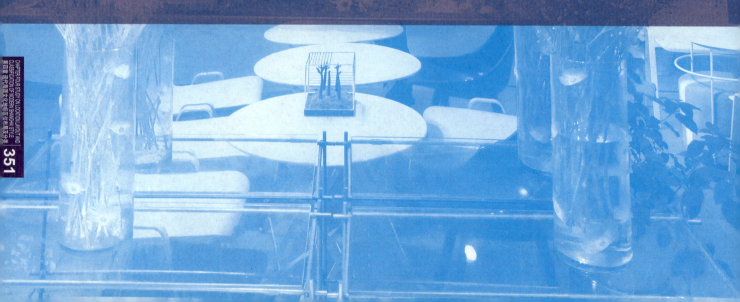

SHANGHAI

上海科技馆

LANDMARK LOCATION LAYOUT AND CLASSIFICATION RESEARCH TRADITIONAL:

SHANGHAI SCIENCE AND TECHNOLOGY MUSEUM

地标位置：上海市浦东新区世纪大道2000号

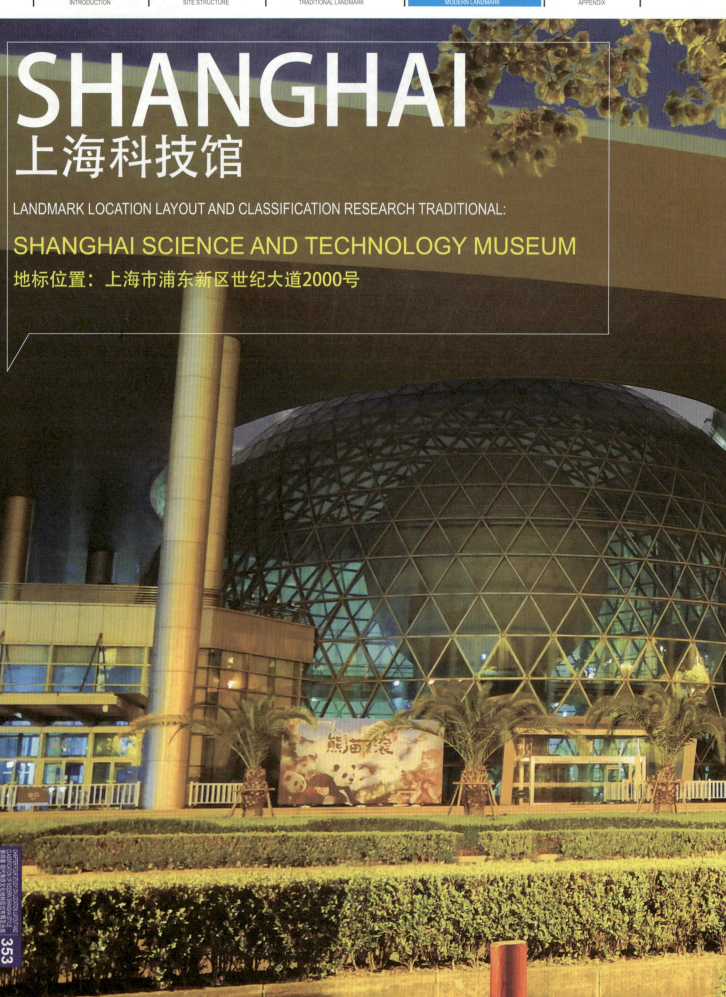

上海市科技馆 SHANGHAI SCIENCE AND TECHNOLOGY MUSEUM

总体概述： GENERAL SUMMARY

上海市科技馆位于浦东新区世纪大道2000号，花木行政文化中心区，世纪广场西侧，南邻世纪公园，是上海市人民政府为贯彻落实科教兴国战略而建。主馆占地面积6.8万多平方米，分为11个风格各异的主题展区、4个高科技特种影院、中外科学家及其足迹的艺术长廊、2个主题特展和若干个临时展厅，它们共同为社会公众生动地演绎着"自然、人、科技"的永恒话题。它是提高城市综合竞争力而投资兴建的。是一座具有中国特色、时代特征、海派特点的综合性的自然科学技术博物馆，已经成为国家5A级科普旅游景点。

业态布局： DISTRIBUTION OF THE FORMATS

上海市科技馆建筑由地下一层、地面四层，

附带一个办公群楼组成。整个建筑呈螺旋形上升形态，表现了科学技术的不断进步。建筑的中间是一个具有标志性的巨大玻璃球体，镶嵌在一潭清水之间，象征着宇宙的无垠、生命的孕育；东侧是框架结构。整个结构体现了崛起、腾飞、不断发展的动感及科技馆所肩负使命的厚重感。

海派底蕴： SHANGHAI STYLE HERITAGE

上海市科技馆内每个展区都是举世瞩目的社会话题；每个展品都是引人入胜的互动游戏，让游人在休闲娱乐中得到启迪。

该馆已经成为上海市最主要的科普教育基地和精神文明建设基地、国家一级博物馆、国家5A级旅游景点，也是国内外游客喜爱的、参观量最大的上海特色的海派文化地标之一。

SHANGHAI STYLE CULTURE
FASHIONABLE LANDMARK
上海国际收藏文化时尚制高地

SHANGHAI

上海市 电影博物馆

LANDMARK LOCATION LAYOUT AND CLASSIFICATION RESEARCH TRADITIONAL：

SHANGHAI FILM MUSEUM

地标位置：上海市徐汇区漕溪北路595号（上海电影制片厂原址）

世纪豪庭
Century Court Residential

光启公园
Guangqi Park

零陵小区
Lingling Community

上海电影博物馆
Shanghai Film Museum

星游城
StarMour City

光启城购物中心
Guangqi City Shopping Mall

飞洲国际广场
Feizhou International Plaza

上海体育馆
Shanghai Stadium

SHANGHAI STYLE CULTURE
FASHIONABLE LANDMARK
上海海派文化大观时尚地标系列

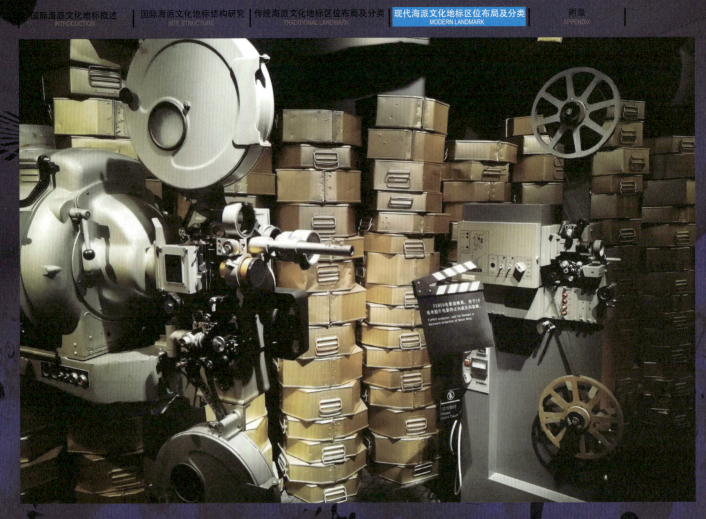

电影博物馆珍藏了海派电影文化等一系列道具、胶片、海报、唱片等文物，
也凝聚了几代电影人的珍贵回忆。

上海电影博物馆 SHANGHAI FILM MUSEUM

总体概述： GENERAL SUMMARY

该馆位于徐汇区上海电影制片厂原址。总建筑面积超过10万平方米，分为四层展厅，是国内规模最大的电影博物馆。前身是上影厂大院，左边黄楼原属圣衣院，天主教修女道场，建于1874年，均为保护性建筑。

建筑特色： ARCHITECTURAL FEATURES

上海电影博物馆分4大展区（按参观顺序）：

四层光影记忆:由星光大道、星耀苍穹、大师风采、水银灯下的南京路、百年发行放映五部分组成。参观者首先步入星光大道"红地毯"，闪光灯和欢呼声此起彼伏，让参观者体验影视明星的荣耀；"星耀苍穹""大师风采"展区展示电影大师和杰出影人的生平事迹、文物文献及工作生活场景；其他展区通过模型、广告及百余幅各个历史时期的海报，回顾中国电影百年历史，展示电影长盛不衰的文化魅力。

三层影史长河:19世纪末电影作为一项新的技术发明传入上海，本展厅将沿着百年上海电影的发展线索，从影海溯源、梦幻工厂、光影长河、大开眼界、译制经典、动画长廊六个不同侧面，为参观者介绍上海电影的各项成就。

二层电影工场:揭示电影生产创作的神奇奥秘，开启制造梦幻的技术之窗。游客可在此观摩影视作品的生产创作流程，感受电影作为梦幻工场的动人艺术魅力。

一层荣誉殿堂:上海是中国电影的发祥地，占中国电影的半壁江山，也是华语电影的根脉所系。本展厅展示百年上海电影对中国社会发展、历史进步所做出的杰出贡献。

海派底蕴: SHANGHAI STYLE HERITAGE

电影博物馆的四大主题展区、一座艺术影厅、五号摄影棚等，体现了展示与互动、参观与体验的高度结合，博物馆涵盖了文物收藏、学术研究、社会教育、陈列展列等功能，是向参观者呈现百年上海电影的魅力，生动演绎电影人、电影事业和电影背后故事的一座城市文化标志性场馆，也是徐汇源4A级旅游景区的重要海派文化景点之一。还是一张科普娱乐怀旧的特色文化名片。

SHANGHAI STYLE CULTURE FASHIONABLE LANDMARK 上海海派文化时尚地标景点荟萃

国际海派文化地标概述
INTRODUCTION | 国际海派文化地标结构研究
SITE STRUCTURE | 传统海派文化地标区位布局及分类
TRADITIONAL LANDMARK | 现代海派文化地标区位布局及分类
MODERN LANDMARK | 附录
APPENDIX

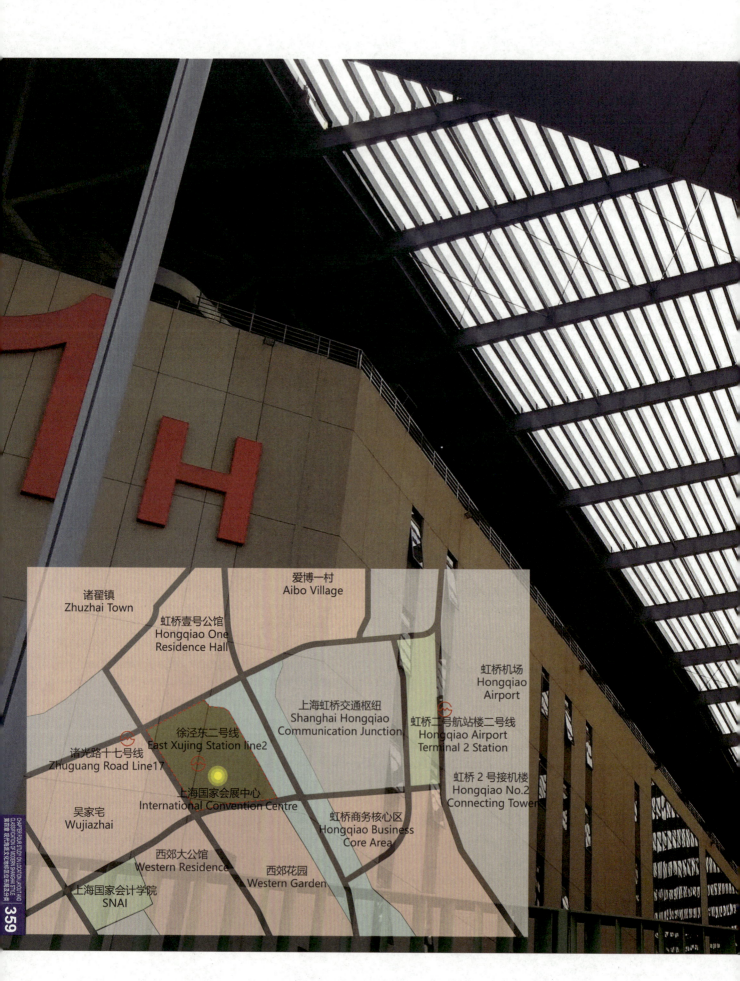

SHANGHAI

上海国家会展中心

LANDMARK LOCATION LAYOUT AND

CLASSIFICATION RESEARCH TRADITIONAL: **NATIONAL EXHIBITION**

AND CONVENTION CENTER 地标位置：上海青浦区盈

港东路168号

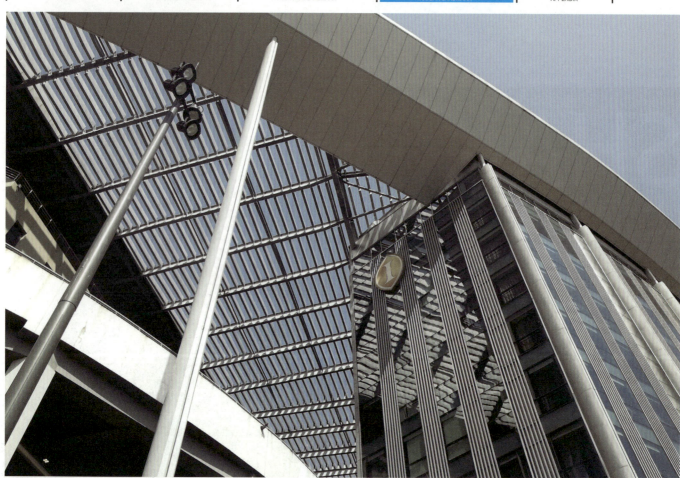

上海市国家会展中心　NATIONAL EXHIBITION AND CONVENTION CENTER

总体概述：GENERAL SUMMARY

国家会展中心是商务部和上海市政府合作共建项目，总占地面积86万平方米，建筑面积达147万平方米，是目前世界上面积第二大的建筑单体和会展综合体。中心位于上海市虹桥商务区核心区西部，与虹桥交通枢纽的直线距离仅 1.5 公里，通过地铁与虹桥高铁站、虹桥机场紧密相连。周边高速公路网络四通八达，2小时内可到达长三角各重要城市，交通便利。仅用时不到两年就使这座具有地标性的"四叶草"建筑完美绽放。

建筑特色：ARCHITECTURAL FEATURES

国家会展中心可展览面积50万平方米，包括40万平方米的室内展厅和10万平方米的室外展场，室内展厅由13个单位面积为2.88万平方米的大展厅和3个单位面积为0.97万平方米的小展厅组成，无柱展厅特别适合举办重型、工业类展览。

一层南面的4个双层结构大展厅净高11米；二层的5个大展厅柱网36x54米，平均净高16米左右，同样可以满足大部分展览的需求。各展厅周边配套了充足的会议设施，由60多个大小不等的会议厅组成，可以分别组织几十人至3000人大小不等的会议。国家会展中心内部设计了先进的交通体系，人车分流、人货分流、各业态之间自成交通体系,确保展会布展、撤展以及日常交通安全。

配套商业中心位于建筑中央位置，与各展厅相连，也可通过地铁直达，配备会议室、贵宾室、咨询台等展会服务设施，又集各类餐饮、休闲娱乐、展示营销、精品商店等功能于一体。既为展会提供配套服务，又延伸展览效应，提升商业价值，满足各类不同人群的需求，是国家会展中心的独特亮点。

LIGHT EXHIBITION LANDMARK

4.4 海派触媒展览新媒体文化地标

LIGHT EXHIBITION NEW MEDIA CULTURAL LANDMARK

SHANGHAI HISTORY CULTURAL LANDMARK

关键词：上海国际汽车工业展览会、上海电子展览会、杜莎夫人蜡像馆、乐高探索中心、长风海洋世界、成龙电影艺术馆等

引言：上海的会展文化的精彩及丰度由来已久，催生出的海派文化"合作、团结、开放"的思维模式，吸引着社会各方共襄盛举。通过各种软文化的实体展览和主题论坛，各展览以一种友好、务实兼具建设性和普适性的方式为世人创造出交流、体验及协商的舞台。本节所遴选的策展案例均表现出代表性及前瞻性的生活生产方式，从而为海派文化的可持续发展之先进成果、创新城市之文化繁荣提供了有效的智力推动。响，它是一个海派创意集合和范式综览。

Preface: Shanghai's exhibition culture has a long history of excellence and abundance, which has led to the "cooperation, unity, and open" mode of thinking of the sea culture, which attracts all the parties in the society. Through the physical exhibition and theme BBS of various soft cultures, the exhibition creates a stage of communication, experience, and negotiation for the world in a friendly, pragmatic, constructive, and universal manner. In this section, the curator of cases showed typical and prospective life modes of production and showed the sustainable development of Shanghaistyle culture is advanced, the innovation of the city providing effective intelligence to promote cultural prosperity.

上海市国际汽车工业展览会发展缘起　SHANGHAI INTERNATIONAL AUTO INDUSTRY EXHIBITION

　　2004年6月，上海市国际汽车展顺利通过了国际博览联盟（UFI）的认证，成为中国第一个被UFI认可的汽车展。伴随着中国汽车工业与国际汽车工业的发展，经过20多年的积累，上海国际汽车展已成长为中国最权威、国际上最具影响力的汽车大展之一。从2003年起，除上海贸促会外，车展主办单位增加了权威性行业组织和拥有举办国家级大型汽车展经验的中国汽车工业协会和中国国际贸促会汽车行业分会，三家主办单位精诚合作，为上海车展从区域性车展发展成为全国性乃至国际汽车大展奠定了坚实的基础，确立了上海车展的地位和权威性。

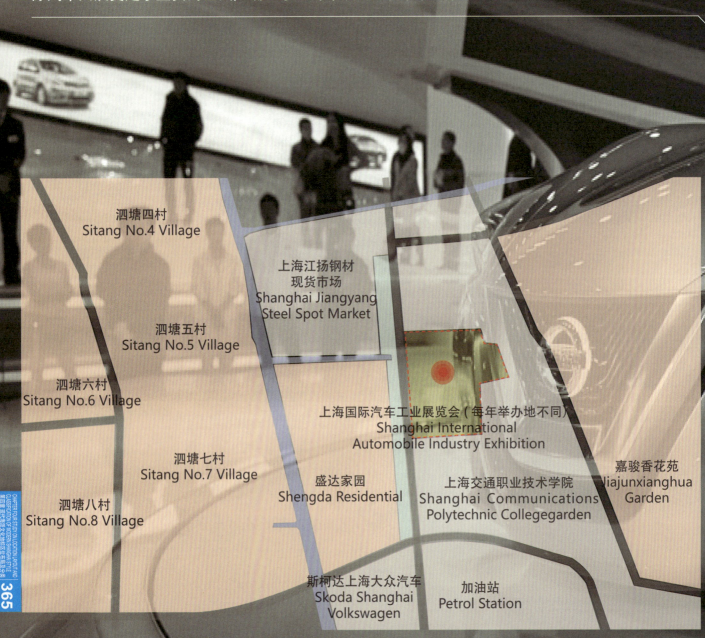

SHANGHAI

上海国际汽车工业展览会

INTERNATIONAL AUTO INDUSTRY

EXHIBITION

地标位置：每年的举办场地不同

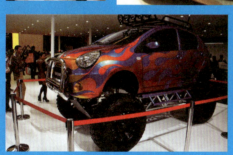

上海国际汽车工业展览会
SHANGHAI INTERNATIONAL AUTO INDUSTRY EXHIBITION

总体概述：GENERAL SUMMARY

上海市国际汽车工业展览（International Automobile and Manufacturing Technology Exhibition）又称上海国际车展（Automobile Shanghai），创办于1985年，两年举办一届。上海国际车展通过了国际博览联盟UFI的认证，成为中国第一个经UFI认可的汽车展。上海车展还以官方网站为平台，引进世界一流的网上互动多媒体交流与展览技术，举办"网上互动上海车展"，以高层次论坛配套，组织"中国汽车设计论坛"。车展期间，主办方邀请专家、媒体和观众代表组成评委会，举办"最佳展台设计""观众最喜爱的车"等评选活动，以及F1联动等配套活动。

海派底蕴：SHANGHAI STYLE HERITAGE

海派文化的重要因子就是与国际顶级生产力和智造力的衔接。伴随着中国及国际汽车工业的发展，上海国际汽车展已成为中国最权威、国际上最具影响力汽车大展之一。截至2018年，已经成功举办了二十届。随着上海国际汽车展规模扩大及行业影响力深化，为了更好地满足参展企业的需求，提供更卓越的现场服务，上海国际车展将移师中国博览会会展综合体全新亮相，为今后的规模化发展奠定基础。

SHANGHAI

上海电子展览会

LANDMARK LOCATION LAYOUT AND CLASSIFICATION RESEARCH TRADITIONAL:

SHANGHAI ELECTRONICS EXHIBITION

地标位置：每年的举办场地不同

productronica China

SMT创新演示区
SMT Innovation Point & Demo Line

上海电子展 SHANGHAI ELECTRONICS EXHIBITION

总体概述：GENERAL SUMMARY

　　上海电子展是权威的综合性专业电子展。中国电子展(CEF)始于1964年，是中国历史最悠久、最权威的电子行业展会。中国电子展以领先的基础电子技术，促进中国电子产业自主创新，与中国电子产业共同成长。助力中国人工智能的发展。中国电子展春夏秋三季配合，布局华南——中西部——华东，全年展览规模达到15万平方米，服务于3C、工业和国防等应用行业。

　　中国电子展是亚洲电子展览联盟(AEECC)五大成员之一，与日本电子展(CEATEC JAPAN)，韩国电子展(KES)，台湾电子展(Taitronics)，香港电子展(HK Electronics Fair)并称为亚洲五大电子展。成员之间的相互协作极大地提高了CEF在国际上的影响力。

海派底蕴：SHANGHAI STYLE HERITAGE

　　促进电子信息技术升级，服务于战略性新型产业。上海是中国最大的经济中心城市，也是国际著名的港口城市，在中国的经济发展中具有极其重要的龙头地位。在有我国"经济增长极和发动机"之称的长三角地区，目前以资本密集、技术密集为特点的电子信息产业已发展为苏浙沪两省一市新的支柱产业。这一区域通过产业升级，已经和珠三角、环渤海湾地区一道成长为我国三大信息产业基地之一，并成为世界IT制造业的一大重点投资地区。

　　以上海为中心的长三角以完善的电子信息产业为基础，形成了强大的IT整机制造、电机电器、汽车制造、工控仪表、照明电器等优势应用行业，是国际知名企业研发和设计中心的集中落户基地，对电子产品选型和配套需求强劲。

上海杜莎夫人蜡像馆

LANDMARK LOCATION LAYOUT AND CLASSIFICATION RESEARCH TRADITIONAL:

MADAME TUSSAUDS SHANGHAI

地标位置：上海市黄浦区南京西路2-88号新世界城F10

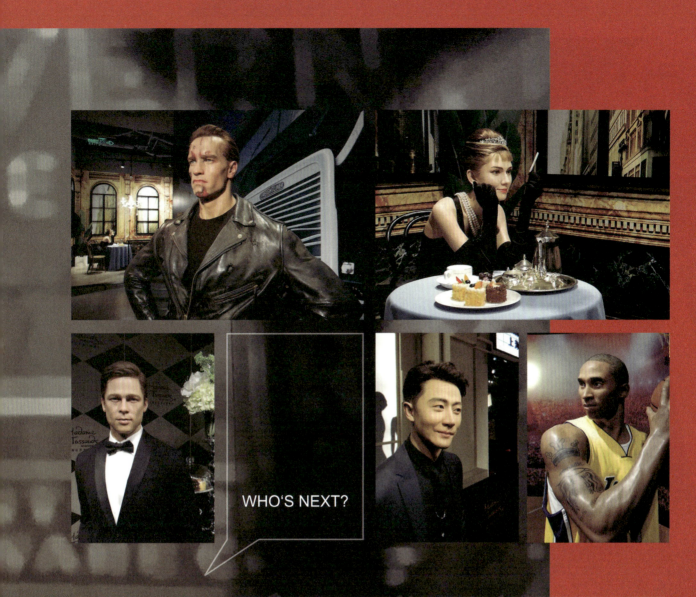

WHO'S NEXT?

余庆里
Yuqingli

爱仁里
Airenli

房地大厦
Real Estate Building

港陆黄埔中心
Hong Kong Huangpu Central

上海滩居乐万家酒店
The Hotel Beach

人安里
Renanli

后逢吉里
Houfengjili

平和里
Pingheli

怀德里
Huaideli

杜莎夫人蜡像馆
Madame Tussaud's

南新雅大酒店
South Xinya Hotel

金门大酒店
Pacific Hotel

人民广场地铁二号线
People's Square Line 2

同福里
Tongfuli

智富广场
Zhifu Plaza

人民广场
People's Square

上海来福士广场
Raffles City Shanghai

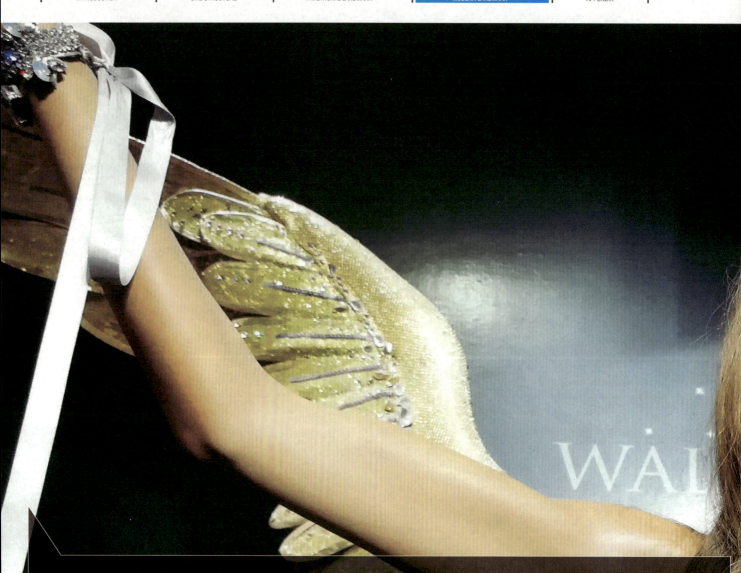

杜莎夫人蜡像馆　MADAME TUSSAUDS SHANGHAI

总体概述：GENERAL SUMMAR

蜡像馆是由蜡制雕塑家杜莎夫人建立的，杜莎夫人蜡像馆是全世界水平最高的蜡像馆之一，有众多世界名人的蜡像。

蜡像馆位于上海南京路新世界的上海杜莎夫人蜡像馆2006年5月1日正式开幕。这也是继伦敦、阿姆斯特丹、拉斯维加斯、纽约、香港之后的全球第6座杜莎夫人蜡像馆。杜莎夫人蜡像馆以制造惟妙惟肖的名人蜡像而闻名全球。

业态布局：DISTRIBUTION OF THE FORMATS

上海市杜莎夫人蜡像馆分为七个主题展区："在幕后""上海魅力""历史名人""电影""音乐""运动"和"速度"。共展出包括贝克汉姆、乔丹、汤姆·克鲁斯、玛丽莲·梦露、爱因斯坦、戴安娜王妃、比尔·盖茨、比尔·克林顿等蜡像；也涵盖了"中国特色"：中国首位航天员杨利伟、诺贝尔奖获得者杨振宁以及成龙、姚明、刘德华、陈慧琳、邓丽君、梅艳芳、谢霆锋70多座栩栩如生的国人蜡像。

海派底蕴：SHANGHAI STYLE HERITAGE

上海市杜莎夫人蜡像馆的高科技元素可谓是最先进的，也是全球拥有最丰富互动体验的展馆。展馆还开设有体验区，可以为自己做一个手模带回家，作为永久的纪念珍藏。上海成为全球第6座杜莎夫人蜡像馆的落脚地，杜莎集团看中的是巨大的本土明星优势和广阔的市场前景。通过详细精确的市场调查，每位入选者

维密的模特蜡像首次进驻上海，代表了时尚文化的前沿及活派"粉丝圈"经济的兴起。

H THE

LS

行

乐高探索中心

LANDMARK LOCATION LAYOUT AND CLASSIFICATION RESEARCH TRADITIONAL:

LEGOLAND DISCOVERY CENTER

地标位置：上海市普陀区大渡河路196号长风大悦城2楼

乐高探索中心 LEGOLAND DISCOVERY CENTER

总体概述: GENERAL SUMMARY

位于上海普陀区长风景畔广场的乐高探索中心是专为亲子家庭打造的乐高超级室内游乐园，园内10个主题区融合了乐高玩具的独特魅力，平均2至3小时的游玩体验寓学于乐，在玩乐中激发孩子们的创造力、思维能力和学习能力，互动式的玩乐设计也鼓励家长们参与其中，和孩子们一起度过愉快的亲子时光。

业态布局: DISTRIBUTION OF THE FORMA

乐高探索中心主题展区：

1. 乐高工厂之旅

小朋友们可以在乐高工厂中用动手体验的方式领略制作乐高积木的精彩奥秘。

2. 迷你天地

迷你天地是一个用超过数百万块乐高积木搭建而成的超级迷你世界，呈现独树一帜的上海地标和风景。

3. 古堡历险

古堡历险是骑乘互动的人气设施。在这里，你可用你手中的激光枪瞄准骨骸战士等邪恶的怪兽魔鬼们，去拯救美丽的公主。

4. 得宝农庄

在这个充满色彩和创意的庄园里，小朋友们可以发挥无限的想象力，用超大颗粒的得宝橡胶积木创造心中的梦想基地。

5. 乐高好朋友

在拼砌桌上，和小伙伴们一起，用乐高积木为居住在心湖城的5位小女孩装饰家园，一起增添更多欢乐的故事。

6. 乐高赛车场

小朋友们自己动手做出属于自己的独一无二的乐高赛车。

7. 礼品玩具店

以称重形式购买你所需要的乐高积木，组装一个属于自己的乐高人仔。另外还有魔法转盘、乐高4D体验和乐高咖啡屋区域。

海派底蕴: SHANGHAI STYLE HERITAG

上海乐高探索中心是以亲子为主题的海派室内游乐场地标。这种特殊的经营方式和家庭深度体验的参与行为在海派文化移植中尚属首次，根据孩子体能考量，提供2至3小时丰富的、有启发的游玩体验，让孩子们在玩乐的过程中激发无限的想象力和创造力。

SHANGHAI STYLE CULTURE FASHIONABLE LANDMARK 上海海派文化时尚地标

SHANGHAI
上海长风海洋世界

LANDMARK LOCATION LAYOUT AND CLASSIFICATION RESEARCH TRADITIONAL:

SHANGHAI ELECTRONICS EXHIBITION

地标位置：上海市普陀区大渡河路451号长风公园四号门

长风海洋世界 LEGOLAND DISCOVERY CENTER

总体概述： GENERAL SUMMARY

　　该地标位于风景优美的长风公园内，长风海洋世界有限公司隶属于欧洲第一、全球第二的MERLIN ENTERTAINMENT集团旗下之全球最大水族馆连锁品牌——SEALIFE，与杜莎夫人蜡像馆、乐高探索中心同为三大国际品牌，同为有名的海派地标。

业态布局： DISTRIBUTION OF THE FORMATS

　　水族馆：长风海洋世界的水族馆，是中国第一家大型主题性水族馆，主体建筑位于公园银锄湖底13米处，养有300余种，15000余尾鱼类。馆内分为丛林探险，珊瑚礁丛，深海沉船，鲨鱼甬道，企鹅馆等区域，游客在鲨鱼甬道中能感受到与海中霸主零距离接触的刺激体验，深受公众的喜欢。

　　白鲸馆：长风海洋世界的极地白鲸表演馆经过两次翻新，已经成为中国内地最大，华东地区首家拥有白鲸的海洋动物表演馆，可同时容纳2000人。馆内除了当家花旦小白鲸，还陆续引进了加州海狮，海豚等海洋哺乳动物精灵。

海派底蕴： SHANGHAI STYLE HERITAGE

　　长风海洋世界是集大型海洋动物表演与水族馆鱼类展览为一体的综合海洋主题公园。为全国青少年科普教育基地、上海市专题性科普场馆、上海市二期课改授课场馆，并被命名为国家AAAA级景区。

　　长风海洋世界是全国青少年科普教育基地之一。同时推出了潜水俱乐部、会员俱乐部、海底婚礼、夜宿水族馆等众多服务，也是上海知名的科普性海派文化地标之一。

延伸阅读： EXTENDED READING

　　莫林娱乐集团有以下知名景点：海洋探索中心SEALIFE、杜莎夫人蜡像馆MADAMETUSSAUDS、乐高探索中心LEGOLAND DISCOVERYCENTER、伦敦眼COCA-COLA LONDON EYE、奥尔顿塔AITON TOWER、英国切斯顿冒险世界CHESSINGTON WORLD OFADVENTURES、怪物史莱克冒险之旅SHREK' SADVENTURE等。

SHANGHAI

成龙电影艺术馆

LANDMARK LOCATION LAYOUT AND CLASSIFICATION RESEARCH TRADITIONAL:

JC FILM GALLERY

地标位置：普陀区云岭东路88号,靠近大渡河路

浙铁绿城长风中心
Zhejiang Iron and Green
City Changfeng Center

国盛生活广场
Guosheng Life Square

上海国丰酒店
Guoman Hotel

长风公园
Changfeng Park

上海市电力公司
Shanghai Municipal
Electric Power Company

成龙影视展览馆
JC Film Gallery

长风大悦城
Changfeng Joy City

上海化工研究院
SRICI

海亮大厦
Hailiang Building

宋家滩小区
Songjiatan
Community

上海跨国采购中心
ISPC

北岸长风
North Shore
Changfeng Residential

上海市成龙电影艺术馆 JC FILM GALLERY

总体概述：GENERAL SUMMARY

　　成龙博物馆是成龙在中国上海长风生态商务区亲自选址并授权筹建的，目前全球唯一以"成龙"命名的专题电影展览馆。全馆以展示、参与、体验、互动、学习等多元的方式，还原成龙先生从影五十年的电影精彩片段和他的成长经历，同时不定期地举办各类活动和参与性互动体验活动。

　　在这里，参观者将参与到成龙电影的真实场景中，融入到演员的切身生活中，也能体会到成龙先生最想与大家分享的慈善快乐与成长经验。

时尚特色：FASHION FEATURES

　　电影《简单任务》中的鲨鱼原样复制，项目代表了成龙先生希望为年轻人提供学习发展机会的一种态度。馆内收藏有《霹雳火》中GTO三菱跑车、《警察故事》中警用摩托车、《天将雄狮》中的武士铠甲及佩剑等。馆内的慈善生命树，如同艺术馆的心脏，将每位游客进入馆内得到的硬币投放于此，体验与成龙先生一起做慈善的乐趣。

成龙斗 BATTLE OF HARMONY，2001年成龙在美国与艺术家JULIE ROTBLATT与OMRI AMRANY夫妻相识，艺术家们耗时十年时间完成的雕塑作品，全部用成龙各种手形完成，有五形拳、龙、蛇、虎、鹤、豹，还有和平、爱心、和谐的手势，象征着战胜和挑战自我。

从一层到二层的电影时间轴体现出成龙先生非凡的电影艺术成就。

ART PUBLIC LANDMARK

4.5 海派观演艺术公建产业文化地标

ART PUBLIC BUILDING INDUSTRIAL AND CULTURAL LANDMARK

SHANGHAI MODERN CULTURAL LANDMARK

关键词：上海大剧院、梅赛德斯——奔驰文化中心、上海东方艺术中心、上海保利大剧院、上海东方戏剧中心、上海图书馆、浦东图书馆、陆家嘴融书房、上海国际客运中心、上海F1国际赛车场等

引言：在海派文化中，最有民族外向性及融合感的便是观演文化体育类大型公建了，这种类型的文化建筑地域向心性很强，是海派文化互动及信息沟通的重要媒介，一方面承载着弘扬海派乃至中国文化的使命；另一方面要做到海派的文化在各个艺术领域的渗透、融合、创新。通过大型公建的社会影响力可以使文化产业、文创产业甚至新媒介产业和教育投资产业更加繁荣，也可以使社会公众的知识层级和文化生活不断提升，产生文化集聚效应的同时为海派文化的知识输出及泊来文化重塑做出贡献。

Preface: In Shanghaistyle culture, the building with the largest scale of national character and fusion is the large public construction for cultural performance and sport competition. This kind of building, with the strong centrality, is the important media for the communication of different kinds of Shanghaistyle cultures. On the one hand, it carries the mission of developing the Shanghaistyle and even the Chinese culture. On the other hand, it helps the Shanghaistyle culture to penetrate, fuse, and innovate in various art fields. The social effects of the large public construction can make the cultural industry, the cultural innovation industry, and even the new media, education, and investment industries more prosperous. Further, it could improve the public's knowledge and cultural life, bring the cultural agglomeration effect, and contribute to the knowledge output of Shanghaistyle culture and remodeling of oversea culture at the same time.

SHANGHAI
上海大剧院

SHANGHAI GRAND THEATRE
上海大剧院

LANDMARK LOCATION LAYOUT AND CLASSIFICATION

RESEARCH TRADITIONAL: **SHANGHAI GRAND THEATRE**

地标位置：上海市黄浦区黄陂北路286号

上海市体育局
Shanghai Sports Bureau

古象大酒店
Howard Johnson Plaza Hotel

创兴金融中心
Chonghing Financial Center

人民广场 line 2
People's Square

高盛大厦
Goldman Sachs Tower

静安新村
Jing' an Investigation

人民广场
People's Square

人民广场地铁八号线
People's Square Line 8

广电大厦
Television Building

上海大剧院
SHNAGHAI GRAND THEATRE

海通证券大厦
Haitong Securities Tower

中国民生银行
CMSBC

上海博物馆
Shanghai Museum

金陵商厦
Jinling Department Store

上海银行
Bank of Shanghai

音乐广场
Music Square

延中广场公园
Yanzhong Square Park

上海大剧院　SHNAGHAI GRAND THEATRE

总体概述：GENERAL SUMMARY

地标位于上海市中心人民广场核心区位，毗邻上海市人民政府、上海博物馆，占地面积约为2.1公顷，建筑风格独特，造型优美。

上海大剧院是上海的标志性建筑物，它的建成使得人民广场成为上海名副其实的政治文化中心。大剧院成功上演过歌剧、音乐剧、芭蕾、交响乐、室内乐、话剧、戏曲等各类大型演出和综艺晚会，正日益成为国际海派重要的中外文化交流窗口和艺术沟通的桥梁。

建筑特色：ARCHITECTURAL FEATURES

上海市大剧院建筑总面积为70000平方米，建筑总高度40米。剧院内共有三个剧场:一个拥有1800个座位的大剧场,用于上演芭蕾、歌剧和交响乐;中剧场适合地方戏曲和室内乐的演出;还有小剧场可以进行话剧和歌舞表演。

除此以外,大剧院的辅助设施还包括八楼屋顶的宴会厅,底层的文化展示厅和马克西姆咖啡厅,以及停纳170余辆小汽车的地下车库。

海派底蕴：SHANGHAI STYLE HERITAGE

上海市大剧院自1998年开业以来，已成功上演各类大型演出和综艺晚会，在国内外享有很高的知名度，许多国家领导人和外国政要、国际知名人士光临大剧院后，给予了高度评价，认为上海大剧院是建筑与艺术的完美结晶。它是弘扬海派文化、实现文化输入输出的重要空间媒介，也是海派最重要的文化类观演大型公建之一。

国际海派文化地标概述
INTRODUCTION

国际海派文化地标结构研究
SITE STRUCTURE

传统海派文化地标区位布局及分类
TRADITIONAL LANDMARK

现代海派文化地标区位布局及分类
MODERN LANDMARK

附录
APPENDIX

梅赛德斯·奔驰文化中心　MERCEDES·BENZ ARENA

总体概述：GENERAL SUMMARY

地标位于上海市世博园区，紧邻中华艺术宫。作为2010年上海世博会最重要的永久性场馆之一，充分考虑了世博会之后的后续利用和可持续发展需要，与上海"国际文化大都市"定位相适应。

文化中心已成为一座世界水准的现代化演艺场馆，一个集综合演艺、艺术展示、时尚娱乐于一体的文化集聚区，一处未来上海文化娱乐的新地标、都市旅游新亮点。

业态布局：BUSINESS FORM LAYOUT

该馆拥有一个18000座的主场馆，以及音乐俱乐部、电影院、溜冰场、餐厅、零售区域。作为国内第一个可变容量的大型室内场馆，世博文化中心的主场馆空间可根据需要隔成不同场地，使之既能举行超大型庆典、演唱会，又能举办篮球比赛、冰上表演甚至冰球比赛多种活动，是目前国内座位数最多、最现代化也是外观最美的场馆。

除主场馆外，文化中心里还设有商业零售、文化休闲娱乐区。

海派底蕴：SHANGHAI STYLE HERITAGE

该馆在世博期间承办了各类综艺表演，同时也是庆典集会、艺术交流、学术研究、休闲娱乐和旅游观赏的多功能演艺场所。后世博时期上海东方明珠集团公司、美国AEG体育娱乐集团、NBA中国三方共同成立了专门的经营管理公司对中心的运营管理进行长线规划,以国际化经营标准打造世界级一流文化演艺场馆。梅赛德斯奔驰文化中心所代表的是一种引领当代海派全新文化形态。

SHANGHAI

梅赛德斯·奔驰文化中心

LANDMARK LOCATION LAYOUT AND CLASSIFICATION RESEARCH TRADITIONAL:

MERCEDES · BENZ ARENA

地标位置：上海市世博园区内

SHANGHAI
上海东方艺术中心

LANDMARK LOCATION LAYOUT AND CLASSIFICATION RESEARCH TRADITIONAL:
SHANGHAI ORIENTAL ART CENTER

地标位置：浦东新区丁香路425号(近世纪大道)

红豆谷
The Valley of Red Bean

上海市浦东新区
人民法院
Shanghai Pudong New
Area People's Court

华侨银行大厦
OCBC Centre

东怡大酒店
Parkview Hotel

东方希望大厦
Oriental Hope Building

区行政办公中心
5号地块绿地
District Administration
Office Center
Area Government

东方艺术中心
Shanghai Oriental
Art Center

燕乔大厦
Yanqiao Buiding

浦东新区政府
Pudong New
Area Government

城市广场
City Square

上海博物馆东馆
East Shanghai Museum

上海科技馆地铁二号线
Shanghai Science
and Technology Museum Line 2

上海东方艺术中心　SHANGHAI GRAND THEATRE

总体概述：GENERAL SUMMARY

地标位于浦东陆家嘴金融城——行政文化中心，法国著名建筑师保罗安德鲁设计，是上海的标志性文化设施之一，由上海市政府和浦东新区政府投资11亿元兴建，总建筑面积近40000平方米。

上海东方艺术中心管理有限公司，首开全国剧院管理体制、机制创新之先河。东艺成为全国首家经中国质量认证中心认证全面通过ISO9001质量管理体系认证和ISO14001环境管理体系认证的剧院。

建筑特色：ARCHITECTURAL FEATURES

从高处俯瞰，东艺五个半球体依次为：正厅入口、演奏厅、音乐厅、展厅、歌剧厅，外形宛若一朵美丽的"蝴蝶兰"。建筑内部黑色仿花岗岩的地面，如同林中大地；一级级的台阶，如同上山之路；层叠错落的陶瓷挂片幕墙，以丰富变幻的色泽，寓意着森林中斑驳的树影；而高高低低地悬挂在空中的透明圆灯，似乎是从树梢落下的露珠，伸向空中的钢架结构，象征着林中万木的树权在刚劲地舒展。设计师的表达意境之美，所有这一切都不是对自然景观的简单描摹，而是通过高度的艺术抽象，使进入演艺厅的人们彻底地进入到森林的幻境中。

海派底蕴：SHANGHAI STYLE HERITAGE

东艺自建立以来已承办世界90多个国家和地区的表演团体累计演出6600余场，观众逾660万人次，人流量仅次于国家大剧院，也是全国唯一常年保持同时售票演出达100场以上的剧院。已连续举办12年逾600场次，东艺因此被评为首届上海文化企业十强之一。《文汇报》称东艺"走出了一条中国现代化剧院运营管理的成功之路"，《芝加哥论坛报》则称东艺"这座剧院可以说是整个地区变革的重要推动力量"。东艺领衔的深耕上海海派演艺文化走向国际，在融合创新方面发挥了积极作用，成就浦江之上的著名海派文创地标。

SHANGHAI STYLE CULTURE FASHIONABLE LANDMARK

SHANGHAI

上海保利大剧院

LANDMARK LOCATION LAYOUT AND CLASSIFICATION RESEARCH TRADITIONAL:

SHANGHAI POLY GRAND THEATRE

地标位置：上海市嘉定区白银路159号

剧院

保利家园北区
The North District
of Poly Homeland

明发商业广场
Mingfa Commercial Square

远香湖公园
Yuanxiang Lake Park

保利家园南区
The Southern District
of Poly Homeland

保利大剧院
Shanghai Poly
Grand Theater

通福大厦
Tongfu Building

保利凯悦酒店
Poly Hyatt Regency

远香湖
Yuanxiang Lake

舜喜大楼
Shunxi Building

博园商务
Boyuan Business

嘉定图书馆
Jiading Library

国际海派文化地标概述
INTRODUCTION

国际海派文化地标结构研究
SITE STRUCTURE

传统海派文化地标区位布局及分类
TRADITIONAL LANDMARK

现代海派文化地标区位布局及分类
MODERN LANDMARK

附录
APPENDIX

上海保利大剧院　SHANGHAI POLY GRAND THEATRE

总体概述：GENERAL SUMMARY

上海保利大剧院是建筑大师安藤忠雄在上海的力作。地标位于上海市嘉定新城，毗邻上海国际赛车场，是上海地区标志性文化设施之一，也是国内首家拥有水景剧场的剧院。总建筑面积达 5.6 万平方米，剧院能满足舞剧、歌剧、话剧、交响音乐会、戏曲及综艺会演等各项曲艺使用要求，其建声效果达到建筑声学和舞台设备功能配置的国内顶级水准。

时尚特色：FASHION FEATURES

上海保利大剧院临近远香湖。在基地北侧相隔一条白银路是嘉定新城的商贸中心，西侧面对的是商业街区。基地西南侧的公园，南侧低层的图书馆还有东南侧远香湖美景映入眼帘。在临湖位置设置了空中跑道和步道。

剧院拥有一个 1466 座的大剧场和一个 400 座的小剧场，以及屋顶剧场和中国首座水景剧场两个非常规剧院，完善的辅助设施和先进的舞台技术装备，也使剧院具备了接待世界各国优秀表演艺术团体的条件和能力。

海派底蕴：SHANGHAI STYLE HERITAGE

上海保利大剧院临湖而建，周边环境优美、设施齐全、交通便捷，可为广大艺术爱好者提供世界一流的艺术享受。

该建筑被安藤忠雄称之为他在中国"所设计作品的最好体现"。其一流的外观设计、音效技术和景观设计使它成为海派观演艺术的重要精神财富和职能地标。

上海图书馆
上海科学技术情报研究所

LANDMARK LOCATION LAYOUT AND CLASSIFICATION RESEARCH TRADITIONAL:

SHANGHAI LIBRARY

地标位置：上海市黄浦区淮海中路1555号

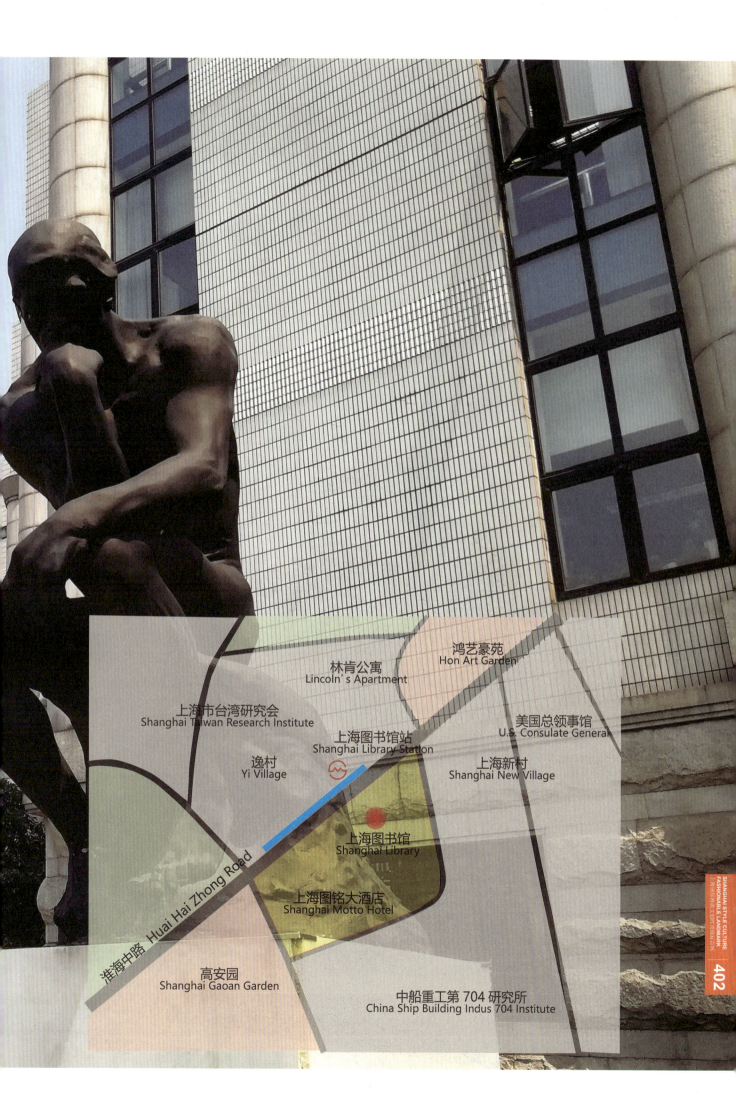

林肯公寓
Lincoln's Apartment

鸿艺豪苑
Hon Art Garden

上海市台湾研究会
Shanghai Taiwan Research Institute

上海图书馆站
Shanghai Library Station

美国总领事馆
U.S. Consulate General

逸村
Yi Village

上海新村
Shanghai New Village

上海图书馆
Shanghai Library

上海图铭大酒店
Shanghai Motto Hotel

淮海中路 Huai Hai Zhong Road

高安园
Shanghai Gaoan Garden

中船重工第 704 研究所
China Ship Building Indus 704 Institute

上海图书馆旁边即是地铁口，交通非常便捷，但是想要打到出租车非常困难，建议App叫车。

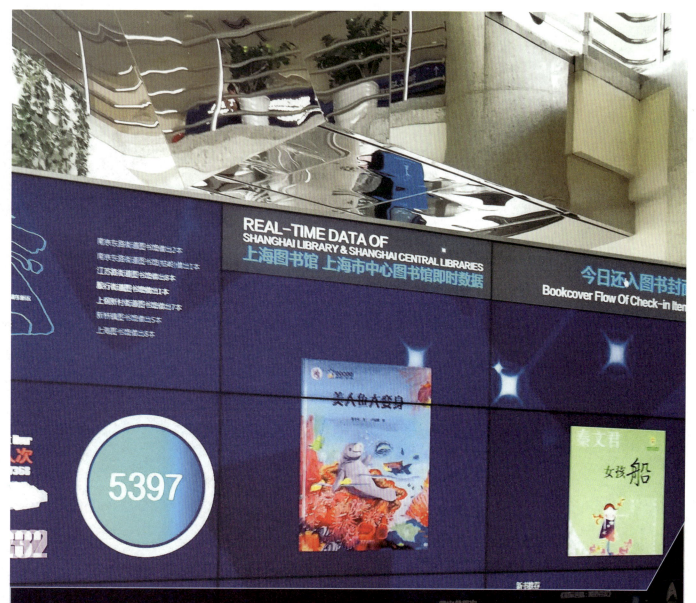

REAL-TIME DATA OF
SHANGHAI LIBRARY & SHANGHAI CENTRAL LIBRARIES
上海图书馆 上海市中心图书馆即时数据

今日还入图书封面
Bookcover Flow Of Check-in Item

5397

美人鱼大变身

秦文君
女孩船

上海图书馆 SHANGHAI LIBRARY

总体概述： GENERAL SUMMARY

上海图书馆由原上海图书馆与上海科学技术情报研究所合并组成，是综合研究型公共图书馆，跻身于中国十大图书馆之列。

业态布局： DISTRIBUTION OF THE FORMATS

建筑面积总计12.7万平方米，拥有各类阅览室、学术活动室、报告厅、展览厅等空间。上海图书馆有上海年华、世博信息、抗战图库、联合国资料、留学指南等特色馆藏。据图书馆官网信息显示，上海图书馆藏中外文献5400余万册，其中古籍善本、碑帖尺牍、名人手稿、家谱方志、西文珍本、唱片乐谱、近代报刊及专利标准尤具特色。

在这些珍贵的馆藏中，有国家一级文物700种，二级文物1300种。最早的藏品《维摩诘经》距今已有1400年的历史。中国名人手稿馆还收藏了清末以来的文化名人信函、日记、题词、图片、珍稀文献等5万多件，其中部分文化名人的手稿正式建立数字化信息，构建了图书馆大数据信息系统。

海派底蕴： SHANGHAI STYLE HERITAGE

上海图书馆以"积淀文化、致力于知识服务"作为组织使命，向着"世界级城市图书馆"的目标迈进。图书馆定期举办内容丰富多彩的系列"上图讲座"和文化艺术类展览。

海派数字图书馆形成体系及规模，上海图典、上海文典、古籍善本、点曲台、科技会议录、中国报刊、西文期刊目次、民国图书、科技百花园、图书馆杂志等资源库，可供世界各地的读者在网上访问阅览。图书馆内部开设上海海派设计书栈，是笔者迄今发现的研究海派文化门类最全的书店。

SHANGHAI STYLE CULTURE
FASHIONABLE LANDMARK
上海国际化都市文化时尚标志性建筑

国际海派文化地标概述
INTRODUCTION

国际海派文化地标结构研究
SITE STRUCTURE

传统海派文化地标区位布局及分类
TRADITIONAL LANDMARK

现代海派文化地标区位布局及分类
MODERN LANDMARK

附录
APPENDIX

CHAPTER FOUR 4.5.01 OIN LOCATION LAYOUT AND
CLASSIFICATION OF MODERN SHANGHAI STYLE
第四卷 现代海派文化地标区位布局及分类

SHANGHAI

浦东图书馆

LANDMARK LOCATION LAYOUT AND CLASSIFICATION RESEARCH TRADITIONAL:

PUDONG LIBRARY

地标位置：上海市浦东新区前程路88号

上海浦东图书馆 PUDONG LIBRARY

总体概述：GENERAL SUMMARY

　　浦东图书馆是上海市浦东新区公共图书馆，位于上海市浦东新区前程路88号。地处以世博会主会场和世纪公园为中心形成的上海新文化圈内。

　　新馆建筑由株式会社日本设计进行方案设计，合作设计单位为华东建筑设计研究院。新馆用地面积约3公顷，总建筑面积60885平方米，藏书容量约200万册，阅览座位约3000个，预计日接待读者6000人次。

业态布局：DISTRIBUTION OF THE FORMATS

　　新馆建筑造型为纯净、简约、大气的六面体形，分为地下两层和地上六层，建筑总高36米。新馆地上六层，由下至上每两层形成一个功能区，共三段，每段约10米高。一层和二层以公共服务与学术交流空间为主，设有公共服务大厅、展览厅、大型演讲厅，中型和小型学术报告厅以及不同规格的读者活动室、培训教室，还有相对独立的少儿图书馆。

海派底蕴：SHANGHAI STYLE HERITAGE

　　浦东图书馆将实施全方位的开放性服务，人性化服务，注重技术先进性，文献管理和服务系统采用先进的无线射频识别（RFID）技术，为每一册图书安装智能芯片，实现图书的精准定位。

　　新馆将着力体现大型城市图书馆的服务能级，成为新区公共图书馆服务网络的枢纽，面向社会的文化教育中心，新区文献收藏中心，服务于浦东地区的公共网络信息导航中心，浦东图书馆日益成为对外文化交流的重要窗口和地标特色。

SHANGHAI STYLE CULTURE FASHIONABLE LANDMARK 上海风情文化时尚地标经典建筑

国际海派文化地标概述
INTRODUCTION

国际海派文化地标结构研究
SITE STRUCTURE

传统海派文化地标区位布局及分类
TRADITIONAL LANDMARK

现代海派文化地标区位布局及分类
MODERN LANDMARK

附录
APPENDIX

SHANGHAI

上海陆家嘴融书房

ANDMARK LOCATION LAYOUT AND CLASSIFICATION RESEARCH TRADITIONAL:

PUDONG LUJIAZUI READING SPACE

地标位置：上海市浦东新区浦城路150-2号

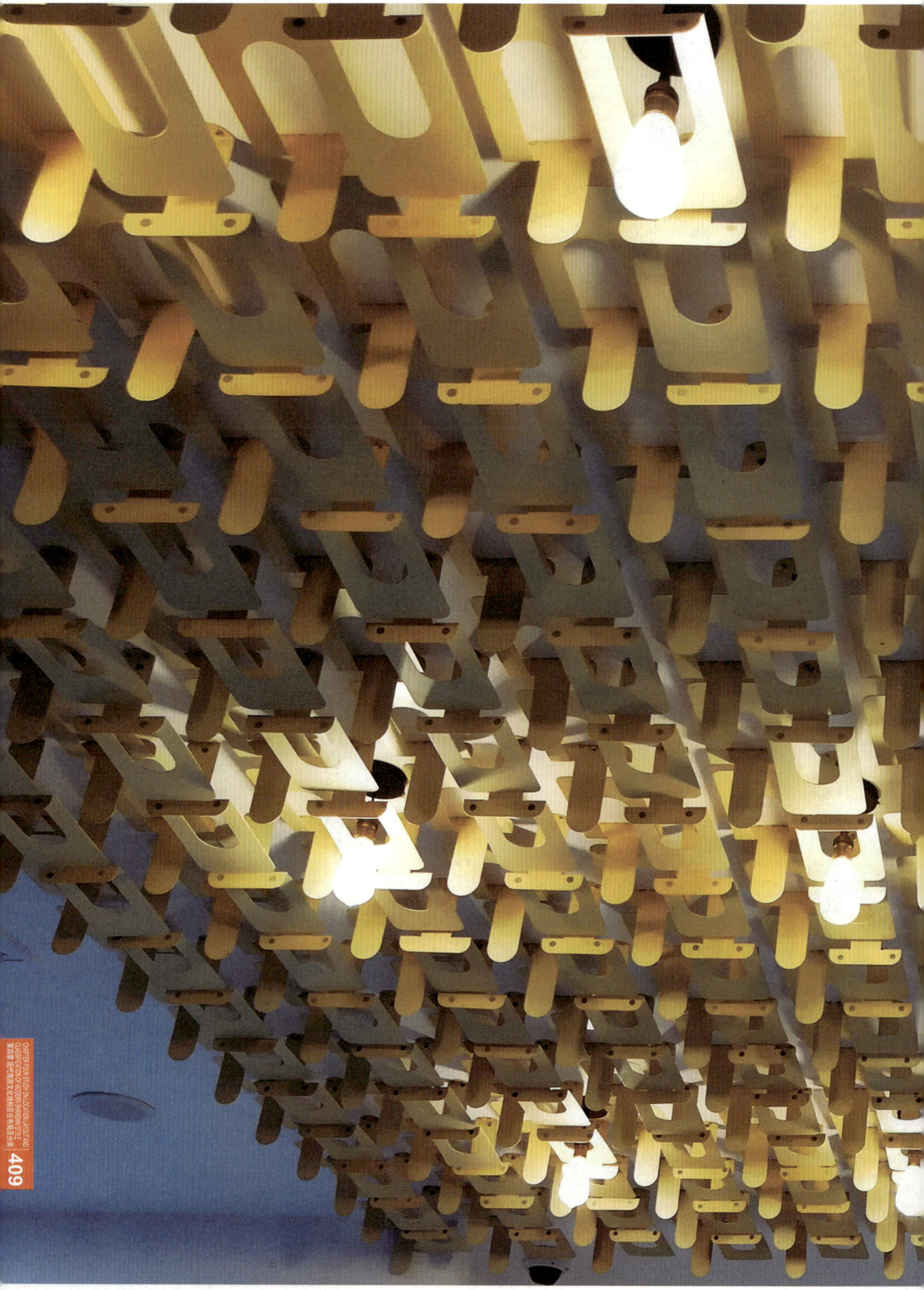

上海陆家嘴融书房 SHANGHAI PUDONG LUJIAZUI READING SPACE

总体概述：GENERAL SUMMARY

浦东新区陆家嘴融书房位于浦东陆家嘴功能区行政、金融、文化的中心区域内，总建筑面积约3577平方米，是公益性的区级公共精品图书馆。2018年重新设计装修并向公众开放。图书馆秉承惠及社会、传承海派文化的理念，丰富的文献信息资源和优质便捷的信息平台，为广大图书爱好者和研究人员提供了全方位、多层次的文献信息服务。

业态布局：BUSINESS FORM LAYOUT

本馆由原浦东第一图书馆和浦东第二图书馆合并建立。浦东第一图书馆是由香港陈占美有限公司董事长陈占美捐资120万港元建造；浦东第二图书馆由陈占美夫人李云华女士捐赠，图书馆采用先进的自动化管理系统，实行库、阅合一的平面开间布局，有成人外借室、成人阅览室、电子阅览室、少儿室、金融图书馆、多功能厅和流动图书车。

海派底蕴：SHANGHAI STYLE HERITAGE

由浦东陆家嘴图书馆、陆家嘴读书协会、东方财经——几何栏目共同挂牌成立的新馆"融书房"，作为陆家嘴金融城内唯一的图书馆，体现出海派文化不曾有过的闲适自得，书房小景、屋顶花园、烘焙作坊，无不体现出海派文景的雅致和当代设计的清新，由此可见，地标不总是壮丽的，也可以是一隅、一茶以及一种对文化的态度。

上海国际客运中心 SHANGHAI INTERNATIONAL PASSENGER TRANSPORT CENTER

总体概述：GENERAL SUMMARY

项目建设基地北靠东大名路，东临高阳路延伸线、西至虹口港，南沿黄浦江边，占地面积约16万平方米。码头岸线长度约850米。

上海港国际客运中心项目包括改建850米岸线的国际客运码头，形成开放的公共滨江绿化和观景岸线。上海港国际客运中心是一个集邮轮码头和商业办公于一体的综合商务开发项目，包括国际客运码头、港务大楼、写字楼以及艺术画廊、音乐文化中心等相关建筑和设施。

海派底蕴：SHANGHAI STYLE HERITAGE

上海港国际客运中心位于北外滩黄浦江门户位置，与东方明珠隔江相望，其客运综合楼改扩建后正式对外开通启用，成为上海邮轮母港建设的重要标志，揭示"邮轮经济"迈入一个新的发展时期。

上海港国际客运中心工程项目已列入上海市重大工程建设项目之一。也是"海上丝绸之路"海派文化对外传播的重要窗口。上海港国际客运中心正式启用后，拥有岸线全长近1200米，可同时停泊3艘7万吨级的豪华邮轮，全天24小时的引航、拖轮和联检服务，成为亚洲数一数二的邮轮停靠基地。其内部镶嵌一块约9万平方米的开放式滨江绿地，客运综合楼外形如"水滴"状，这些都已经成为海派全新的地标性建筑。

SHANGHAI

上海港国际客运中心

LANDMARK LOCATION LAYOUT AND CLASSIFICATION RESEARCH TRADITIONAL:

SHANGHAI INTERNATIONAL PASSENGER TRANSPORT CENTER

地标位置：上海市虹口区东大名路 358 号

剑桥 69 创意园
Cambridge69 Creative Park

前进小区
Advance Community

耀江国际广场
Yaojiang International Plaza

金光新外滩
Golden Bund Residential

上海建工大厦
Shanghai Jian' gong Building

上海国际客运中心
Shanghai International
Passenger Transport Center

上海外滩茂悦大酒店
Shanghai Bund Maoyue Hotel

413

巨门下面的卵形空间非常具有梦幻色彩，是北外滩又一特色性的亮丽地标。

SHANGHAI CIRCUIT

SHANGHAI

上海国际赛车场

ANDMARK LOCATION LAYOUT AND CLASSIFICATION RESEARCH TRADITIONAL:

SHANGHAI INTERNATIONAL CIRCUIT

地标位置：上海市嘉定区伊宁路2000号

上海国际赛车场 SHANGHAI INTERNATIONAL CIRCUIT DISTRICT

总体概述： GENERAL SUMMARY

上海国际赛车场地标区位在上海嘉定区，距市中心30公里，距虹桥机场20公里，距安亭镇中心约7公里。该车场斥资2.4亿美元建造，总面积5.3平方千米，可容纳20万人。也是举办F1大奖赛的首座中国场馆。

业态布局： DISTRIBTION OF THE FORMATS

上海国际赛车场由赛车场区、商业博览区、文化娱乐区和发展预留区组成，其中赛车场区主要包括赛道、赛场指挥中心、医疗急救中心、新闻中心、安检中心、赛车改装中心、赛车维修区、直升机停机坪、赛车学校、停车场等。

商业博览区有大型购物中心和赛车博览馆。文化娱乐区建有各种文化娱乐设施，有健身运动设施、电影院、舞厅、酒吧、高级酒店、宾馆等。发展预留区为进一步拓展作储备用地。

赛道的整体造型设计犹如一个翩翩起舞的"上"字。它既有利于大马力引擎发挥的高速赛道，又是具有挑战性、充分体现车手技术的弯道。它可以举办各类不同的赛事。赛车场设计看台规模约20万人，其中带顶篷的固定看台约有5万个座位，其余为坡形露天看台。

海派底蕴： SHANGHAI STYLE HERITAGE

上海国际赛车场文化底蕴深厚，自2004年伊始，连续十四年的世界三大体育赛事之一的F1世界锦标赛全部引进，并成功举办了中国石化F1中国大奖赛。此外，还相继举办了MotoGP中国大奖赛、V8国际房车赛和全国场地锦标赛等国内外各项赛事。举办大赛期间，便捷的交通网络即可将赛车地标与上海市中心、江苏省及浙江省相连，进而辐射到整个长江三角洲乃至全国。成为最具活力的海派大型体育休闲文化地标之一。

F1赛车场的地标区位与地铁站点紧密结合，体现出海派轨交综合设施的建筑特色。

COMPLEX
INDUSTRIAL

4.6 海派产业园综合体产业文化地标
LNDUSTRIAL PARK COMPLEX INDUSTRIAL CULTURAL LANDMARK

SHANGHAI MODERN CULTURAL LANDMARK

关键词：长风生态商务区、创智天地I&II期、M50创意园、上海8号桥I——IV期、智造局I&II期、2577创意大院、98创意园、上海国际时尚中心、1933老场坊等

引言：文化时尚产业园区作为完整的上海社会化综合服务系统中不可或缺的组成部分，将不同类型的创意、设计、生产、流通、销售、推广、服务整合到最终输出的产品品质之上，把这种自组织的生产关系以生产要素的形式加以匹配，海派文化体系下的产业园沿袭了高度知识密集型和创意输出型产业形态，本节所遴选的产业园均体现了融业态、跨领域、换功能、促服务的协同发展机制。从而成为地区、产业、企业群落间共生的新兴产业力量。

Preface: The fashion industry park of culture as a whole Shanghai social comprehensive service system, an integral part of the different types of creative, design, production, distribution, marketing, promotion, service integration into the final output of product quality, the self-organization of production relations in the form of factors of production to match, the Shanghaistyle culture under the system of industrial park with a highly knowledge intensive and creative output type industrial configuration, selection of the industrial park are reflected by this section form, interdisciplinary, changing mechanism of coordinated development, promote the service functions. Thus, it becomes the emerging industrial strength of the regional, industrial, and entrepreneurship community.

长风生态商务区 CHANGFENG ECOLOGICAL BUSINESS DISTRICT

总体概述：GENERAL SUMMARY

长风生态商务区位于上海市普陀区南部，内环和中环线之间，东起长风公园和华东师范大学校区，紧邻长风大悦城，南临苏州河，北以金沙江路为界，紧邻环球港、西至真北路中环线，原为长风工业区，傍绿面水，交通便捷，区位优越，是市中心区稀缺的集高端商务、办公、酒店、孵化于一体的城市综合区。

时尚特色：FASHION FEATURES

长风生态商务区以"总部会展、金融服务、文化旅游、高新技术"四大功能为抓手，打造长风金融港、优质地产物业合作开发商——新城控股集团、跨国采购中心基地、苏州河文化长廊、现代汽车服务产业集聚区、科技谷产业交互平台六大平台。

海派底蕴：SHANGHAI STYLE HERITAGE

长风生态商务区是上海市服务业综合改革试点区域。规划面积306公顷。海派地标功能定位为商业办公、酒店金融、创意研发等。

长风生态商务区地块共分两大板块：其一是涵盖苏州河滨水地区、长风公园、中环线地块的现代服务区。区域特色为：高科技国际娱乐中心、滨河绿色休闲长廊、都市娱乐休闲时尚圈、现代工业设计和科技研发为主体的创意产业群。其二是云岭东路以北高尚住宅区。区域特色为：酒店式公寓、中高档住宅、中小学、幼儿园、医院及社区服务中心等各种公建配套设施，使其成为现代服务区的生活基地。

SHANGHAI

长风生态商务区

LANDMARK LOCATION LAYOUT AND CLASSIFICATION RESEARCH TRADITIONAL:
CHANGFENG ECOLOGICAL BUSINES

地标位置：上海市普陀区南部中江路大渡河路

国浩长风汇都
Guohao Changfeng Huidu

中江小区
Zhongjiang Community

华东师范大学
East China Normal University

上海电力公司
Shanghai Electric Power
Company

新城控股
SEAZEN

长风公园
Changfeng Park

华宏商务中心
Huahong Business

SHANGHAI STYLE CULTURE
FASHIONABLE LANDMARK

KIC
SHANGHAI

创智天地I&II期

LANDMARK LOCATION LAYOUT AND CLASSIFICATION RESEARCH TRADITIONAL:

KIC Chuangzhi World

地标位置：上海市杨浦区淞沪路234号

政立苑
Zhengli Garden

新江湾佳苑
Jiayuan Residential

同和国际大厦
Toneghe International

上海新村
Shanghai New Village

上海财经大学
Shanghai University of
Finance and Economics
of Finance and Economics

政立路 580 弄小区
Zhengli Road 580 District

创智天地
Chuangzhi World

江湾体育场
Jiangwan Stadium

上海肺科医院
Shanghai Pulmonary
Hospital

中环国际大厦
Central International

洛德商务楼
Lord's Business Building

上海济光职业技术学院
Shanghai Jiguang
Polytechnic College

复旦大学
Fudan University

建新小区
Jianxin
Community

创智天地产业园II期中办公区科技感极强，且与五角场商
圈接壤，打造成杨浦区域最大的立体式商办综合区。

创智天地I&II期 CHUANGZHI WORLD

总体概述：GENERAL SUMMARY

　　创智天地位于上海杨浦区的城市副中心，经过十年的发展，现在已经成为上海重要的知识高地和创新力之源。这里拥有禀赋优势，由杨浦区政府与瑞安房地产联手打造。

时尚特色：FASHION FEATURES

　　悠远的海派文脉，遇上创新的动力。复旦、同济、财大等10余所知名高校和百余家科研院所环绕于旁，校区、社区、科技园区"三区融合，联动发展"，还有身兼国家创新型试点城区建设的重大功能性项目。这里将云计算基地、软件出口创新园区和高新技术产业化基地集于一身，外加入驻即享的多元化优惠政策，为企业发展助一臂之力。

知识高地雄踞城市中心，硅谷创新与左岸创意相融

业态布局：BUSINESS FORM LAYOUT

　　创智天地是沟通交流、洽谈合作、休闲放松的创业天地。"创新，创业，乐活，打造上海的智库"，创智天地广场聚集了一批跨国大企业的研发中心和创业相关服务机构：IBM全球服务执行中心、EMC中国卓越研发集团、甲骨文研发中心、EBao软件、VMware、德勤、上海云计算创新基地等成业态多样的"众智集合"。

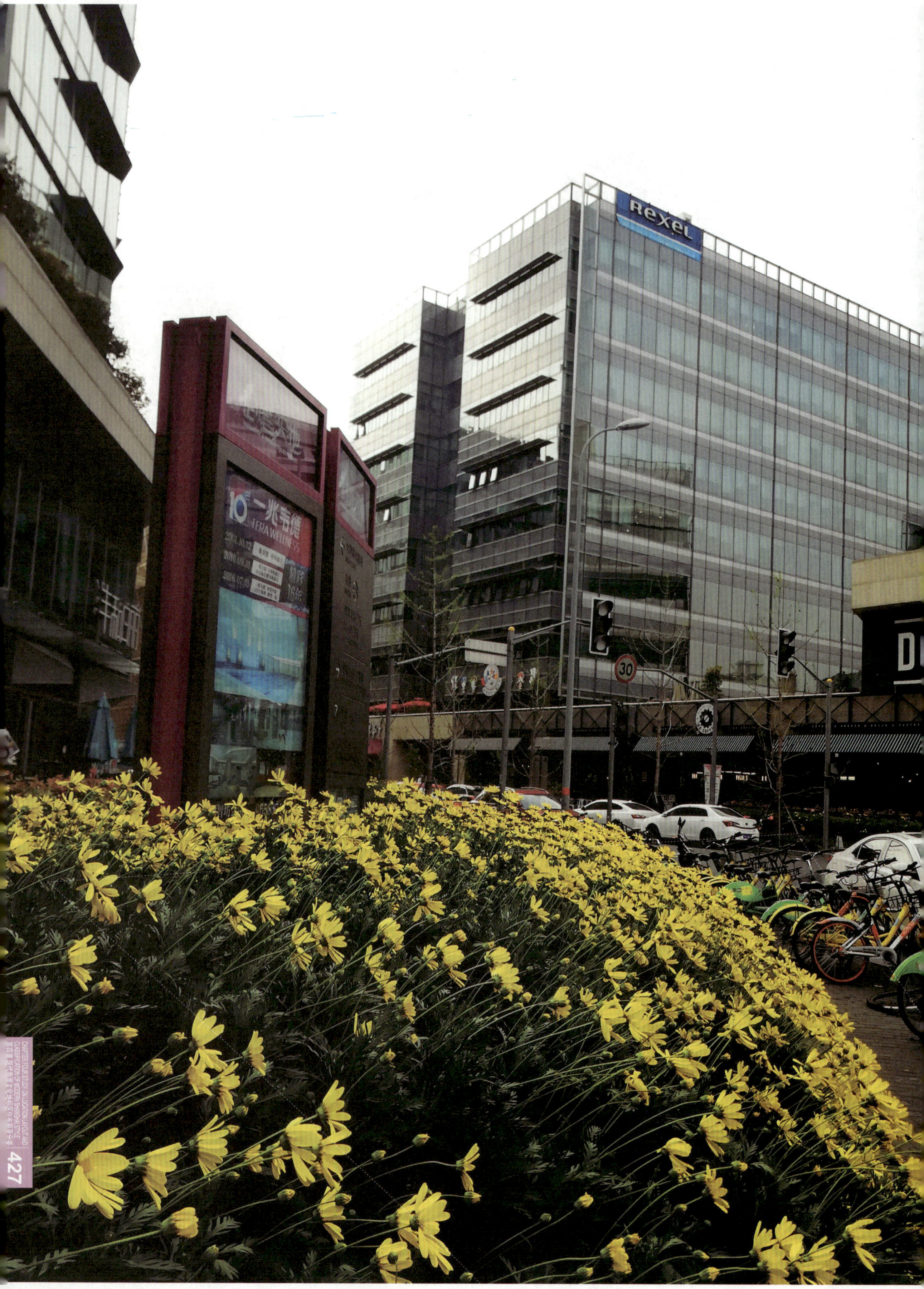
Rexel
30

SHANGHAI STYLE CULTURE
FASHIONABLE LANDMARK
上海派文化·时尚地标

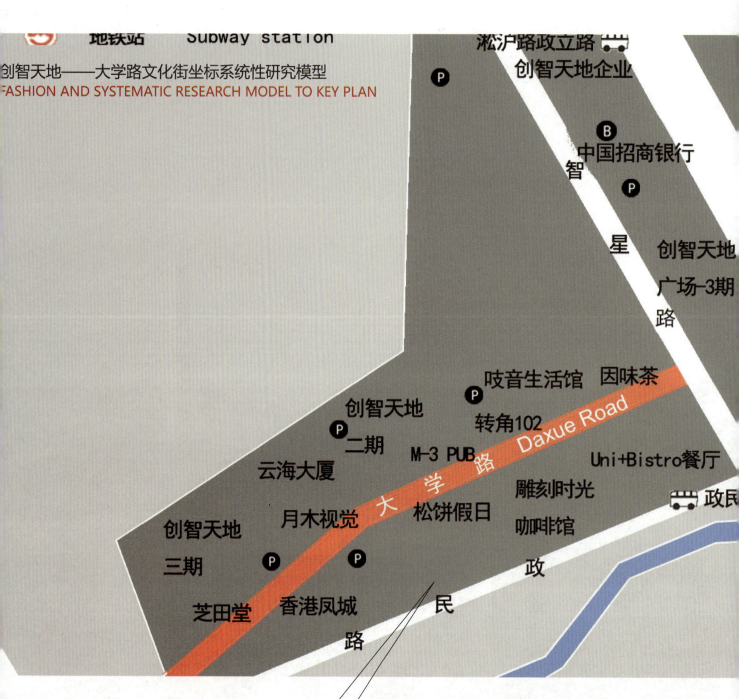

创智天地——大学路文化街坐标系统性研究模型
FASHION AND SYSTEMATIC RESEARCH MODEL TO KEY PLAN

地铁站 Subway station

淞沪路政立路
创智天地企业

中国招商银行

创智天地
广场-3期

吱音生活馆　因味茶

创智天地
二期

转角102

M-3 PUB

云海大厦

Uni+Bistro餐厅

雕刻时光

月木视觉

松饼假日

咖啡馆

创智天地
三期

政民

芝田堂　香港凤城

大学路 Daxue Road

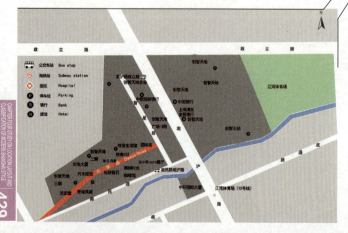

创智天地——大学路的文化产业一条街，店面各具特色，文化氛围浓厚。

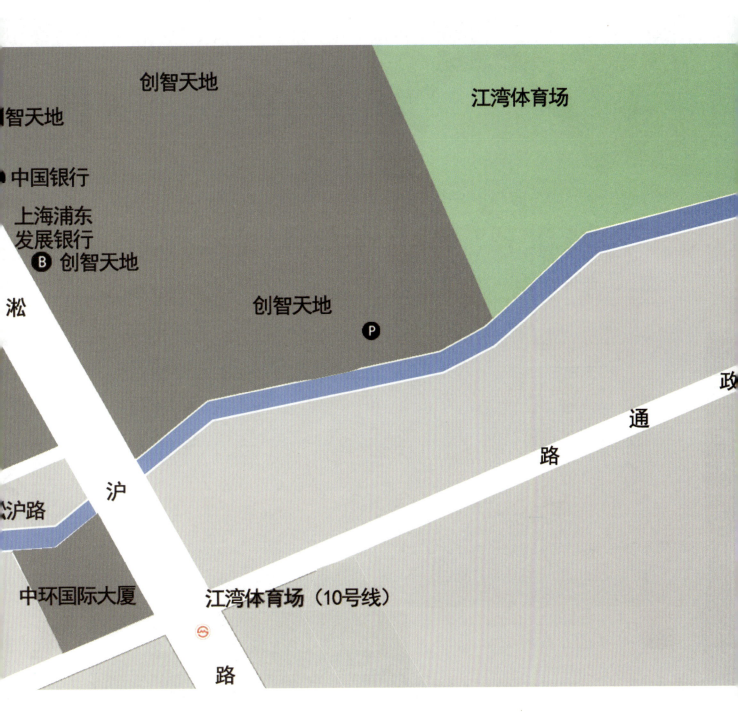

创智天地

创智天地

江湾体育场

中国银行

上海浦东
发展银行

B 创智天地

淞

创智天地

P

政

沪

路

通

沪路

路

中环国际大厦

江湾体育场（10号线）

路

	公交车站	Bus stop
	地铁站	Subway station
	医院	Hospital
P	停车位	Parking
B	银行	Bank
H	旅馆	Hotel

LANDMARK LOCATION LAYOUT AND CLASSIFICATION RESEARCH TRADITIONAL: **M50**

CREATIVE GARDEN 地标位置：上海市普陀区莫干山路50号

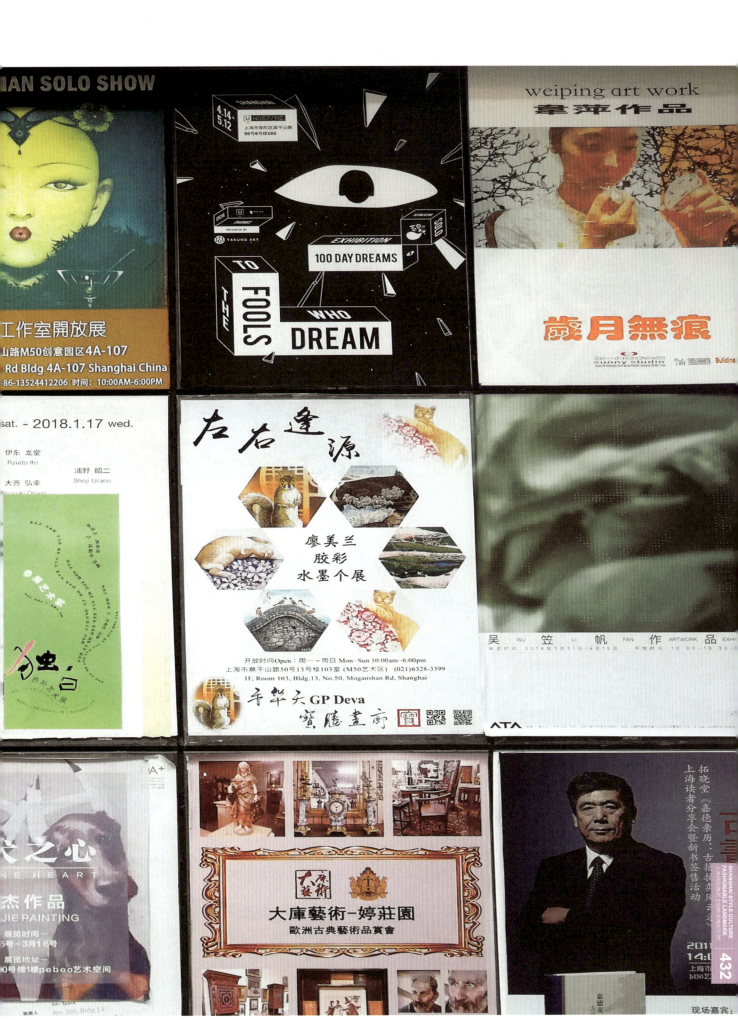

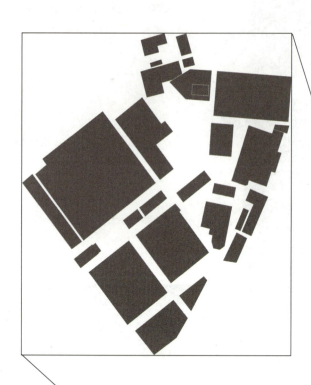

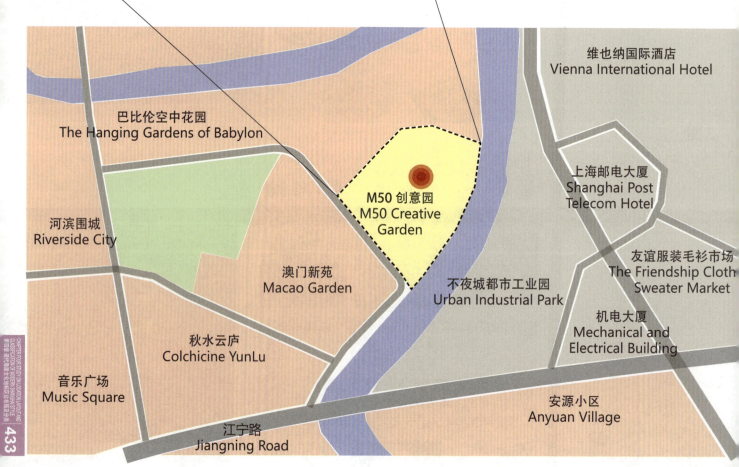

维也纳国际酒店
Vienna International Hotel

巴比伦空中花园
The Hanging Gardens of Babylon

上海邮电大厦
Shanghai Post
Telecom Hotel

M50 创意园
M50 Creative
Garden

河滨围城
Riverside City

友谊服装毛衫市场
The Friendship Cloth
Sweater Market

澳门新苑
Macao Garden

不夜城都市工业园
Urban Industrial Park

机电大厦
Mechanical and
Electrical Building

秋水云庐
Colchicine YunLu

音乐广场
Music Square

安源小区
Anyuan Village

江宁路
Jiangning Road

M50创意园　M50 CREATIVE GARDEN

总体概述：GENERAL SUMMARY

　　M50创意园位于上海市普陀区莫干山路。M50创意园的原身为上海春明粗纺厂，于2000年起开始转型为艺术创意园区。上海纺织集团时尚事业部和M50创意园的管理层充分利用园区资源聚集的能力和汇集起来的资源，将M50放到一个更高的层面，作为一个以"艺术、创意、生活"为核心价值的品牌去打造。

海派底蕴：SHANGHAI STYLE HERITAGE

　　M50创意园区已经陆续举办和参加了上海国际服装文化节、时装周、时尚之夜、上海苏州河·文化创意产业论坛、CREATIVEM50年度创意新锐评选、M50画廊联合开幕、ADICOLOR明星慈善派对、欧莱雅产品推广等一系列时尚活动

共有64家画廊与艺术机构、117位来自不同国家的艺术家，在艺术季期间举办超过137个展览。

　　2004年被《TIME》杂志亚洲版列为推荐前往的上海文化地标之一。M50创意园被评为上海市文明单位。

　　2006年被评为上海十大时尚坐标之最高人气奖。

　　2007年被国家旅游局批准为全国工业旅游示范点，连续两届获上海十大最具影响力的优秀创意产业园区称号。

　　2007中国最具品牌价值园区称号，是上海创意产业的发源地之一。

　　2018年8月，被授予"上海市文化创意产业园"的称号。

国际海派文化地标概述
INTRODUCTION

国际海派文化地标结构研究
SITE STRUCTURE

传统海派文化地标区位布局及分类
TRADITIONAL

现代海派文化地标区位布局及分类
MODERN LANDMARK

附录
APPENDIX

"M50新锐奖"是已经举办8年的"M50年度创意新锐评选"的改版升级,将关注视角从原来的在校学生扩展到青年艺术家和设计师群体,把焦点投射在评选后的青年艺术家与设计师的未来发展。

SHANGHAI
上海8号桥I-IV期
LANDMARK LOCATION LAYOUT AND CLASSIFICATION RESEARCH TRADITIONAL:
SHANGHAI BRIDGE 8
地标位置：上海市黄浦区建国中路8号

上海8号桥 SHANGHAI BRIDGE 8

总体概述：GENERAL SUMMARY

"8号桥"目前分为四期，第一期位于建国中路8-10号，占地11亩，建筑面积1万余平方米，其前身为上汽集团所属上海汽车制动器公司，共有20世纪50~80年代建造的老厂房8栋。在市经委和卢湾区人民政府支持下，由上海华轻投资管理有限公司、时尚生活策划咨询有限公司对上海汽车制动器公司生产场地实施改造，保留了工业老建筑特有的底蕴，注入新产业元素，从而成为一个激发创意灵感，吸引创意人才的新天地，由于楼与楼之间用桥巧妙连接，且1-4期设计颇有创意，因此得名为"8号桥"。

业态布局：DISTRIBUTION OF THE FORMATS

8号桥的业态比例的控制是：创意产业80%，包括建筑、产品、室内、服装、影视、广告、动漫以及企业形象等十余种设计行业；配套的服务行业占20%，包括餐饮、打印和书店。

经过一番设计和包装，老厂房彻底改变面貌，抛开工业厂房原有的沉重感，随处可见的是前卫的创意。利用原厂房的高空间，多层次的布局用来开展各种时尚展览活动。目前"8号桥"已成为各类设计创意企业的集聚区，来自欧美与港澳的80余家企业已入驻，这些企业将经济、文化、技术和艺术有机地结合，成为第二、三产业共同发展的结合点，是当今国际大都市产业发展的新趋势。

"8号桥"创意产业区二期最大的创意就是通过一座横跨建国中路的天桥，将一期二期两幢建筑连接在一起。桥虽高达24米（相当于七八层楼），与一期一样，"8号桥"二期内也将有一个中心广场供创意活动和展示。8号桥已成为全国工业旅游示范点中首个以创意产业为特色的示范点，随着一批知名企业在三期、四期的入驻，8号桥逐渐成为上海都市的旅游新景点。

国际海派文化地标概述
INTRODUCTION | 国际海派文化地标结构研究
SITE STRUCTURE | 传统海派文化地标区位布局及分类
TRADITIONAL LANDMARK | 现代海派文化地标区位布局及分类
MODERN LANDMARK | 附录
APPENDIX

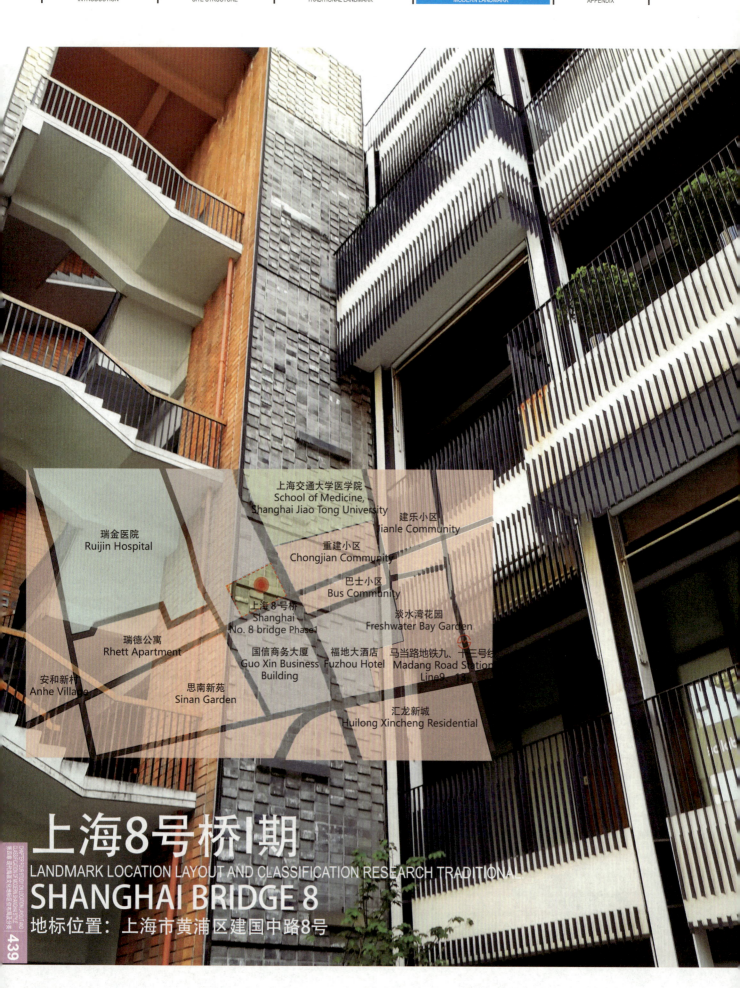

上海交通大学医学院
School of Medicine,
Shanghai Jiao Tong University

建乐小区
Jianle Community

瑞金医院
Ruijin Hospital

重建小区
Chongjian Community

巴士小区
Bus Community

上海8号桥
Shanghai
No. 8 bridge Phase1

淡水湾花园
Freshwater Bay Garden

瑞德公寓
Rhett Apartment

国信商务大厦
Guo Xin Business
Building

福地大酒店
Fuzhou Hotel

马当路地铁九、十三号线
Madang Road Station
Line9、13

安和新村
Anhe Village

思南新苑
Sinan Garden

汇龙新城
Huilong Xincheng Residential

上海8号桥I期
LANDMARK LOCATION LAYOUT AND CLASSIFICATION RESEARCH TRADITIONAL
SHANGHAI BRIDGE 8
地标位置：上海市黄浦区建国中路8号

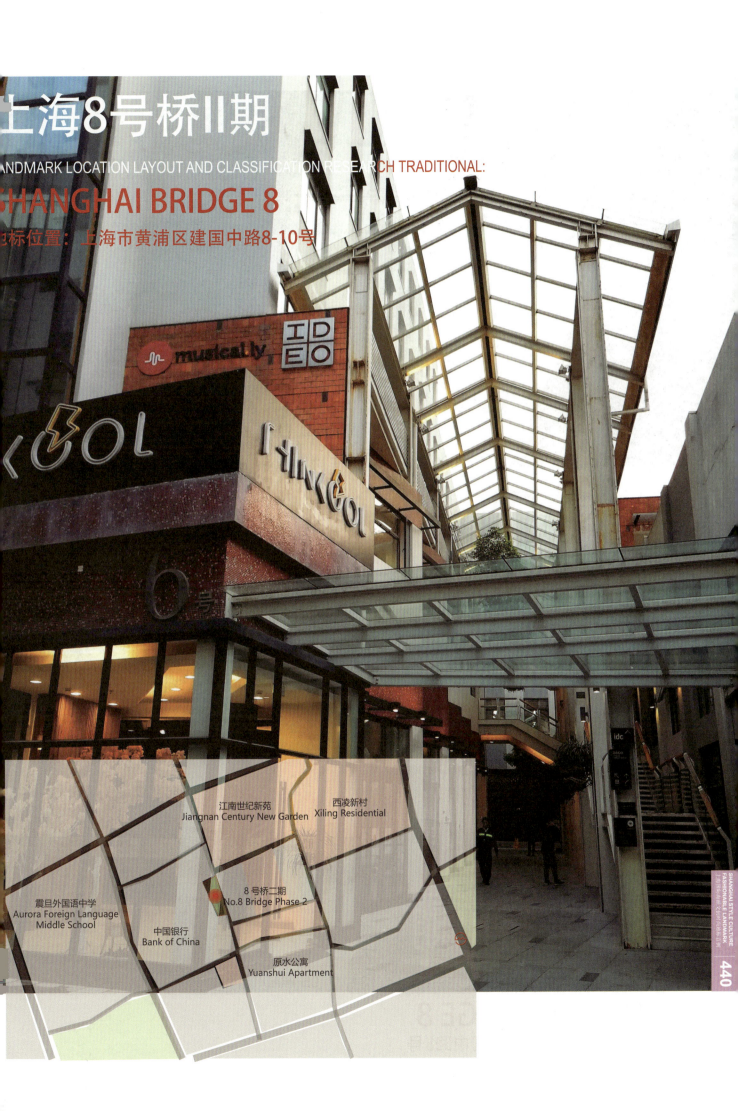

上海8号桥II期

LANDMARK LOCATION LAYOUT AND CLASSIFICATION RESEARCH TRADITIONAL:

SHANGHAI BRIDGE 8

地标位置：上海市黄浦区建国中路8-10号

江南世纪新苑
Jiangnan Century New Garden

西凌新村
Xiling Residential

8号桥二期
No.8 Bridge Phase 2

震旦外国语中学
Aurora Foreign Language
Middle School

中国银行
Bank of China

原水公寓
Yuanshui Apartment

江南世纪新苑
Jiangnan Century New Garden

西凌新村
Xiling Xincun

震旦外国语中学
Aurora Foreign Language
Middle School

中国银行
Bank of China

原水公寓
Raw Water Apartment

8 号桥三期
No.8 Bridge Phase 3

SHANGHAI

上海8号桥III期

LANDMARK LOCATION LAYOUT AND CLASSIFICATION RES

CH TRADITIONAL

SHANGHAI BRIDGE 8

地标位置：上海市黄浦区建国中路8号

上海8号桥IV期

DMARK LOCATION LAYOUT AND CLASSIFICATION RESEARCH TRADITIONAL:

HANGHAI BRIDGE 8

示位置：上海市黄浦区建国中路8-10号

口号桥 BRIDGE8

457

局门路 JU MEN LU

江南世纪新苑
Jiangnan Century New Garden

西凌新村
Xiling Residential

震旦外国语中学
Aurora Foreign Language
Middle School

中国银行
Bank of China

8号桥四期
No.8 Bridge Phase

原水公寓
Raw Water Apartment

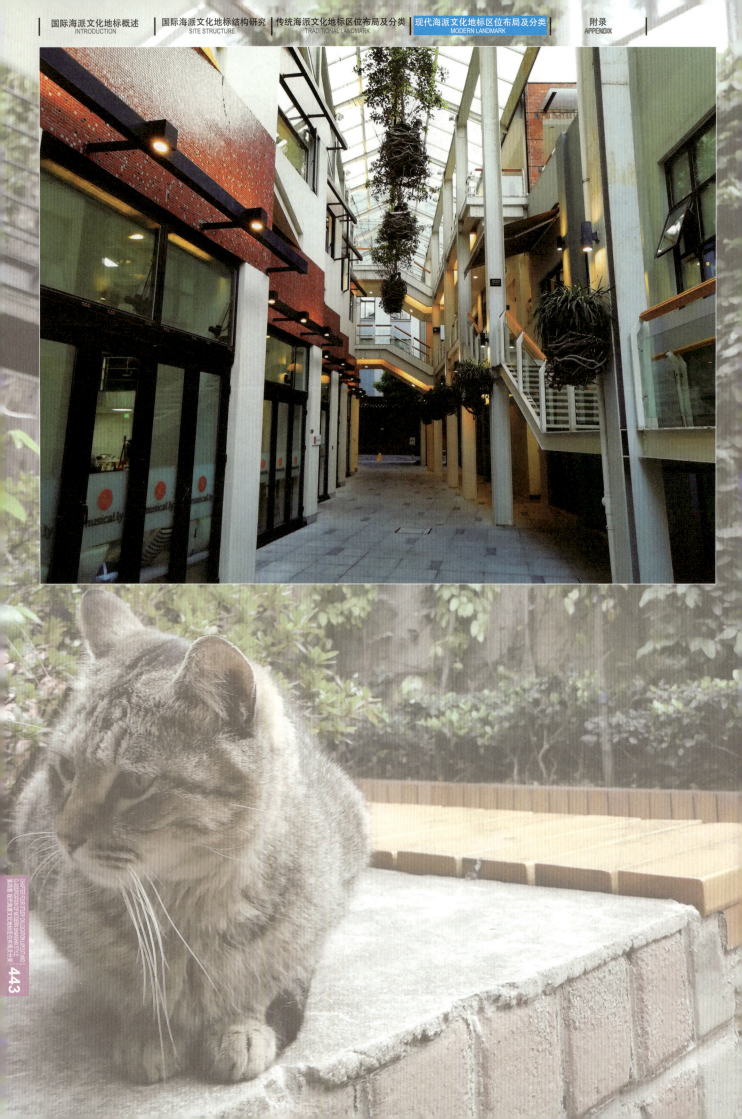

海派底蕴： SHANGHAI STYLE HERITAGE

为了将8号桥真正建成一个国内外创意行业交流、推广、传播的平台，成为一个多功能的时尚创作中心，改建工程在功能上做了极大的调整，同时内部公共空间的预留以及对于租户的严格筛选，使得这里建筑风格内外一致又各具特色，在力求创造出艺术化空间的同时，也落实了实用性。改造中，原先那些厚重的砖墙、林立的管道、斑驳的地面被保留下来，使整个空间充满了工业文明时代的沧桑韵味。

如今，8号桥已经成为了建筑、家居、艺术、广告、软件、电影、出版、时装设计等新兴产业的汇聚中心。吸引了加拿大多伦多的B+H建筑和室内设计事务所、日本HMA建筑设计公司、法国F-emotion公关公司、中国香港导演吴思远的电影后期制作工作室、曾设计过金茂大厦的SOM建筑设计事务所等

诸多中外创意设计机构。除了这些创意机构以外，还有一些日本料理、酒吧、咖啡厅的餐饮机构和美发、纤体、保健等时尚机构。园区内已先后有法国文化周、澳大利亚旅游节、上海国际时装文化节、顶级汽车推介会和超级模特大赛等重大活动在此举行。

8号桥开放的工作空间，布局合理的生态环境，以及独特的建筑风格非常符合创意人士的要求，因此成功地吸引了众多创意类、艺术类及时尚类的企业入驻。

二期承接一期成功方式，引进国内外创意、艺术及时尚企业的佼佼者，且在业态上增添了更多的功能，例如动漫设计公司，包括由创始暴雪魔兽世界团队创办的RED5，以及中国游戏软件开发行业的先行者——WINKING 动漫公司。除此之外，还有新加坡BAND公关公司、法国著名的NACO建筑设计公司、全球著名的建筑师事务所AEDAS 等。

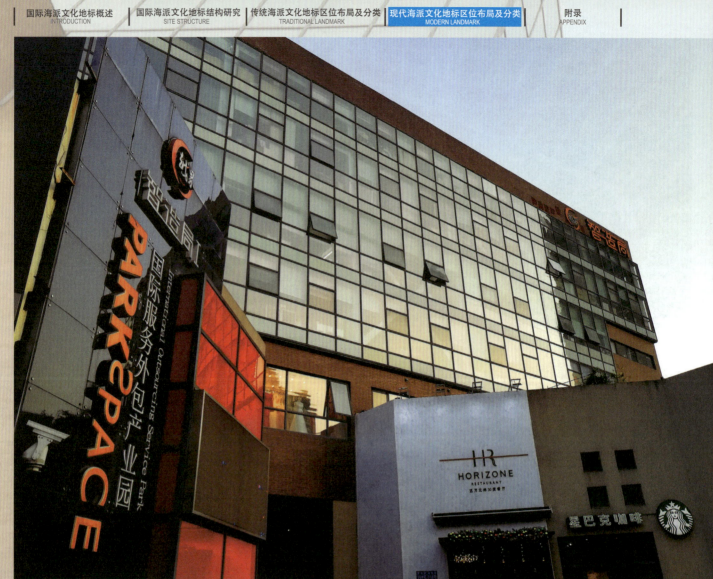

SHANGHAI
智造局I期
LANDMARK LOCATION LAYOUT AND CLASSIFICATION RESEARCH TRADITIONAL
MANUFACTURING PARKING
地标位置：黄浦区蒙自路169号

智造局 MANUFACTURING PARKING

总体概述：GENERAL SUMMARY

　　智造局，取名是以紧邻的制造局路、曾经的"江南制造局"为谐音，该园区位于黄浦区的西南边，近黄浦江位置——蒙自路169号，地处丽园路以南、蒙自路以东，南邻上海刃具厂，北望城市公共绿地——丽园绿地。距上海世博会展区和新天地核心商务区约20分钟行程。周围交通便利，地面公交线路、轨道交通、高架环候。

业态布局：BUSINESS FORM LAYOUT

　　智造局的改造是在保留原有建筑精髓的基础上，将众多厂区重新整合为一个整体的、充满个性、富有感染力的产业园区，更好地将经济资源和历史资源完美结合，形成现有的街区式建筑布局，它在黄浦区乃至上海区旧房再生改造项目中独树一帜。

海派底蕴：SHANGHAI STYLE HERITAG

　　智造局前身为上海紫光机械厂，自20世纪80年代起，厂房经历过多次加建、新建及扩建改造。如今，为了助推产业结构转换，迎合以服务外包为主题的改建，原本隔街甚至隔墙相望的上海刃具厂、上海采矿机械厂、上海达新印染厂等多处老厂房都将以"智造局"国际外包服务产业园的整体面貌亮相。

　　整体的建筑改造表现出很强的海派建构特色，建筑本身保留了空间界面的老上海风情和ART-DECO风格，采用深色砖面和错落有致的里弄空间，并且还对原厂区内的10栋主要建筑加以改造。现代、简约、大气、含蓄，稳重的咖啡色文化石材质取代原有灰头土面的蓝白厂房，通透的廊桥代替了原有封闭的厂区过道，彰显了工业厂房的沧桑，感观上带有一丝怀旧。

SHANGHAI
智造局II期

LANDMARK LOCATION LAYOUT AND CLASSIFICATION RESEARCH TRADITIONAL.

MANUFACTURING PARKING

地标位置：黄浦区蒙自路169号

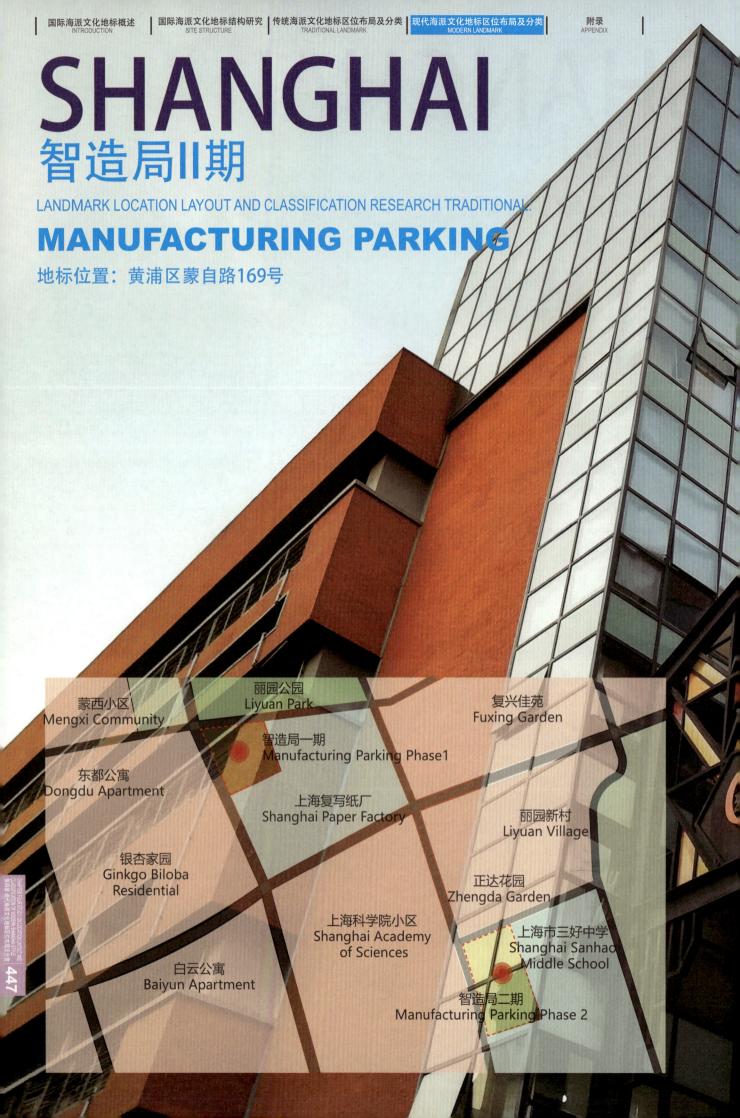

蒙西小区
Mengxi Community

丽园公园
Liyuan Park

复兴佳苑
Fuxing Garden

智造局一期
Manufacturing Parking Phase1

东都公寓
Dongdu Apartment

上海复写纸厂
Shanghai Paper Factory

丽园新村
Liyuan Village

银杏家园
Ginkgo Biloba
Residential

正达花园
Zhengda Garden

上海科学院小区
Shanghai Academy
of Sciences

上海市三好中学
Shanghai Sanhao
Middle School

白云公寓
Baiyun Apartment

智造局二期
Manufacturing Parking Phase 2

总体概述：GENERAL SUMMARY

　　2577创意大院坐落于上海市龙华路2577号，最早为清朝洋务运动时期李鸿章创办的江南枪炮局，也是第一家中国工业设计院所在地，有"中国西洋艺术摇篮"之誉，是中国现代工业设计的发源地。基地内有着各个时期的建筑几十处，体现了不同时期的历史风貌，先后荣获"中国最佳创意产业园区奖""上海优秀创意产业园区奖"等荣誉。

　　2577创意大院总占地100亩，大院建筑特色既保留了清代徽派元素，又体现了创意园区的现代气息。园区内绿化面积达3000平方米，其中特色庭院6处。2577创意大院以前庭后院的花园式办公布局，开创了上海创意产业园区的两个唯一：唯一的花园式创意园区，唯一建筑物历史有"百岁高龄"的创意园区。

业态布局：BUSINESS FORM LAYOUT

　　2577创意大院的产业定位以新媒创意产业为核心，辐射广告策划设计、公关会展策划、新媒体产业、艺术创作、其他设计咨询类产业及现代服务业。集办公、展示、交易、文化等多功能于一体，融合休闲、娱乐、旅游等多元商务业态组合，打造成为上海市新传媒创意产业新地标。

海派底蕴：SHANGHAI STYLE HERITAGE

　　2577创意大院提倡的"JOB & LIFE"理念，意在打破传统的工作与生活壁垒，打造开放性工作氛围和环境，倡导现代智慧型产业的工作观念。大院还积极为园区企业提供各项增值服务，组织企业参展参会，提供多种专项培训，多方位提供政策信息。由2577创意大院成立的"上海徐汇创意产业中心"运营一年多来，为徐汇区各产业园区及其企业提供多方位的信息服务平台。

SHANGHAI
2577创意大院

LANDMARK LOCATION LAYOUT AND CLASSIFICATION RESEARCH TRADITIONAL.

2577 CREATIVE COMPOUND

地标位置：上海市龙华路2577号

98创意园 98 CREATIVE PARK

总体概述： GENERAL SUMMARY

静安区位于延平路98号的"98创意园"其五彩亮丽的外表、时尚的内构，吸引了韩国HMS服装、搜友网、阳狮广告、法国赫利福模特经纪公司等国际知名品牌公司入驻。目前一期和二期入驻率已达60%，部分企业已开始正式办公。

因为地处延平路98号，故园区命名为"98创意园"，又名"蓝天绿地城市商务广场"。创意园原址是上海电器厂厂区，始建于1967年，专门生产高低压成套电器设备。企业转制搬迁后，上海电气酒店投资管理公司对原有厂房加固、改造，力图将其打造成工业设计、品牌设计创意园区。

海派底蕴： SHANGHAI STYLE HERITAGE

整个园区面积14000平方米，园区外立面鲜艳亮丽，内部构成现代时尚，围绕"设计、品牌、产业——撑起都市地标"这一主题，把现代工业设计成果、静安创意产业的特色优势、静安高端品牌中体现创意思想的内容集于一炉，展现区域最新产业成果。

静安阳光华庭
Jing 'an Sunshine Atrium

绿杨村
Lvyang Village

静安枫景苑
One Park Avenue

中汇商务中心
Central Plaza Biz Centre

阳光科技广场
Sunshine Science and Technology Plaza

上海市华伦小区
Shanghai Hualun Community

上海市公安局
Shanghai Municipal Public Security Bureau

98创意园
98 Creative Industry Park

静安区人民政府
The People's Government of Jing 'an District

瑞芝村
Ruizhi Village

瑞丽公寓
Ruili Apartment

三和花园
Sanhe Garden

云峰剧场
Yunfeng Theatre

京德大楼
Jingde Building

武西村
Wuxi Village

静安中华大厦
Fortune Gate

CHAPTER FOUR STUDY ON LOCATION LAYOUT AND CLASSIFICATION OF MODERN SHANGHAI STYLE 第四章 现代海派文化地标区位布局及分类

SHANGHAI

98创意园

LANDMARK LOCATION LAYOUT AND CLASSIFICATION RESEARCH TRADITIONAL :

98 CREATIVE PARK
地标位置：静安区延平路98号(近新闸路)

SHANGHAI STYLE CULTURE FASHIONABLE LANDMARK 上海海派文化时尚地标

SHANGHAI

上海国际时尚中心

LANDMARK LOCATION LAYOUT AND CLASSIFICATION RESEARCH TRADITIONAL：

SHANGHAI FASHION CENTER

地标位置：上海市杨浦区杨树浦路2866号

总体概述：GENERAL SUMMARY

位于上海市杨浦区的上海国际时尚中心将打造成全球"第六时尚之都"，其被定位为国际时尚业界互动对接的地标性载体和营运承载基地。

该中心具备时尚多功能秀场、接待会所、创意办公、精品仓、公寓酒店和餐饮娱乐六大功能；将是上海乃至全国设施最完备、配套最齐全的专业秀场，也是世界顶级品牌发布首选地，上海国际服装文化节、上海时装周主场。

业态布局：DISTRIBUTION OF THE FORMATS

亚洲规模最大的时尚中心——上海国际时尚中心位于杨树浦路2866号，是原十七棉厂改建项目，以时尚为核心立意，集创意、文化及现代服务经济于一体，跨界融合国际名品和各界休闲娱乐业态，引领时尚潮流，以建筑形态与人文环境促进文化交流，力图在将平台打造成远东地区规模最大、时尚元素最为丰富、以纺织概念为主的时尚创意园区。其将成为杨浦区东外滩的又一时尚地标，与虹口区北外滩交相辉映，演绎繁华与璀璨。

海派底蕴：SHANGHAI STYLE HERITAGE

上海国际时尚中心将具备时尚多功能秀场、时尚接待会所、时尚创意办公、时尚精品仓、时尚公寓酒店和时尚餐饮娱乐六大功能区域。

其中多功能秀场可同时容纳800名观众观看时装秀，秀场后台可同时供300名模特、工作人员化妆候场，规模居亚洲之最，是上海乃至全国设施最完备、配套最齐全的专业秀场，也是世界顶级品牌发布的首选地，成为上海国际服装文化节、上海时装周的主场；世界五大"时尚之都"的代表机构将来此入驻。上海国际时尚中心已经逐渐成为人们接触时尚、了解时尚、感受与体验时尚的新天地。

国际海派文化地标概述
INTRODUCTION

国际海派文化地标结构研究
SITE STRUCTURE

传统海派文化地标区位布局及分类
TRADITIONAL LANDMARK

现代海派文化地标区位布局及分类
MODERN LANDMARK

附录
APPENDIX

上海国际时尚中心秀场拥有"亚洲第一秀场"的美名。

益民小区
Yimin Community

阳光园
Sunshine Park

中国时尚中心
China Fashion Center

中国石化
SINOPEC

杨浦都市食品园区
Yangpu City Food Park

上海国际时尚中心
Shanghai Fashion Center

上电电力工程有限公司
Shangdian Power Engineering
Co, Ltd.

奥特莱斯与中国时尚艺术中心的结合。

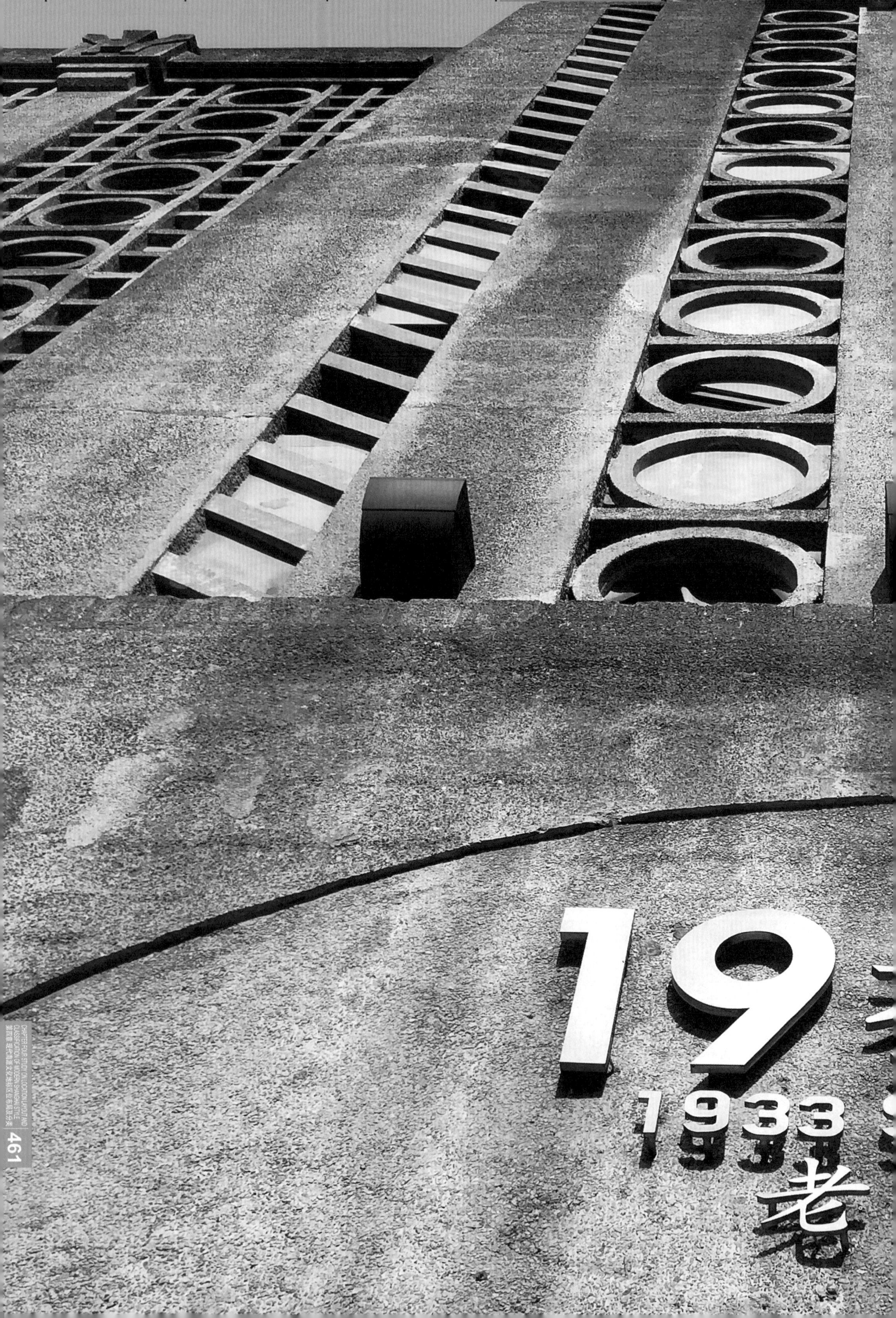
19
1933
老

三角艺术园
Triangle Art Park

华集公寓
Huaji Apartment

经纬里
Jingweili

凯虹家园
Keihin Home

庆源小区
Qingyuan Village

海伦大厦
Helen Building

老洋行 1913
创业园区
Laoyanghang 1913
Entrepreneurial Park

金田社区
Jintian Community

1930 鑫鑫创意园
Creative Industry Center

威乐小区
Wheeler Village

中皇广场
Emperor Square

常乐里
Changleli

1933 老场坊
1933 Old Millfun

绿地九龙宾馆
Jiulong Hotel
- Shanghai

洪福里
Hongfuli

上海市第一人民医院
Shanghai First
Municipal Hospital

新亚小区
New Asia Residential

振华公寓
Zhenhua
Apartment

春阳住宅小区
Chunyang
Residential

前进小区
Forward Village

1933老场房 1933 LAO'CHANG'FANG

总体概述： GENERAL SUMMARY

1933老场坊原来是原上海工部局宰牲场，1933年由工部局出资兴建，著名英国设计师巴尔弗斯设计，中国当时的知名建筑营造建造的上海工部局药厂在上海虹口区沙泾路正式建成。全部采用英国进口的混凝土结构，墙体厚约50厘米，两层墙壁中间采用中空形式，在缺乏先进技术的30年代，巧妙利用物理原理实现温度控制，即使在炎热的夏天依然可以保持较低的温度，可见这栋建筑当时工艺设计的前瞻性和先进性。

建筑特色： ARCHITECTURAL FEATURES

1933老场坊的建筑融汇了东西方特色，整体建筑可见古罗马巴西利卡式风格，而外方内圆的基本结构也暗合了中国风水学风水学说中"天圆地方"的传统理念。"无梁楼盖""伞形柱""廊桥""旋梯""牛道"等众多特色风格建筑融会贯通，光影和空间的变幻莫测，全世界这样格局规模的宰牲场也只有三座，而1933老场坊是唯一现存完好的建筑，其他都无从可寻了。

业态布局： BUSINESS FORM LAYOUT

1933老场坊前身为宰牲场，它继承了原有的结构体系和空间关系，在结合其历史风貌的基础上，脱胎换骨为一座别具特色的创意园区，不少特色小店、餐馆、工作室入驻其中，还经常会举办一些话剧表演、时装秀、企业会展等，成为一片艺术聚集地。这里还是热门电影《小时代》的取景地。老场坊地理位置优越，紧邻四川路商业街，整个建筑融汇了东西方特色，大楼空间布局奇特，东南西北4栋建筑围成的四方形厂区与中间一座24边形的主楼通过楼梯相连。外方内圆的建筑结构、纵横交错的廊桥，与螺旋梯、伞形花柱一起，营造出迷宫一般的效果，令人惊喜连连。

海派底蕴： SHANGHAI STYLE HERITAGE

1933老场坊内最值得去参观的就是位于主楼中心圆区域四楼的空中舞台。8米挑高的空中舞台的中央600平方米悬空而设，全部用钢化玻璃制成，透明炫目，玻璃地面可从四楼一直透视到一楼。独具匠心的设计、令人惊叹的空间，这里还承接过法拉利F1派对、雷达表50周年庆等大型商业活动。这里是进行时尚表演、发布、展示、交易、设计、服务、消费、休闲的中心，以旅游业带动区域性经济发展；结合虹口区北外滩的改变形成互动，成为极具特色的区域性海派旅游特色产品；成为承接世博游客居住、旅游、消费的重要海派特色基地。

SHANGHAI STYLE CULTURE
FASHIONABLE LANDMARK
上海松博览 建筑艺术与内心设计

改造后的1933老场坊承载着重要的商业及产教功能。

RESTAURANT
BAR
GAME
PARTY
GALLERY

Formula Pilota

赛车
主题餐厅

FOOD
SNACK
DESSERT
DRINK
COCKTAIL
TEA
COFFEE

赛车
主题餐厅

FOOD

Formula Pilota

晓 SPARK

PARK、 LOW-CARBON

4.7 海派公园文旅低碳产业绿色地标

THE PARK IS A LOW CARBON INDUSTRIAL CULTURAL LANDMARK

SHANGHAI MODERN CULTURAL LANDMARK

关键词：上海静安雕塑公园、世纪公园、徐家汇公园、上海共青国家森林公园、东方绿洲

引言：近来国家对生态文明体制化建设的政策力度持续深化，现代生态景观及绿色低碳产业日益成为国际海派文化中的研究热点，其中又分成不同的类型：第一种类型是根据LEED绿色景观体系，郊野公园的职能越发倾向于强体验和强策展，从而形成"田园综合体"的雏形；第二种类型是研究都市景观与城市公园的结合关系，打造出人与"社区自然共生体"的生态价值链；第三种类型是公园与城市基建和消费购物甚至快闪店结合，催生出国际海派文化产业链的新形态。

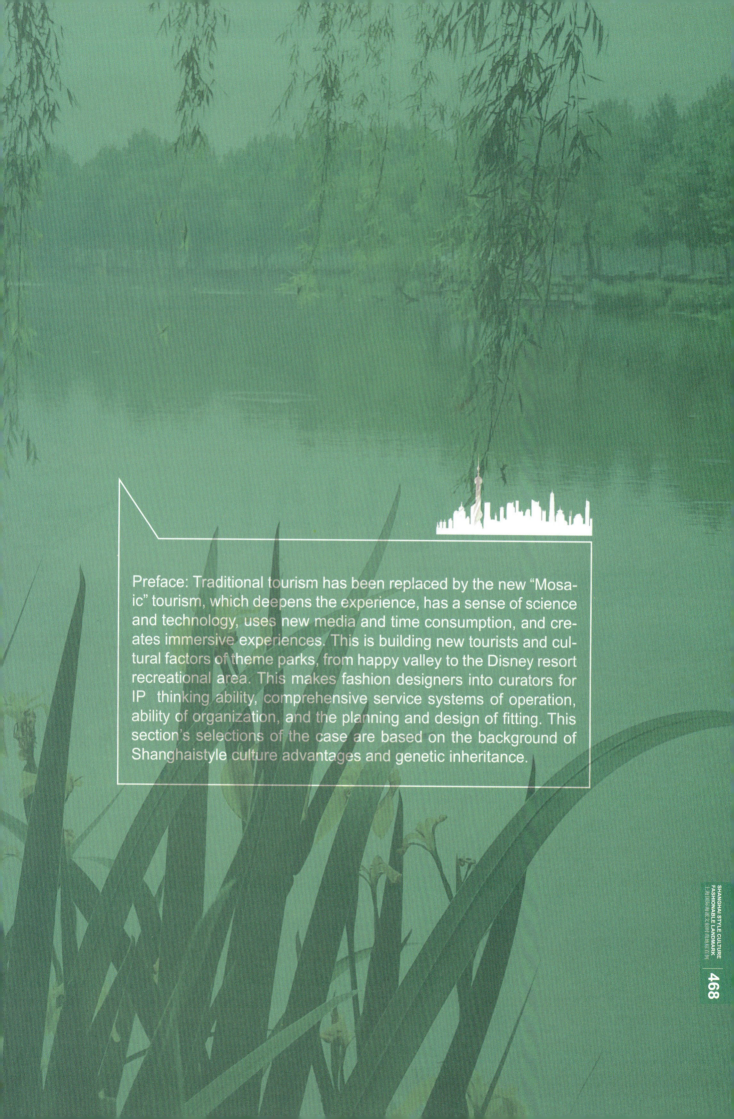

Preface: Traditional tourism has been replaced by the new "Mosaic" tourism, which deepens the experience, has a sense of science and technology, uses new media and time consumption, and creates immersive experiences. This is building new tourists and cultural factors of theme parks, from happy valley to the Disney resort recreational area. This makes fashion designers into curators for IP thinking ability, comprehensive service systems of operation, ability of organization, and the planning and design of fitting. This section's selections of the case are based on the background of Shanghaistyle culture advantages and genetic inheritance.

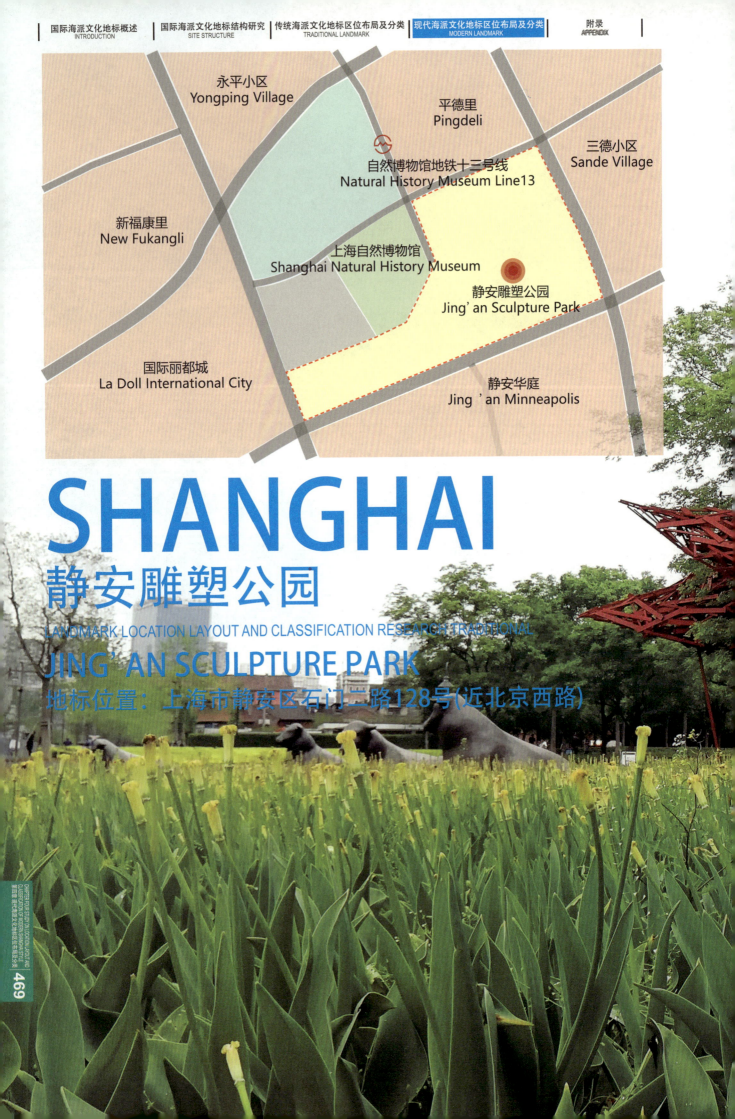

永平小区
Yongping Village

平德里
Pingdeli

三德小区
Sande Village

自然博物馆地铁十三号线
Natural History Museum Line13

新福康里
New Fukangli

上海自然博物馆
Shanghai Natural History Museum

静安雕塑公园
Jing'an Sculpture Park

国际丽都城
La Doll International City

静安华庭
Jing'an Minneapolis

SHANGHAI

静安雕塑公园

LANDMARK LOCATION LAYOUT AND CLASSIFICATION RESEARCH TRADITIONAL

JING'AN SCULPTURE PARK

地标位置：上海市静安区石门二路128号(近北京西路)

静安雕塑公园 JING'AN SCULPTURE PARK

总体概述： GENERAL SUMMARY

静安雕塑公园，是上海市中心唯一的以雕塑为观赏展示特色的公园，是一个开放式的城市公园。 为AAAA景区级别，静安雕塑公园以人为本，以绿为主，以雕塑为主题，以展示为手段，绿化与雕塑、小品相互渗透、和谐统一的城市公园；也为广大市民提供游憩、休闲和接受艺术熏陶的活动场所，创造上海中心城区公园绿地与文化设施结合的典范。上海自然博物馆新馆就建于公园内。

海派底蕴： SHANGHAI STYLE HERITAGE

静安雕塑公园是以清晰的空间组织结构和鲜明的公园艺术个性，为上海市中心创造一个珍贵的城市开放空间，体现"为民所爱、为民所用、为境所融"的宗旨。公园成为一个展示艺术、传授艺术的海派文化传播载体，促进人与艺术以及人与人之间的交流，增添城市的文化氛围，为市民提供一个良好的休闲娱乐和海派学习的场所。

景观布局： LANDSCAPE FEATURES

静安雕塑公园主要由六个景观区域构成：入口广场；流动展示长廊；中心广场景观区；白玉兰花瓣景观区；梅园景观区；小型景观区。

整个公园以流动展示长廊为主线，将各个主题景观空间串联起来，相对集中并有组织地将不同创意的雕塑放置在公园各个景观区域里，形成一系列各具特色的空间，从而丰富了公园景观构成，提高游客探索的兴趣。景观的艺术性及观赏性大大增强。

时尚特色： FASHION FEATURES

静安雕塑公园作为上海市中心唯一的专类雕塑公园，是静安区致力于为上海大都市，为广大市民打造的兼有生态功能、艺术功能和文化功能的国际海派公共产品。静安雕塑公园整体景观形象简洁精致，是充分体现现代园林的造园手法和传统造园理念的有机结合的成功案例。公园内各空间尺度怡人，空间布局结合雕塑规划布置，通过景观步道将各场地串联起来，形成统一、有序的展示空间。

国际海派文化地标概述
INTRODUCTION

国际海派文化地标结构研究
SITE STRUCTURE

传统海派文化地标区位布局及分类
TRADITIONAL LANDMARK

现代海派文化地标区位布局及分类
MODERN LANDMARK

附录
APPENDIX

世纪公园

LANDMARK LOCATION LAYOUT AND CLASSIFICATION RESEARCH TRADITIONAL

CENTURY PARK

地标位置：上海市浦东新区锦绣路1001号

世纪广场
Century plaza

杨高中路
Middle Yanggao Road

上海信息大厦
Shanghai information building

水木清华公寓
Shuimu Qinghua Apartment

竹园绿地
Bamboo Garden

天安花园
Tian An Garden

四季雅苑
Seasons Villas

上海科技馆
Shanghai Science and Technology Museum

御翠园
Regency Park

世纪公园
Century Park

博览汇广场
Expo Plaza

上海新国际博览中心
Shanghai New International Expo Center

陆家嘴世纪金融广场
Lujiazui Century Financial Square

世纪公园地铁二号线
Century Park Link2

花木苑
Flowers Garden

大唐盛世花园
The Great Tang shengshi Garden

上海绿城
Shanghai Green Town

东辰大厦
Dongchen Building

花木村
HuaMu Village

龙阳路地铁二号线
Longyang Road Link2

SHANGHAI STYLE CULTURE
FASHIONABLE LANDMARK
上海国际采风 文化时尚标志性布局

世纪公园 CENTURY PARK

总体概述：GENERAL SUMMARY

世纪公园原名浦东中央公园，是浦东地区著名的公园，占地140.3公顷，地处浦东花木行政区（新区办公中心）东南侧。世纪公园是上海最大的富有自然特征的生态城市公园，体现了东西方文化的融合、人与自然的融合，具有现代特色的中国园林风格。

景观特色：LANDSCAPE FEATURES

世纪公园是上海内环线中心区域内最大的富有自然特征的生态型城市公园。享有"假日之园"的美称。公园总体规划方案由英国LUC公司设计，占地总面积140.3公顷。设计思想体现了中西方园林艺术和人与自然相互融合的理念。

公园以大面积的草坪、森林、湖泊为主体，建有乡土田园区、湖滨区、疏林草坪区、鸟类保护区、异国园区和迷你高尔夫球场等七个景区，以及世纪花钟、镜天湖、高柱喷泉、南国风情、东方虹珠盆景园、绿色世界浮雕、音乐喷泉、音乐广场、缘池、鸟岛、奥尔梅加头像和蒙特利尔园等45个景点。园内设有儿童乐园、休闲自行车、观光车、游船、绿色迷宫、垂钓区、鸽类游憩区等13个参与性游乐项目，同时设有会展厅、蒙特利尔咖啡吧、佳蛊苑、世纪餐厅、海纳百川文化家园和休闲商品部。

SHANGHAI

徐家汇公园

LANDMARK LOCATION LAYOUT AND CLASSIFICATION RESEARCH TRADITIONAL

XUJIAHUI PARK

地标位置：上海市徐汇区肇嘉浜路889号

上海交通大学
SHJT University

百联徐汇商业广场
Bailian Xuhui Commercial
Plaza

衡山坊
Hengshanfang

徐家汇公园
Xujiahui Park

港汇恒隆广场
Ganghui Hang Lung Plaza

美罗城
Metro City

永新世纪
Yongxin Century

世纪豪庭
Century Court

上海徐家汇公园 XUJIAHUI PARK

总体概述： GENERAL SUMMARY

　　徐家汇公园景观是加拿大W.A.A联合设计事务所设计。其名是经社会征集后定名为"徐家汇公园"，公园以衡山路、天平路、肇嘉浜路、宛平路为四至，原址为上海大中华橡胶厂，上海百代唱片公司及周边其他单位和周围居民住宅区，面积8.66万平方米，公园建于2000年，保留了橡胶厂烟塔，唱片厂办公楼，传承历史记忆，设计布局呈现上海版图形状，模拟黄浦江等水域，有近200米空中步行天桥贯通。

海派底蕴： SHANGHAI STYLE HERITAGE

　　徐家汇公园是徐汇源国家级AAAA景区的重要组成部分，为上海市首个开放式旅游风景区域，与徐汇公学旧址、徐家汇藏书楼、徐家汇天主堂、徐家汇观象台、徐光启墓、光启公园、徐光启纪念馆、土山湾博物馆、圣母院旧址、百代公司旧址并称"海派徐汇十一景"。

　　徐家汇公园分三期实施建设：一期为原大中华橡胶厂地块，约为3.3公顷；二期是原中国唱片厂地块，约为3.7公顷；三期为宛平路周边旧居民住宅地块，约为1.47公顷。

徐家汇公园内绿树葱茏，自然水系与人工景观营造相得益彰，公园内的保护建筑已成为高端社交休闲场所

SHANGHAI

上海共青国家森林公园

LANDMARK LOCATION LAYOUT AND CLASSIFICATION RESEARCH TRADITIONAL

GONGQING FOREST PARK

地标位置：上海市杨浦区军工路2000号

上海共青国家森林公园 GONGQING FOREST PARK

地标概况： GENERAL SUMMARY

上海共青国家森林公园位于上海市杨浦区，东濒黄浦江，西临军工路，全园总占地1965亩，分南北两园，其中北园"共青森林公园"1631亩，南园"万竹园"239.6亩。其中北园是主要地标景点，其内部又分北游乐区和南游乐区。

景观特色： LANDSCAPE FEATURES

上海共青国家森林公园是以森林为主要景观的特色公园，共种植200余种树木，总数达30多万株。公园分为南北两园，南北园风格各异，北园着重森林景色，有丘陵、湖泊、草地，高大特景香樟绿树葱茏。近年来北园拍婚纱照的情侣很多，游人也可在园内骑马、烧烤和垂钓。南园称竹园，面积较小，持门票同一入口进出。小桥流水特色建筑一派南国风光。

空间布局： SPATIAL ARRANGEMENT

全园划分7个景区，分别是：

松涛幽谷景区

面积约1.33万平方米。挖自盈湖的土大部堆积于此，形成丘陵起伏的地势，山间植雪松1750株，形成壮观的雪松林带。

丛林原野景区

面积约2.34万平方米。主要种植银杏、池杉、香樟，组成茂密高低层次分明的植物群落。

秋林爱晚景区

面积约2.51万平方米。岛远视如一片彩霞轻浮水面。南端则建泓庄茶室。

翠崖听鹂景区

面积约2万平方米。景区东面以一片高大水杉密林为背景，形似翠崖屏嶂。景区有小半岛。

盈湖泛舟景区

水面积共约12.6万平方米。湖面广阔，西部宽，岸线曲折。游人可划船、钓鱼、赏荷。

水乡映秀景区

位于公园中部，溪流曲折多变。河两岸群植竹、杉及灌木。北岸有座绿荫茶室，有三孔石拱桥，过有组蘑菇亭，亭下配有石桌石凳。

大草坪景区

位于公园中部，面积9.32万平方米。周围种植各种大型乔灌木，形成优美的林冠线。

游乐项目输入

随着公园的发展，游乐园先后增加了过山车、惯性滑车、豪华波浪、极速风车、电动滑道、卡丁车、激流勇进等20多个娱乐项目。

共青森林公园是上海市中心唯一的国家级森林公园，公园虽大，但布局合理，园艺设计感强，是海派公园文化中不可复制的珍贵地标。

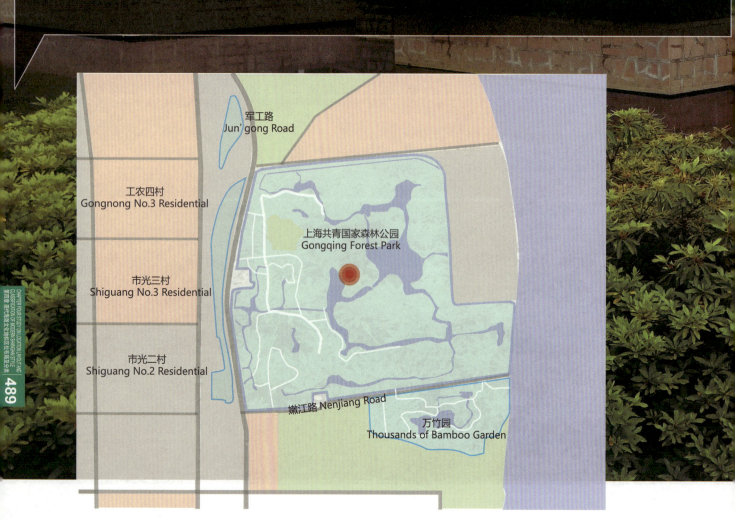

共青森林公园内景色优美，是上海市区少有的自然景色与人工园艺相结合的特色大型公园。

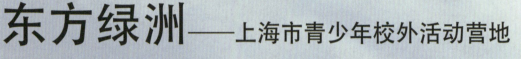

SHANGHAI

东方绿洲——上海市青少年校外活动营地

LANDMARK LOCATION LAYOUT AND CLASSIFICATION RESEARCH TRADITIONAL

ORIENTAL LAND——SHANGHAI YOUTH CAMP FOR OUT-OF-SCHOOL ACTIVITIES

地标位置：上海市青浦区沪青平公路6888号

海上湾华庭紫园
Sea Bay Huatan Purple Garden
朱家角一号
Zhujiajiao No.1
地球村
Global Village
东方庭院
Oriental courtya
淀山湖
Dianshan Lake
淀山
Dianshan
东方绿洲
Oriental Green Land
外河村
Waihe Village
薛间村
Xuejian Village
金家库
Jinjiaku
陆港村
Lugang Village
报国寺
Baoguo Temple
龙星村
Longxing Village
庆丰村
Qingfeng Village

东方绿洲 ORIENTAL LAND

总体概述：GENERAL SUMMARY

　　东方绿舟位于上海市青浦区，是上海唯一的集拓展培训、青少年社会实践、团队活动以及休闲旅游为一体的大型公园。临近风景宜人的淀山湖畔，占地面积5600亩，其中水域面积达2000亩。东方绿舟由智慧大道区、勇敢智慧区、国防教育区、生存挑战区、科学探索区、水上运动区、体育训练区、生活实践区共八大园区组成。国家旅游局和环保部拟认定上海市东方绿舟旅游景区为国家生态旅游示范区。

海派底蕴：SHANGHAI STYLE HERITAGE

　　作为上海市郊休闲旅游的新景点和中国最大的旅游中心，东方绿舟以其烟波浩渺、植被苍翠的自然风光，恢弘大气的建筑群落和功能齐全的户外活动设施，充分满足了旅游观光、休闲度假和教学实践等多种需求，适应了不同年龄、不同层次的游客的需要。此为海派文化的又一景观特色。

时尚特色：FASHION FEATURES

　　"上海市青少年校外活动营地"是上海落实"科教兴国"战略和大力推进素质教育的一大举措。上海百万青少年在21世纪拥有一个属于自己大型校外活动场所，上海素质教育也将拥有一个新的试验田。

　　绿洲营地不是主题公园，更不是娱乐场所，而是以德育为核心，以培养创新精神和实践能力为重点，以提高青少年综合素质为宗旨，以培养青少年爱国主义、集体主义，具有吃苦耐劳、团结协作精神为目标，集实验性、示范性为一体，与已有的少年宫、少科站、文化馆、博物馆、活动中心等功能互补的教育发展标志性工程。

国际海派文化地标概述
INTRODUCTION | 国际海派文化地标结构研究
SITE STRUCTURE | 传统海派文化地标区位布局及分类
TRADITIONAL LANDMARK | 现代海派文化地标区位布局及分类
MODERN LANDMARK | 附录
APPENDIX

THEME ENTERAINMENT

4.8 海派主题娱乐休闲产业文化地标

THEME ENTERTAINMENT LEISURE INDUSTRY CULTURE LANDMARK

SHANGHAI MODERN CULTURAL LANDMARK

关键词：上海迪士尼度假区、上海欢乐谷、锦江乐园、上海泰晤士小镇、上海影视基地、上海野生动物园

引言：当今传统的旅游业已被新型"旅游综合体"取代，深化体验、时间消费、科技感官、新媒介、沉浸式体验均是构筑新旅游乃至主题乐园的文化因子，从欢乐谷到迪士尼度假休闲区，时尚的风向标转化成对于IP思维的策展能力、综合服务体系的运营能力、规划设计组织能力的拟合，本节遴选的案例都基于海派文化的本底优势和基因传承。

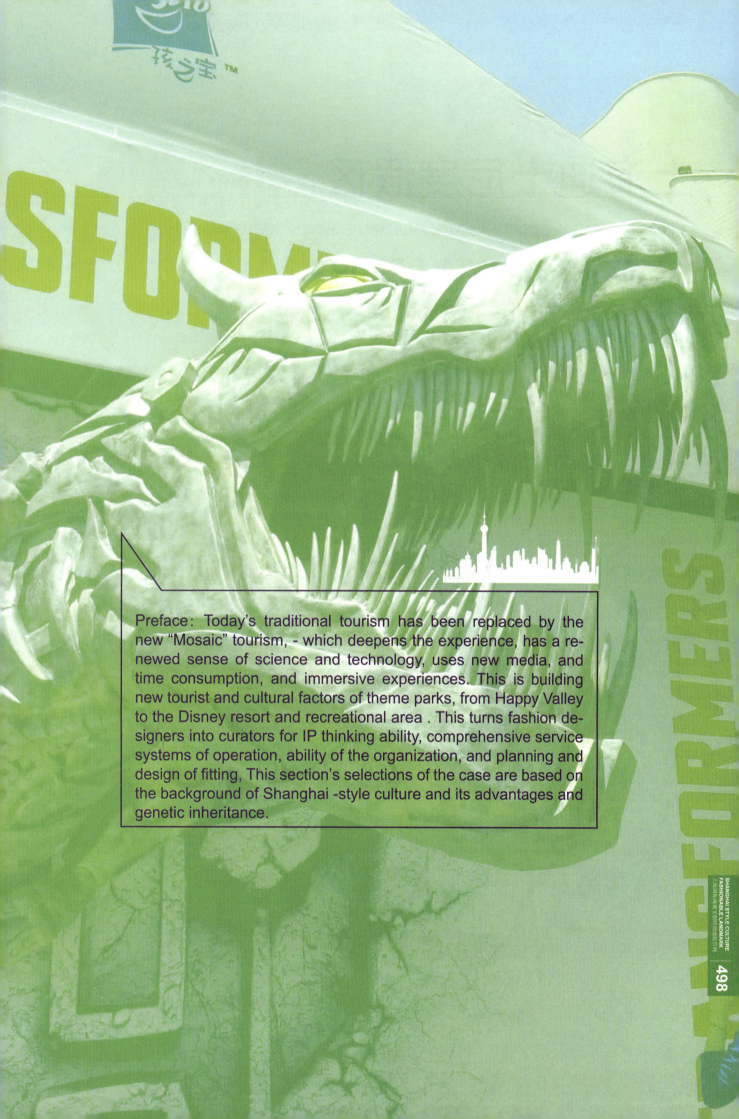

Preface：Today's traditional tourism has been replaced by the new "Mosaic" tourism, - which deepens the experience, has a renewed sense of science and technology, uses new media, and time consumption, and immersive experiences. This is building new tourist and cultural factors of theme parks, from Happy Valley to the Disney resort and recreational area . This turns fashion designers into curators for IP thinking ability, comprehensive service systems of operation, ability of the organization, and planning and design of fitting, This section's selections of the case are based on the background of Shanghai -style culture and its advantages and genetic inheritance.

上海迪士尼度假区

LANDMARK LOCATION LAYOUT AND CLASSIFICATION RESEARCH TRADITIONAL

SHANGHAI DISNEY RESORT

地标位置：上海市浦东新区川沙新镇

沈家宅
Shenjia Village

华家宅
Huajia Village

盛家宅
Shengjia Village

黄家宅
Huangjia Village

金家村
Jinjia Village

惠心园
Huixin Garden

陈桥村
Chenqiao Village

人西村
Renxi Village

上海迪士尼度假区
Shanghai Disney Resort

大南村
Rennan Village

赵汤酒店
Zhaoshang Hotel

鲍家村
Baojia Village

叠桥村
Dieqiao Village

傅家宅
Fujia Village

陶家宅
Taojia Village

果园村
Guoyuan Village

胡家宅
Hujia Village

戴家宅
Daijia Village

刘家宅
Liujia Village

游客将上海迪士尼园区变成一个真正的文化造梦互动场所。

上海迪士尼度假区 SHANGHAI DISNEY RESORT

总体概述： GENERAL SUMMARY

上海迪士尼度假区位于上海国际旅游度假区内，是中国大陆第一座迪士尼度假区，也是继加州迪士尼乐园度假区、奥兰多华特迪士尼世界度假区、东京迪士尼度假区、巴黎迪士尼乐园度假区和香港迪士尼乐园度假区之后，全球第六个迪士尼度假区。

度假区将包括一座延续迪士尼传统主题而设计的乐园，两家带有主题风格的酒店，大型的零售、餐饮和娱乐中心，以及完善的休闲设施。

业态布局： BUSINESS FORM LAYOUT

上海市迪士尼度假区是一个全方位的度假目的地，集梦幻、想象、创意和探险于一身，将延续全球迪士尼度假区的传统，为游客带来全球最佳的度假体验，让每一位游客在主题乐园、主题酒店、购物餐饮娱乐区和配套休闲区中乐享"不止一日"的沉浸式神奇体验。

上海迪士尼乐园包含六个主题园区：米奇大街、奇想花园、探险岛、宝藏湾、明日世界、梦幻世界。每个园区都有郁郁葱葱的花园、身临其境的舞台表演、惊险刺激的游乐项目，其中还有许多前所未见的崭新体验。

两座迪士尼主题酒店：上海市迪士尼乐园酒店和玩具总动员酒店。两座主题酒店紧邻上海迪士尼乐园，优越的地理位置将迪士尼神奇之旅从白天延续到夜晚，让家人朋友们在不只一日的行程中有充裕的时间享受上海迪士尼乐园、华特迪士尼大剧院所在的迪士尼小镇提供的丰富乐趣和迷人魅力。

迪士尼小镇：主题乐园外是一个充满蓬勃生气的购物、餐饮和娱乐中心，您可以与亲朋好友共餐或寻获独特的纪念商品，或者欣赏世界级的娱乐，包括百老汇史上最卖座音乐剧的中文版即将在此正式亮相。

星愿公园：毗邻"迪士尼小镇"的"星愿公园"里有宁静的绿地和波光粼粼的湖泊，让游客悠闲地亲近大自然。公园占地约40公顷，相当于56个足球场的面积，包括"星愿湖"、长约2.5千米的环湖步道，以及点缀其中的美丽花园，是欣赏自然风光以及落日美景的绝佳选择地。

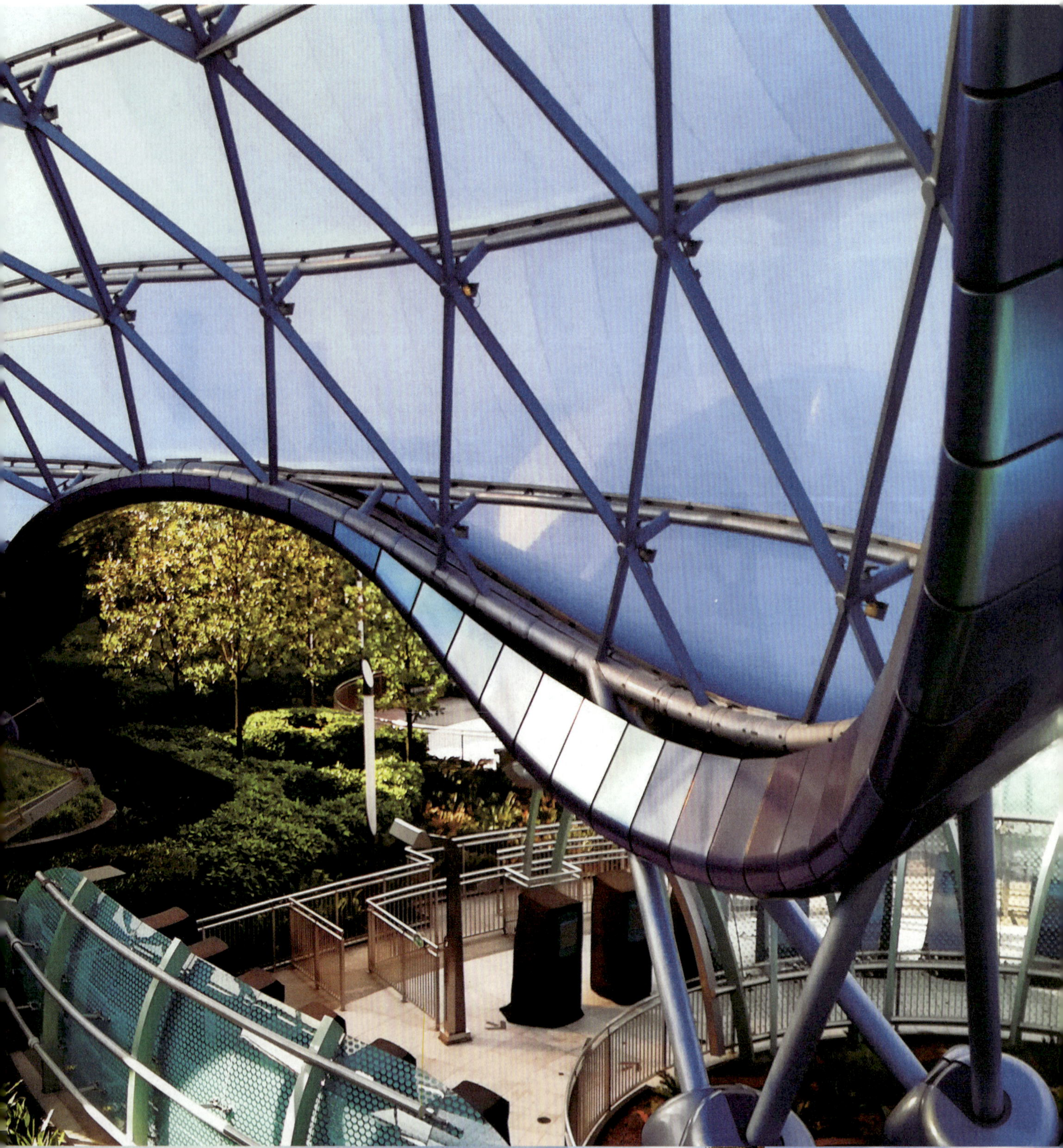

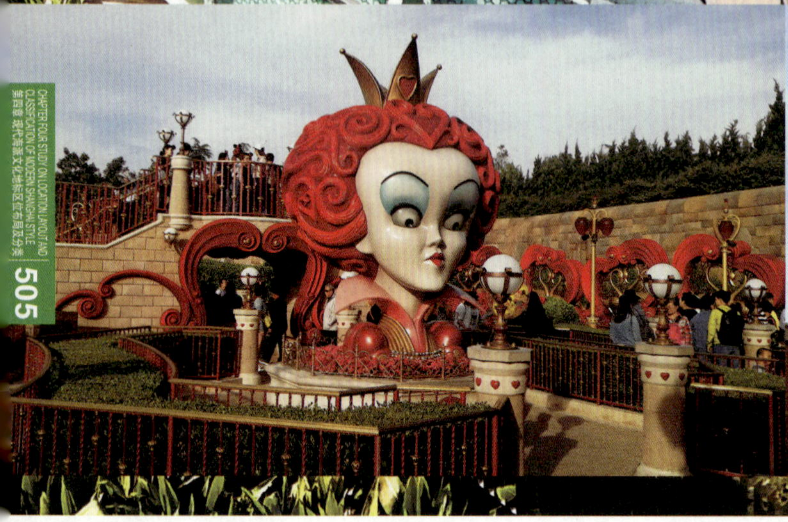

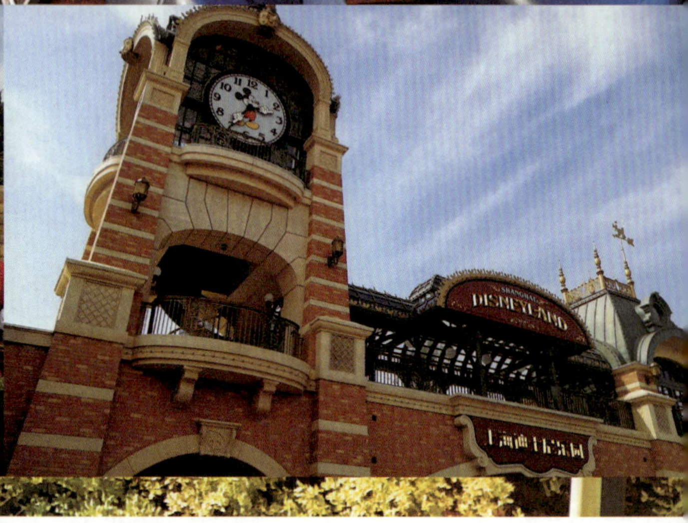
DISNEYLAND

SHANGHAI

欢乐谷

LANDMARK LOCATION LAYOUT AND CLASSIFICATION RESEARCH TRADITIONAL

HAPPY VALLEY

地标位置：上海市松江区林湖路888号

陈坊村
Chenfang Village

世茂佘山庄园
Shimao Sheshan Manor

佘山国际高尔夫俱乐部
Sheshan International Golf
Club

月湖美术馆
Moon Lake Gallery

佘山 line 9

佘山翠庭
Sheshan cui court

佘山月湖山庄
Sheshan Lake Villa

小佘山
Small Sheshan

上海佘山森林公园
Shanghai Sheshan
National Forest Park

欢乐谷
Happy Valley

天安别墅
Tian' an Villa

紫园
Purple Garden

玲珑华府
Linglong Residential

东青村
Dongqing Village

曼茶园
Mann Tea Garden

计家坟
Jijia Fen

洞泾九号线
Dongjing Line 9

SHANGHAI STYLE CULTURE
FASHIONABLE LANDMARK
上海海派文化时尚地标

国际海派文化地标概述
INTRODUCTION

国际海派文化地标结构研究
SITE STRUCTURE

传统海派文化地标区位布局及分类
TRADITIONAL LANDMARK

现代海派文化地标区位布局及分类
MODERN LANDMARK

附录
APPENDIX

上海欢乐谷 HAPPY VALLEY

地标概况：GENERAL SUMMARY

中国首个连锁主题公园品牌、国家4A级旅游景区，地处上海松江佘山国家旅游度假区，是华侨城集团打造的精品力作。占地面积65万平方米，拥有100多项老少皆宜、丰富多彩的体验项目，是国内占地面积最大、科技含量最高、游乐设施最先进、文化活动最丰富的主题公园之一。

时尚特色：FASHION FEATURES

上海欢乐谷全园共有七大主题区：阳光港、欢乐时光、上海滩、香格里拉、欢乐海洋、金矿镇和飓风湾。这里有众多从美国、德国、荷兰、瑞士等国家引进的世界顶尖科技娱乐项目。如：全球至尊无底跌落式过山车"绝顶雄风"、国内首台木质过山车"谷木游龙"、世界最高落差"激流勇进"、全球最受欢迎亲子悬挂过山车"大洋历险"、国际经典旋转类亲子游乐项目"小飞鱼"、亚洲惊险之塔"天地双雄"、国际领先级4K高清"飞行影院"、最新4D过山车模拟体验馆"海洋之星"荟萃大型多媒体歌舞秀《欢乐之旅》、原创魔术剧《奇幻之门》、影视特技实景剧《上海滩》、气势恢弘的大型马战实景表演《满江红》，零距离海狮互动等精彩演艺。

国际海派文化地标概述
INTRODUCTION

国际海派文化地标结构研究
SITE STRUCTURE

传统海派文化地标区位布局及分类
TRADITIONAL LANDMARK

现代海派文化地标区位布局及分类
MODERN LANDMARK

附录
APPENDIX

国际海派文化地标概述
INTRODUCTION

国际海派文化地标结构研究
SITE STRUCTURE

传统海派文化地标区位布局及分类
TRADITIONAL LANDMARK

现代海派文化地标区位布局及分类
MODERN LANDMARK

附录
APPENDIX

SHANGHAI

锦江乐园

LANDMARK LOCATION LAYOUT AND CLASSIFICATION RESEARCH TRADITIONAL

JIINJINGA PARADISE

地标位置：上海市闵行区虹梅路201号

古美一村
Gumei No.1 Village

古美六村
Gumei No.6 Village

花苑村玉兰园
Yulan Garden

古美四村
Gumei No.4 Village

古美三村
Gumei No.3 Village

阳光美景城三期
Sunshine City Phase3

锦江乐园地铁一号线
Jinjiang Amusement Park Line1

莲花公寓
Lotus Apartment

凌云新村
Lingyun New Village

古美八村
Gumei No.8 Village

翡翠别墅
Emerald Villa

锦江乐园
Jinjiang Paradise

阳光美景城
Sunshine Residential

上海戏剧学院
Shanghai Theatre Academy

锦隆别墅
Jinlong Villa

梅陇三村
Meilong No.3 Village

南方新村
South New Village

上海花园
Shanghai Garden

梅陇一村
Meilong No.1 Village

梅陇二村
Meilong No.2 Village

SHANGHAI STYLE CULTURE
FASHIONABLE LANDMARK

锦江乐园 JIINJINGA PARADISE

总体概述： GENERAL SUMMARY

　　锦江乐园是中国上海第一家大型现代化游乐园，占地面积170亩，共有40项游乐项目，适合各种年龄游客游玩，每年接待游客100万人次左右。建成了全国独创的具国际水平的"欢乐世界"和"峡谷漂流"两项目，使锦江乐园的吸引力明显增强。

时尚特色： FASHION FEATURES

　　锦江乐园是一座现代化的大型游乐园，锦江乐园分成"陆上世界"和"水上世界"两大部分，共有40项游乐项目。

　　"中国首座巨型摩天轮"是一个童话世界，通过声、光、电等现代技术展现了古今中外著名的童话故事，寓教于乐。"峡谷漂流"是大自然峡谷急流的移植，可令游客身临其境地感受到在急流中漂流而下的刺激。锦江乐园的配套服务有：休闲屋、餐厅、商场、客房、旅行社以及旅游客运服务。

海派底蕴： SHANGHAI STYLE HERITAGE

　　现代化的游乐项目将海派娱乐、情趣、艺术造型和自然风光奇妙地融于一体，给游客带来休闲的乐趣。其中大部分机械旋转项目全部从国外引进。为了满足中外游客日益增长的文化娱乐需求，锦江乐园先后引进了国内外领先的大型游乐项目。

GOWER STREET
高尔衔

CHAPTER FOUR STUDY ON LOCATION LAYOUT AND
CLASSIFICATION OF MODERN SHANGHAI STYLE
第四章 现代海派文化地标区位布局及分类

SHANGHAI

上海泰晤士小镇

LANDMARK LOCATION LAYOUT AND CLASSIFICATION RESEARCH TRADITIONAL:

THAMES TOWN

地标位置：上海市松江区松江新城三新北路900弄

景怡花园 Jingyi Garden

新松江路
New Songjiang Road

上泰绅苑
Thai Gentlemen and
Garden

泰晤士小镇
Shanghai Thames Town

菲堤酒店商务中心
Fiti Hotel Business Center

划船码头
Boating Dock

南青路 Nanqing Road

碧园
Bi Garden

天主堂
The Catholic Church

天翔路
Tianxiang Road

诺丁汉绿洲
Nottingham Oasis

艾伦岛
Allen Island

兰桥公寓
Lanqiao Apartment

华亭新苑
Huating Xinyuan
Residential

海德名园
Hyde Gardens

上海泰晤士小镇 THAMES TOWN

总体概述：GENERAL SUMMARY

泰晤士小镇由英国阿特金斯集团规划设计，松江新城建设发展有限公司，联合上海恒和置业有限公司等房地产开发企业携手打造。该镇以教堂为规划核心，英式建筑按照英式街区小尺度布局其中。各类雕像、指示牌、街区商业外摆、咖啡酒吧已在泰晤士小镇初显风貌。英国街区特征非常明显，是当时上海"十五"期间重点建设核心项目。

空间布局：SPATIAL ARRANGEMENT

泰晤士小镇规划自然流畅的道路系统与优美的河道有机地结合在一起，作为整个区域开发的骨架。以一条连续的多功能步行街以及湖畔英式广场成为总体规划的主轴线，也是居民及游人、旅客进行各种公共社交的空间载体。

海派底蕴：SHANGHAI STYLE HERITAGE

泰晤士小镇标榜SOHO式创意产业集聚区的新概念："生活着、休闲着、创意着"。小镇是一个具有居住、旅游、休闲等多项功能的大型社区。松江新城1平方公里的泰晤士小镇位于松江居住区组群以及新城市商务中心区之间，由连续的多功能步行街以及湖畔英式广场为主轴线集合商业配套、会所医院、超市教堂各类公建设施容纳独栋别墅、联排别墅、多层公寓、商业中心情系英国，泰晤士小镇引入英国泰晤士河边小镇风情和住宅特征，体现松江新城异域化、国际性、生态型以及旅游文化气息。是海派文化衍生及异域体验的典型地标。

时尚特色：FASHION FEATURES

整个小镇有20多万平方米是公共配套及商业服务设施，包括体检会所、健身俱乐部、美术馆、城市规划展示馆、包玉刚实验中学、立诗顿宾馆、小镇一号红酒会所、泰晤士天主堂、法兰山德音乐艺术中心等。

小镇可以观瞻世界著名雕塑大师阿曼的作品展、国际新闻摄影比赛、民俗剪纸展等各种艺术展览；可以体验时尚嘉年华、节日休闲音乐派对、婚恋博览会等国际活动；可以参拜天主堂主日弥撒、品牌服装发布秀等时尚体验；可以与艺术领军人物对话、感受时尚婚庆、原创动漫、流行音乐节等。真正打造国际产业文化一线社区。

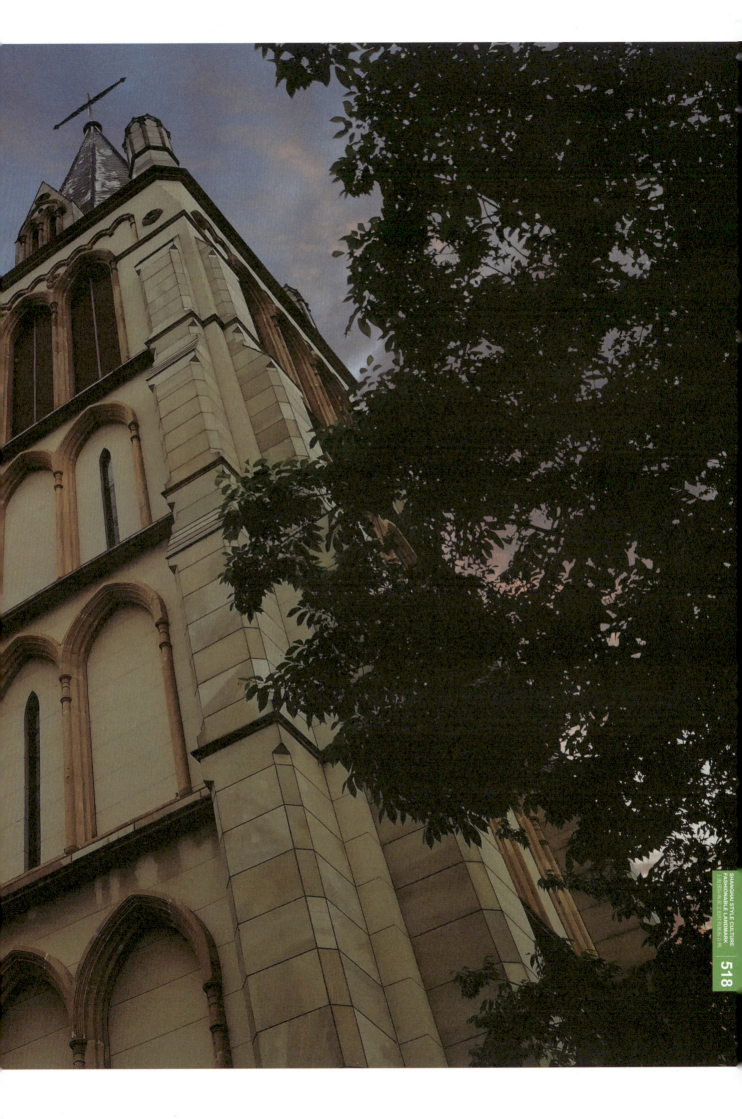

泰晤士小镇的藏书楼是该区最具创意及人气的时尚场所。

泰晤士小镇的建筑特色立面塑造非常成功，街区规划的尺度适宜。

SHANGHAI

上海影视乐园

LANDMARK LOCATION LAYOUT AND CLASSIFICATION RESEARCH TRADITIONAL:

SHANGHAI FILM PARK

地标位置：上海市松江区车墩镇北松公路4915号

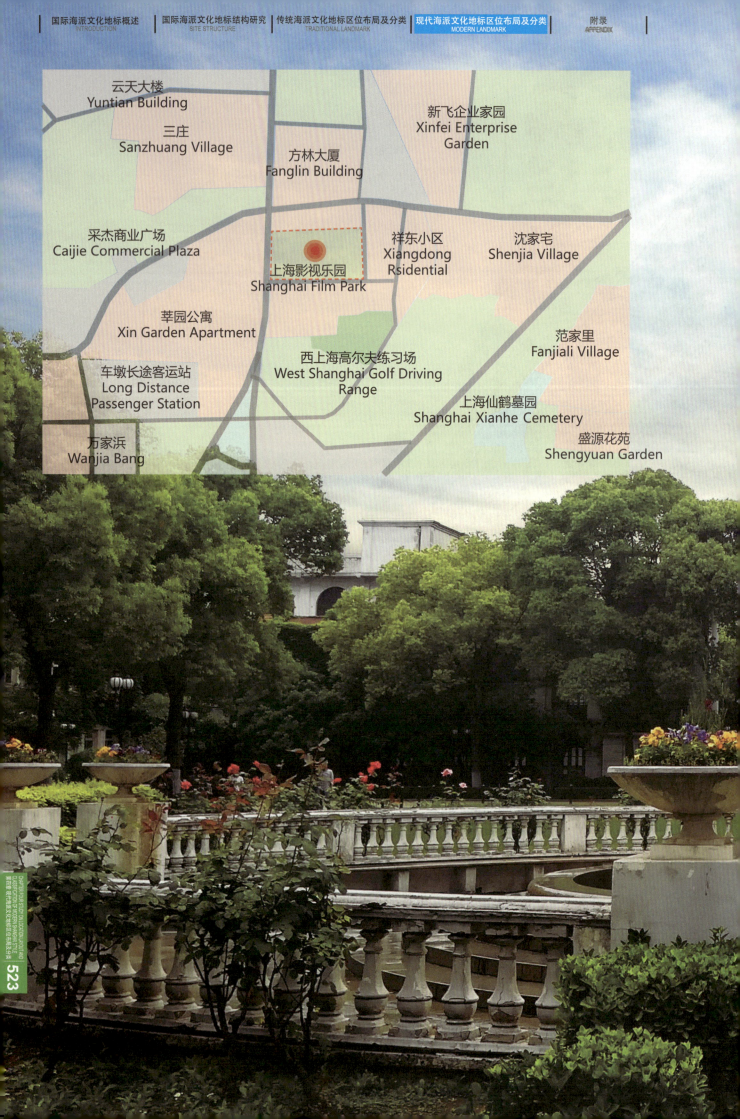

云天大楼
Yuntian Building

三庄
Sanzhuang Village

方林大厦
Fanglin Building

新飞企业家园
Xinfei Enterprise Garden

采杰商业广场
Caijie Commercial Plaza

上海影视乐园
Shanghai Film Park

祥东小区
Xiangdong Rsidential

沈家宅
Shenjia Village

莘园公寓
Xin Garden Apartment

车墩长途客运站
Long Distance Passenger Station

西上海高尔夫练习场
West Shanghai Golf Driving Range

范家里
Fanjiali Village

上海仙鹤墓园
Shanghai Xianhe Cemetery

万家浜
Wanjia Bang

盛源花苑
Shengyuan Garden

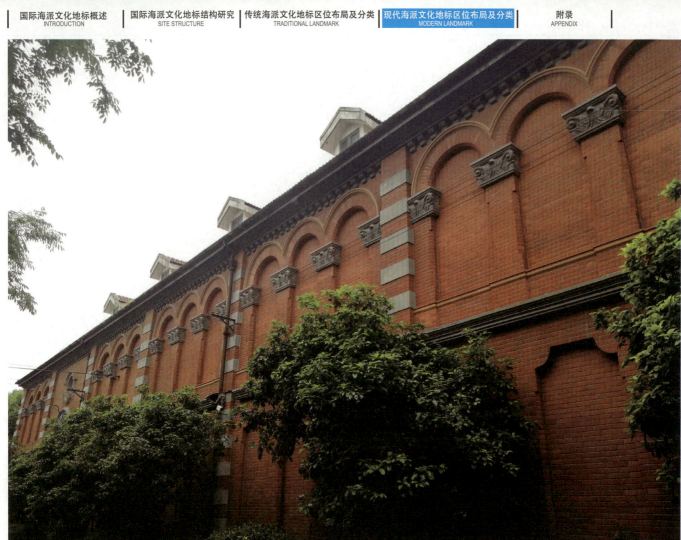

上海影视乐园 SHANGHAI FILM PARK

总体概述：GENERAL SUMMARY

上海影视乐园是中国十大影视基地之一。上海影视乐园有旧上海的市井风情，有拍电影的幕后秘密，有欧式的标准庭院。有"宋子文旧居"汾阳路上的"工艺美术学院"。老上海特色的风貌是其特色之一。

空间布局：SPATIAL ARRANGEMENT

上海车墩影视基地，又名上海影视乐园，位于松江区的车墩镇，无论是影视圈还是普通游客，一般称之为车墩影视基地。这个明显带有20世纪30年代上海滩风情的乐园，却似乎一直与繁华现代的新上海处于两个时空。这里,叮叮当当的有轨电车始终穿梭在先施、永安、新新三大公司和石库门里弄、外白渡、马勒公寓、尖顶教堂间，演绎着十里洋场的梦幻。

海派底蕴：SHANGHAI STYLE HERITAGE

上海影视乐园还将建成四座大型和三座小型的摄影棚，以及"上海老城厢""大世界游乐场""城隍庙""卡通世界""明星广场""博览中心""银幕天地""特技场""码头港区""狩猎射击场"等景点。这些千姿百态的景点，通过电影艺术特有的表现手段和现代高科技、新工艺，真实而艺术地展现上海的历史风貌和人文景观，是休憩娱乐场所，也是了解和熟悉上海发展演变轨迹的画廊。

国内大部分讲述上海故事的年代戏都在这里拍摄过。其中最著名的就是《情深深雨蒙蒙》《色戒》等。此外还有：《像雾像雨又像风》《新上海滩》《还珠格格》《倾城之恋》《大灌篮》《功夫》《中华英雄》《2046》等影视剧都在这里取景拍摄过头土面的蓝白厂房，通透的廊桥代替了原有封闭的厂区过道，彰显了工业厂房的沧桑，感观上带有一丝怀旧。

上海影视乐园已达到国家3A级旅游景区标准的要求，批准为国家3A级旅游景区。

SHANGHAI STYLE CULTURE
FASHIONABLE LANDMARK
上海时尚文化·之都时尚地标

SHANGHAI

上海野生动物园

LANDMARK LOCATION LAYOUT AND CLASSIFICATION RESEARCH TRADITIONAL
SHANGHAI WILD ANIMAL PARK

地标位置：上海浦东南汇区南六公路178号

此图为COLLAGES合成图片，特此说明。

上海野生动物园

国际海派文化地标概述
INTRODUCTION

国际海派文化地标结构研究
SITE STRUCTURE

传统海派文化地标区位布局及分类
TRADITIONAL LANDMARK

现代海派文化地标区位布局及分类
MODERN LANDMARK

附录
APPENDIX

猛兽大区的老虎展示区，采取游览车&笼车游览的形式，身临其境的感受动物生活。

上海野生动物园 SHANGHAI WILD ANIMAL PARK

总体概述：GENERAL SUMMARY

上海市野生动物园位于上海浦东新区南六公路178号，与上海野生动物园站点不相邻。该园是由上海市人民政府和国家林业局合作建设的中国首座国家级野生动物园，占地153公顷，距上海市中心35千米，目前对外开放。

业态布局：BUSINESS FORM LAYOUT

2007年上海野生动物园经国家旅游局正式批准为国家AAAAA级旅游景区。园区居住着大熊猫、金丝猴、金毛羚牛、朱鹮、长颈鹿、斑马、羚羊、白犀牛、猎豹等来自国内外的珍稀野生动物200余种，上万余只，园区分为车入区和步行区两大参观区域。

一般入园先参观车入区的动物生境，车入区为动物散放养展示形式，游客只能在车中观赏动物，给动物更多的自由空间。身临其境的感受一群群斑马、羚羊、角马、犀牛等食草动物簇拥在一起悠闲觅食；又能领略猎豹、东北虎、非洲狮、熊、狼等大型猛兽"部落"展现野性雄姿。

步行区可以观赏到大熊猫、非洲象、亚洲象、长颈鹿、黑猩猩、长臂猿、狐猴、火烈鸟、朱鹮等众多珍稀野生动物，更有诸多特色的动物行为展示和互动体验呈现。

步行区还包括几个大型互动场馆区：亚洲象互动展区、老虎扑食展区、小动物乐园展区、黑熊互动展区、鲤鱼喂奶互动展区和鸽园互动展区等。

海派底蕴：SHANGHAI STYLE HERITAGE

上海野生动物园是海派集野生动物饲养、展览、繁育保护、科普教育与休闲娱乐为一体的主题公园，荣获全国科普教育基地荣誉称号。

NEW COMMERICAL

4.9 海派新商业新零售产业文化地标

NEW COMMERICAL NEW RETAIL INDUSTRY CULTURAL LANDMARK

SHANGHAI MODERN CULTURAL LANDMARK

关键词：古北黄金城道步行街I&II期、吴江路步行街、上海IFC国金中心、上海月星环球港、上海K11购物艺术中心、上海环贸、上海西藏北路大悦城、长风大悦城、上海静安嘉里中心、浦东嘉里不夜城、上海爱琴海购物公园、上海华润万象城、上海兴业太古汇

引言：近年来商业地产在上海市场上异军突起，当人们在大肆鼓吹电商将彻底颠覆商业逻辑的同时，实体商业反而加快了发展的脚步，本节遴选的商业的重点在于突出体验化、客制化、文化化的业态新形象。对于海派文化的拟合则在于无限细分的客群、转嫁的空间文化和新科技的使用。总之，情景化的海派语言成就了商业综合体的变革，催生成了时尚地标的MIX基因。

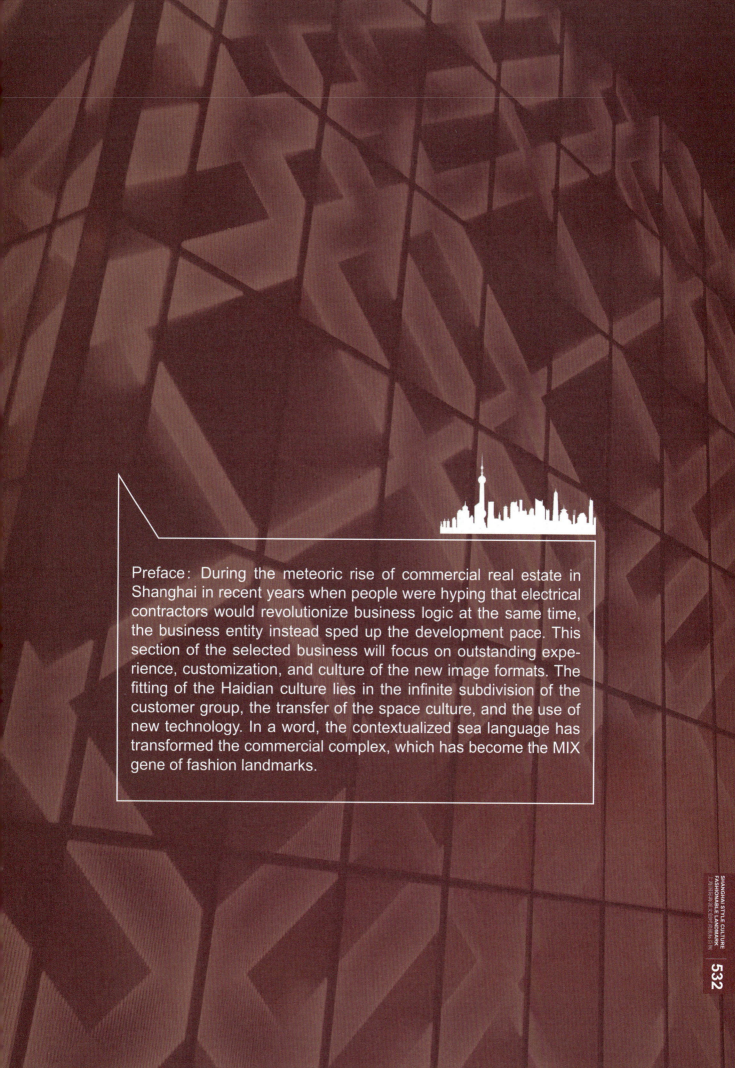

Preface: During the meteoric rise of commercial real estate in Shanghai in recent years when people were hyping that electrical contractors would revolutionize business logic at the same time, the business entity instead sped up the development pace. This section of the selected business will focus on outstanding experience, customization, and culture of the new image formats. The fitting of the Haidian culture lies in the infinite subdivision of the customer group, the transfer of the space culture, and the use of new technology. In a word, the contextualized sea language has transformed the commercial complex, which has become the MIX gene of fashion landmarks.

SHANGHAI
古北黄金城道步行街I&II期

LANDMARK LOCATION LAYOUT AND CLASSIFICATION RESEARCH TRADITIONAL

GOLDEN STREET

地标位置：上海市长宁区伊犁南路与古北路之间区段

CHAPTER FOUR STUDY ON LOCATION LAYOUT AND CLASSIFICATION OF MODERN SHANGHAI STYLE
第四章 现代海派文化地标区位布局及分类

国际海派文化地标概述
INTRODUCTION

国际海派文化地标结构研究
SITE STRUCTURE

传统海派文化地标区位布局及分类
TRADITIONAL LANDMARK

现代海派文化地标区位布局及分类
MODERN LANDMARK

附录
APPENDIX

SWA的景观营造，实现了商业造景与生态可续的结合。

古北黄金城道步行街I&II期　GOLDEN STREET

总体概述：GENERAL SUMMARY

　　古北黄金城道步行街是一条以购物、休闲为主的步行街道，坐落在长宁古北新区，黄金城道内的高端住宅区作为上海大型高标准国际社区，凭借其优越的生活氛围和人文环境，以及大上海海纳百川的气度，已成为长宁和上海著名的城市名片。黄金城道二期，将秉承古北一贯的高起点规划和定位，将以高端的项目定位，先进的经营和开发理念，进一步提升古北新区的整体形象，形成为数不多的商业综合体、服务体景观标杆。

业态布局：DISTRIBUTION OF THE FORMATS

　　黄金城道以商业街和住宅底商为主要模式，店铺非常集中，引进了包括餐饮、衣帽、奢侈品、房屋中介等多种业态，还有数家与景观设计一体化的固定商空间模式。另外，还引进了古北家乐福，可谓综合性的人气商业街。

　　由于周围别墅、外销房云集，其商铺针对的客户多为商务人士，他们在上海有较高的收入，享受小资的生活，对于生活品质也有着一定的要求。而古北黄金城道，以"体验式消费"为运营模式，注重商业的个性和体验感。许多店铺都是专门为欧美和日韩人士设置的餐饮和精品店。

时尚特色：FASHION FEATURES

　　黄金城道更打出了"APM"的概念，即"24小时营业"的概念，此概念最早源于中国香港，后被引入韩国、日本及国内很多大城市，并且取得成功。其主要的成功之处是适应了城市化过程中，都市居民的消费特点和消费习惯，强化了城市居民下班后夜间消费的功能，最终促进了整个城道的发展和繁荣。

国际海派文化地标概述
INTRODUCTION | **国际海派文化地标结构研究**
SITE STRUCTURE | **传统海派文化地标区位布局及分类**
TRADITIONAL LANDMARK | **现代海派文化地标区位布局及分类**
MODERN LANDMARK | **附录**
APPENDIX

时尚坐标三维索引：上海新世界大丸百货
KEY PLAN :SHANGHAI NEW WORLD SHOPPING MALL

古北国际广场 SHANGHAI GUBEI INTERNATIONAL PLAZA
总体概述：

　　古北国际广场位于古北新区的东端，西临伊犁南路，雄踞黄金城道轴心，并由富贵东路半圆形围合。总建筑面积10万余平方米，容积率2.53，绿化绿40%，由两排圆弧形高层建筑聚合而成，紧邻黄金城道，古北国际广场的投资商是古北集团、金湖集团和上海房地集团。开发商为上海古北京宸置业有限公司。古北二期将近9个楼盘均由古北集团组织各大开发商分别开发，是典型的高档楼盘。

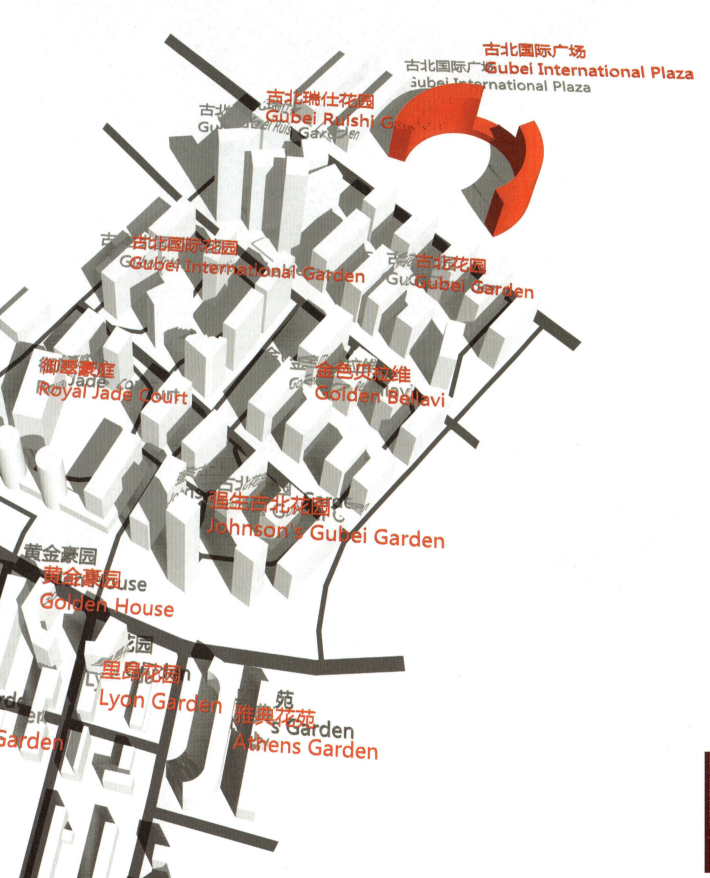

古北国际广场
Gubei International Plaza

古北国际广场
Gubei International Plaza

古北瑞仕花园
Gubei Ruishi Garden

古北国际花园
Gubei International Garden

古北花园
Gubei Garden

御翠豪庭
Royal Jade Court

金色贝拉维
Golden Bellavi

强生古北花园
Johnson's Gubei Garden

黄金豪园
黄金豪园
Golden House

里昂花园
Lyon Garden

雅典花苑
Athens Garden

现代海派文化地标区位布局及分类
MODERN LANDMARK

中创大厦
China Venturetech Plaza

静安新时代大厦
New Times Building in Jing'an

太古汇
HKRI Taikoo Hui

南京西路
Nanjing West Road

四季坊
Four Seasons

上海市公惠医院
Shanghai Gonghui Hospital

张园
Zhangyuan

SHANGHAI

吴江路休闲街

LANDMARK LOCATION LAYOUT AND CLASSIFICATION RESEARCH TRADITIONAL

WUJIANG ROAD LEISURE STREET

地标位置：上海市静安区地铁二号线南京西路站的出口

SHANGHAI STYLE CULTURE
FASHIONABLE LANDMARK
上海风情文化 时尚地标

吴江路的动漫主题节日庆典布置，配合快闪店和餐饮业态的快销产品，成为最具人气的时尚街区。

吴江路休闲街　WUJIANG ROAD LEISURE STREET

总体概述：GENERAL SUMMARY

　　吴江路是一条人车分流、呈双层步行街的立体休闲街。位于地铁二号线的南京西路站的出口处，该休闲街目前并不通车，是平行于南京西路的一条休闲街，全长400余米。

　　吴江路的特色是沿街精品小吃店林立，直到二层连廊。吴江路已成为集时尚、品牌、展览、办公、购物的综合性休闲街，沿途有造型独特别致的流动售货车和可移动的花坛、树木等。每逢周末街区中间精品跳蚤市场，从精美饰品到稀有果蔬不一而足。

业态布局：DISTRIBUTION OF THE FORMATS

　　这里集地铁交通、购物休闲、旅游观光和广场文化为一体，是上海静安区受人注目的一条特色休闲街。近年来，吴江路经改造已成为时尚的食街。

　　吴江路是南京西路的"后院""前院"有新时代、中创、鸿翔等大商厦，为了方便人们在购物后进入"后院"的休闲街和不影响商厦的进出货物，设计吴江路步行街时将平台升至二层，平台下则是商厦的运输通道，如此，吴江路步行街既将功能错位设计引向空中，又使小街有了"亲街"平台别有意境，随着地铁的修建，吴江路的城市功能得到了更完善的引导和释放，改建后的吴江路成为海派时尚文化的又一特色地标。

SHANGHAI
上海IFC国际金融中心

LANDMARK LOCATION LAYOUT AND CLASSIFICATION RESEARCH TRADITIONAL

IFC MALL

地标位置：上海市浦东新区世纪大道8号

浦江双辉大厦
Pujiang Brilliance Twin

上海海洋水族馆
Shanghai Ocean Aquarium

平安金融大厦
Ping an Finance Building

上海国际会议中心
Shanghai International Convention Center

东方明珠
Oriental Pearl

陆家嘴中心绿地
Lujiazui Central Greenland

滨江公园
Riverside Park

陆家嘴地铁二号线
Lujiazui Line 2

金茂大厦
Jinmao Tower

未来资产大厦
Mirae Asset Tower

外滩区域
The Bund Area

上海中心
Shanghai Tower

上海环球金融中心
Shanghai World Financial

滨江壹号
Binjiang No. Residential

LOUIS VUITTON

上海 IFC 国际金融中心商场　IFC MALL

总体概述： GENERAL SUMMARY

上海国金中心位于上海浦东陆家嘴国际金融区，商场被陆家嘴天桥串接，现已成为浦东这个繁盛的商业地域世界级地标。

上海国金中心商场的建筑设计由国际知名的美国PELLI CLARKE PELLI ARCHITECTS建筑事务所设计，并由英国贝诺BENOY ARCHITECTS负责室内设计。商场的整体设计与上海陆家嘴金融区的规划相匹配，整个外形的建筑灵感来自永恒璀璨的钻石，交通区位紧邻上海中心，与陆家嘴繁荣景象相得益彰。

业态布局： BUSINESS FORM LAYOUT

上海国金中心作为上海顶级的商场之一，欲打造成为国际高端品牌入驻数量最高的集聚地，目前商场首层已汇聚了25家世界级品牌旗舰店，钻石级的商户组合，加上独具精心的门店设计，为顾客带来尊贵的购物体验。

海派底蕴： SHANGHAI STYLE HERITAGE

上海国金中心商场在商户组合的策略上紧贴国内消费者需求。除了汇集国际顶级服饰品牌外，在餐饮、娱乐及生活方面皆引进新模式，商场设有首家在国内开业的百丽宫电影院——PALACE CINEMA，首次进入国内市场的生活品位精品馆——CITY'SUPER。国际顶级餐厅也会相继进驻商场的三楼及四楼，包括多家米其林星级餐饮及首次进入内地市场的美国著名扒房、香港著名的星级意大利菜餐厅ISOLA。商场地下两层均设有休闲的餐饮区FAST MENU。

IFC是上海商场中与交通系统连接最紧密、最便捷的商务综合体，通达的慢行系统，高效的地铁运营系统、便捷的停车系统、奢华的体验系统和完善的智能系统使国金成为最知名的海派商业地标之一。

总体概述：GENERAL SUMMARY

　　上海"环球港"由月星集团开发打造，旨在对大型商业综合体进行全新定义，首次全面提出"商、旅、文"三大中心功能概念奠定其商业地位，满足新时代消费提升，为消费者提供展示世界东西方文明和高档生活品质的绚丽舞台。总建筑面积达48万平方米，商业面积近32万平方米，以特大型综合购物中心为主题，辅之以甲级办公、展览、娱乐、餐饮、休闲与健身等配套功能，立足上海，辐射长三角，连接全球市场。

海派底蕴：SHANGHAI STYLE HERITAGE

　　1.专设国际海派文化区域:文化区域中有4D影院、博物馆、美术馆、文化展区、演艺舞台区、拍品展卖区，以及将要引入　的剧院等，支持各类讲座、情景剧、戏曲、小型音乐会、T台灯光秀等多种艺术形式的演出活动。海派旗袍艺术馆和上海旗袍高级定制中心设在此，还能在此区域欣赏民族音乐、乐器展示，参加乐器培训和讲座。

　　2.商业空间反馈公共文化:环球港把更多的商业空间释放给公共文化，这些公共空间包括，室外广场、3个中庭广场、4楼文化区域和屋顶花园广场。整个建筑内部以欧洲风情为设计主题，共有三个穹顶广场，分别为太阳大厅、中央广场和花园中庭，壁画、拱门、喷泉应有尽有。

业态布局：DISTRIBUTION OF THE FORMATS

　　环球港定位大商业，也因此成为上海业态丰富、品牌丰满、组合多元、消费体验个性化的城市综合体，涵盖时尚百货、餐饮小食、文化休闲、娱乐健身、甲级办公、五星酒店、展览演出等。环球港云集了400多家品牌店，100多家餐饮酒吧;还有3万平方米的文化区和屋顶花园广场构成的众多秀场，共同构成了完整的购物体验消费链和商旅文结合，联动发展的大平台。

　　上海环球港还引进国际化妆品综合店SEPHORA，快时尚品牌H&M、GAP、UNIQLO等，包括首次进入中国的潮流男装H&M MAN，以及首次进入上海的瑞典时尚品牌Monki等。这些品牌的加盟让环球港成为引领都市最新时尚文化生活概念的风向标。

环球港的海派商业模式：
GLOBAL PORT'S MARITIME BUSINESS MODEL

　　"环球港"作为一个集"商、旅、文"为一体的全业态城市综合体，制造的强烈的新鲜体验及浓厚的文化气息的同时将海派文化和艺术化生活方式进行重组、将艺术经典与品质生活推向精彩、将其独特而迷人的魅力辐射上海乃至世界。

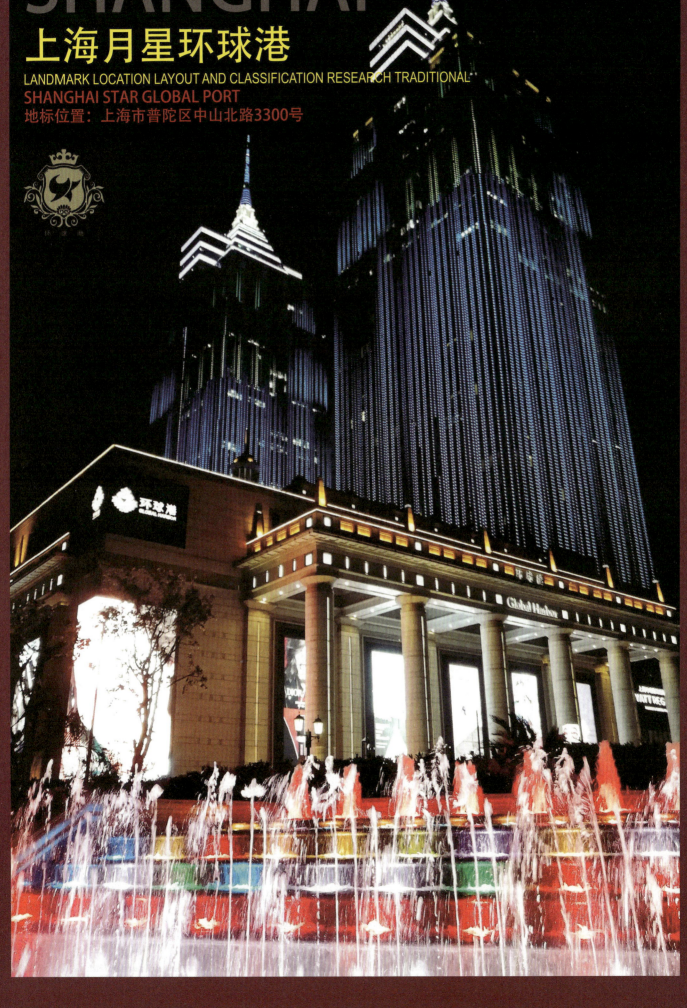

SHANGHAI

上海月星环球港

LANDMARK LOCATION LAYOUT AND CLASSIFICATION RESEARCH TRADITIONAL
SHANGHAI STAR GLOBAL PORT
地标位置：上海市普陀区中山北路3300号

环球港开敞的共享空间，美轮美奂。体现出古典室内装修特色。

环球港的海派建筑语言：
GLOBAL PORT'S MARITIME ARCHITECTURAL ELEMENTS:

上海"环球港"项目由英国著名Chapman Taylor建筑事务所设计，是国内唯一欧式风格的shopping mall。别具匠心的创意，将现代设计元素融入了欧式建筑风格中，并以各具特色的中庭造型把原本宏伟的建筑塑造得错落有致、层次分明。细微处更以弧形玻璃穹顶，采自然之光，赋予了建筑生命、阳光和活力。身临其境，倍感文化与商业的精彩碰撞。

欧式内装从局部到整体，都经过精雕细琢，将怀旧的浪漫情怀与现代人对生活的需求融合；特有的"欧式穹顶"与"廊道设计"相结合，采光充分兼容华贵典雅与时尚现代，呈现出新古典主义现代风格。区别于国内大部分以现代简约建筑为表现形式的设计语言。商场内设有画廊、旗袍展示馆等一些极具文化特色的场所，使得环球港的整体文化气质由内而外得到了充分提升。

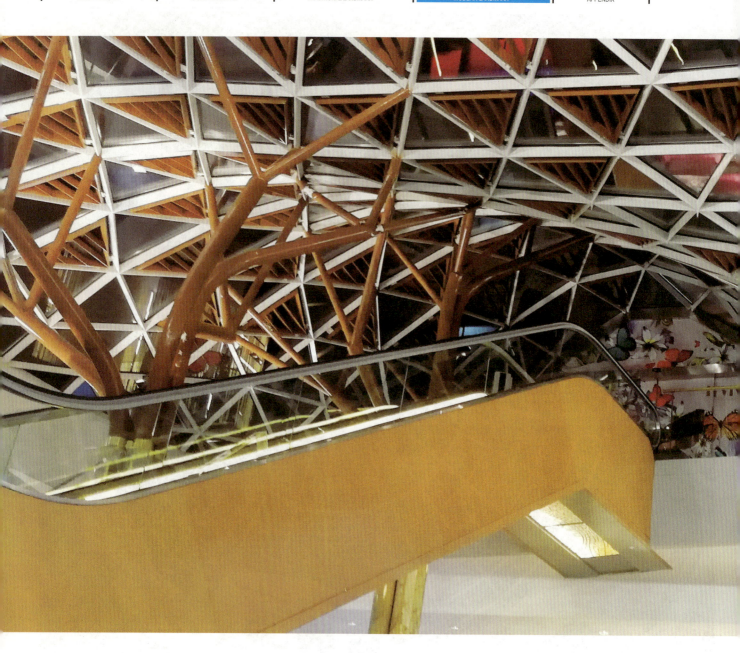

SHANGHAI

上海 K11购物艺术中心

LANDMARK LOCATION LAYOUT AND CLASSIFICATION RESEARCH TRADITIONAL

SHANGHAI K11 SHOPPING CENTER

地标位置：上海市黄浦区淮海中路300号K11购物艺术中心

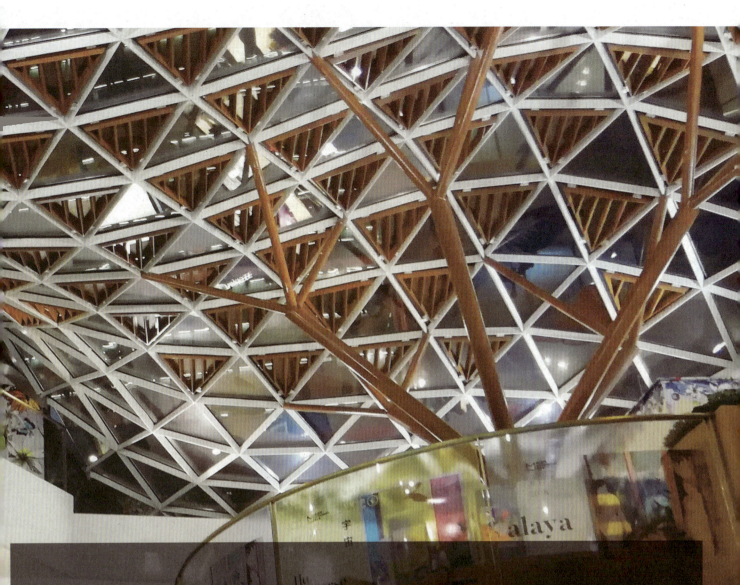

上海k11购物艺术中心 K11

总体概述：GENERAL SUMMARY

　　K11是全球首个率先把"艺术·人文·自然"三大核心元素融合，将艺术欣赏、人文体验、自然环保完美结合和互动，带出无限创意和感官体验。

海派底蕴：SHANGHAI STYLE HERITAGE

中国内地首个K11购物艺术中心坐落于淮海路的黄金地带，面积约40000平方米，周围配套设施成熟。秉承品牌"艺术·人文·自然"三大核心元素相融合的核心价值，上海K11全力打造最大的互动艺术乐园、最具舞台感的购物体验、最潮的多元文化社区枢纽，365天的不间断互动活动更将开启K11的海派创意之旅，令艺术欣赏、人文体验、自然绿化以及购物消费之间产生一体化的互动。

业态布局：DISTRIBUTION OF THE FORMATS

　　3000平方米的艺术交流、互动及展示空间，定期举行免费的艺术展览、艺术工作坊、艺术家沙龙等活动，构建起艺术与大众互动的桥梁。创造了新的"博物馆零售学"。

时尚特色：FASHION FEATURES

　　精选国内外知名当代艺术家的14组作品，分布于上海K11的各个楼层，形成独特的发现之旅，更有专业的艺术导赏员为您讲解艺术品本身的意义及背后的创作理念。

K11都市农庄

300平方米的市内生态互动体验种植区，突破了市内环境的局限，采用多种高科技种植技术在市内模拟蔬菜的室外生长环境，让大众零距离接近自然体验种植的乐趣。

都市丛林奇景

中空的中庭采用大面积垂直绿化墙设计，有效隔热降低能耗；33米高空飞泻而下的人工水景瀑布，逼真的水流声、鸟叫声以及清新香气让人仿佛置身大自然之中。

SHANGHAI STYLE CULTURE FASHIONABLE LANDMARK 上海国际风尚文化时尚地标探寻

国际海派文化地标概述
INTRODUCTION

国际海派文化地标结构研究
SITE STRUCTURE

传统海派文化地标区位布局及分类
TRADITIONAL LANDMARK

现代海派文化地标区位布局及分类
MODERN LANDMARK

附录
APPENDIX

K11海派艺术、人文、自然方面的文化理念
K11 ART、HUMANITIES、NATURAL CULTURAL CONCEPTS

艺术方面：ARTISTIC ASPECT

K11不仅长期展示典藏的本土年轻艺术家的杰作，更通过举办不同的艺术展览、演出及工作坊，透过多种类型的多维空间，让大众消闲或购物的同时，可欣赏不同的本地艺术作品及表演，以加强本地艺术家与市民的沟通及交流，培养市民对艺术的欣赏，也让年轻艺术家获得更多机会创作及发表作品，有助于本地艺术生态自然地茁壮生长。这是海派文化与商业模式耦合的全新尝试。

人文方面：HUMANITIES ASPECT

每个城市均对项目所在的周边区域的人文生活传统及历史地理等进行多维度整合，使该区域所沉淀的人文艺术及生活文化得到活化、重塑和再生，创造出独特的K11海派多元文化社区。

自然方面：NATURAL ASPECT

K11项目的各种室内外建筑空间，均会考虑通过各种绿色建筑设计及科技，尽量降低对自然环境的影响，并努力提升城市公共生活场所的总体质量。K11庭园式的户外广场设计，遍布本地植物、屋顶及垂直绿化、都市农庄等多维园林景观，不但使自然空间完美融合本土生态，更让人犹如置身于都市绿洲，启发个人思考与自然之间的密切关系。dom(疆土)，11则是K在字母表里的排位

都市音韵
Rhyme and Rhythm of the City

都市音韵
Rhyme and Rhythm
of the City

延中广场公园
Yanzhong Plaza Park

延中广场公园
Yanzhong Plaza Park

兰德大厦 building
兰德大厦
Rand Building

淮海大厦 Tower
淮海大厦
Huaihai Tower

广场公园 Building
金陵大厦
Jinling Building

广场公园
Plaza Garden

金陵大厦
Jinling Building

淮海晶华 Park
淮海晶华
Central Park

尚贤坊
Shangxianfang

K11

黄陂南路地铁一号线
South Huangpi Road line 1

金鹿大楼 Building
The golden Deer

金鹿大楼
The Golden Deer
Building

博银国际大厦
International Building

博银国际大厦
Board Silver
International Building

兴茂大厦
Xingmao
Building

淮海公园 Park
淮海公园
Huaihai Park

瑞成社区
Re Community

瑞成社区
Ruicheng Community

祥茂新村
Shigeru Auspicious
Saemaul Undong

上海新天地
安达仕酒店
Andaz Shanghai

巴卡拉西苑 bacarat
巴卡拉东苑 东苑
Bacarat

永业大楼
Yo Yongye Building

永永业大楼
YoYongye Building

金雁坊
Jinyan fang

新茂大厦
Platinum

树德里
Shudeli

企业天地
Corporate Avenue

企业天地二期 二期
Corporate Avenue Avenue
Phase Two

CHAPTER FOUR STUDY ON LOCATION LAYOUT AND CLASSIFICATION OF MODERN SHANGHAI STYLE
第四章 现代海派文化地标区位布局及分类

环贸的部分业态可以营业到晚上11点，主打海派夜行消费理念。

SHANGHAI

上海环贸 IAPM

LANDMARK LOCATION LAYOUT AND CLASSIFICATION
RESEARCH TRADITIONAL **SHANGHAI IAPM**

地标位置：上海黄浦区淮海中路陕西南路

"IAPM"呈现国际化"INTERNATIONAL"及日"AM"夜"PM"不受时限的全新购物体验。"AM"及"PM"，分别象征白昼及晚上，两个截然不同的概念合二为一，成为崭新零售模式"夜行消费"。

东方商厦
Oriental Plaza

百盛购物中心
Parkson Shopping Center

襄阳公园
Fuyang Park

嘉华中心
Ka Wah Centre

环贸 iapm 商场
Wpm Iapm Shopping MALL

上海音乐学院
Shanghai Conservatory of Music

瑞金大厦
Ruijin Building

上海文化广场
Shanghai Culture Plaza

环贸IAPM商场 IAPM MALL

总体概述： GENERAL SUMMARY

环贸IAPM商场坐落于黄浦区淮海中路陕西南路商业区，面积逾12万平方米，商场借鉴了香港APM商场的成功营运模式，主打"夜行消费"的新购物理念。IAPM商场整体风格现代时尚，引进了丰富的国际级零售、餐饮及休闲娱乐品牌，配合艺术表演及推广活动，打造成时尚潮流购物新地标。

海派底蕴： SHANGHAI STYLE HERITAGE

与一般的商场不同，IAPM项目定位于建造上海首个主打"夜行购物消费"概念的"夜行商场"。这在海派文化中并不多见，近代"夜上海"的消费模式以"观戏听曲"为主，现代则以"酒吧会所"文化为依托，出现集中夜间消费场所的多元业态构成很少见。而环贸营业时间为上午10点至晚上11点，餐饮等业态则延长至次日零点甚至凌晨1点左右，突破了其他商场晚10点关门的惯例，开创了沪上行业先河，弥补了"夜间消费"空白。（有些业态并不包括夜间额外加工服务，如盒马鲜生等）

业内认为，环贸IAPM商场的出现会对淮海商圈产生冲击，带来鲶鱼效应，笔者认为商场的差异化竞争不仅体现在业客群细分方面，还体现在经营主题的差异性，新零售的衍生差异及业态的空间价值利用等的差异等。而环贸则以夜间消费市场空白为依据，在区位关系上很好地利用了淮海路的街区优势，使"夜生活"地零售模式扩大到淮海路外延的影响辐射圈，甚至可以对新天地和衡山路酒吧街产生差异互补，并在夜间消费的领域形成自身的经营特色，所以环贸具有形成海派"夜文化"的优势及地标潜力。

时尚特色： FASHION FEATURES

环贸IAPM商场属于上海环贸广场大型综合发展项目之一，商场面积12万平方米，云集238个国际级高端潮流品牌，以高端时尚及潮流作为市场定位，是上海首个集"品位生活杂志""夜行消费购物模式"于一体的高端潮流商场。

IAPM商场位于淮海中路的尊贵地域，可经由复兴东路、人民路和延安东路三条隧道往来浦江两岸。交通便捷，打车需要借助APP。

CHAPTER FOUR STUDY ON LOCATION LAYOUT AND
第四章 现代海派文化地标区位布局及分类

国际海派文化地标概述
INTRODUCTION

国际海派文化地标结构研究
SITE STRUCTURE

传统海派文化地标区位布局及分类
TRADITIONAL LANDMARK

现代海派文化地标区位布局及分类
MODERN LANDMARK

附录
APPENDIX

交通公园
Transportation Park

福寿里
Fushouli

中南小区
Zhongnan District

万佳辰创中心
Wanjia Chenchuang
Center

七浦路服装
批发市场
QiPuLu Cloth
Wholesale
Market

七浦商厦
Qipu Department

七浦商业街
QiPu Business
Street

海联公寓
Hailian Apartmen

中粮天悦一号
Tianyue No.1 Residential

上海开元大酒店
Shanghai Kaiyuan
Hotel

上海市尚东中学
Shanghai East
Middle School

大悦城
Joy City

曲阜路地铁八号线
Qufu Road Station Line8

海昌小区
Hydron Village

北市场小区
North Market
community

上海 OCT 当代艺术中心
Shanghai Oct Contemporary
Art Center

新桥大厦
Xinqiao Building

四行仓库创意科技园区
Si Hang Warehouse
Creative Science Park

怡水豪庭
River House

上海科技京城
Shanghai Kingworld
Hitech Park

SHANGHAI

大悦城（西藏北路）

LANDMARK LOCATION LAYOUT AND CLASSIFICATION RESEARCH TRADITIONAL

SHANGHAI JOY CITY 地标位置：上海市静安区西藏北路166号

摩坊MORE FUN 1966轻艺术街区使人置身在霓虹的"亚洲夜街"。

上海西藏北路大悦城 SHANGHAI JOY CITY

总体概述：GENERAL SUMMARY

上海大悦城目前是上海苏河湾地区的大型城市综合体之一。项目整体开发超过40万平方米，总投资额超过120亿元。规划包括大型时尚购物中心、第一居所临水豪宅、高品质酒店式公寓、甲级写字楼及步行商业街，打造海派文化与国际文化的兼容并蓄，创造动静结合的高品质生活第一选择。

海派底蕴：SHANGHAI STYLE HERITAGE

悦城位于静安苏河湾核心区域，与南京东路商圈衔接。除了来自南京东路商圈的客流之外，由于项目定位的鲜明个性，它将成为独具时尚魅力的海派文化商业地标。上海大悦城不仅将带动整个区域传统商圈，并将以它独特的个性魅力，引领上海商圈的整体升级。

时尚特色：FASHION FEATURES

国际同步：时尚资讯交流转换平台，定期主题式时尚趋势发布。

前卫艺术：将购物环境与商业艺术有机融合，营造当代摩登的都市情调；当代艺术与时尚主题互动，加强艺术化商业时尚氛围。

立体享乐：以都市白领人生阶段轨迹需求为核心，上下扩展。享乐外延囊括消费、交际、自我提升、性格塑造、情感归属等。

强体验感：最大化集结都会配套服务，满足多种消费需求：购物、娱乐、餐饮、休闲、享乐等服务。

致力于打造女性"理想城"的上海长风大悦城 SHANGHAI JOY CITY

SHANGHAI

爱琴海购物公园

LANDMARK LOCATION LAYOUT AND CLASSIFICATION RESEARCH TRADITIONAL

AEGEAN PLACE

地标位置：上海市闵行区吴中路1588号

龙柏三村
Longbai No.3 Village

金坤花园
Jinku Garden

金汇花园
Jinhui Garden

虹桥总部 1 号
Hongqiao
Headquarter 1

龙柏四季花园
Longbai Four
Seasons Garden

龙柏新村地铁十号线
Longbai Xincun Station Line 10

富群商务大厦
Fu Qun Business
Building

虹桥金斯花园
Hongqiao King's Garden

卜蜂莲花
Lotus Market

虹桥晶座
Hongqiao Crystal City

龙柏五村
Longbai No.5 Village

新翔商务大楼
Xinxiang Business Building

龙柏香榭苑
Champaign Residential

爱琴海购物公园
Aegean Shopping Center

虹淞大厦
Hongsong Building

龙柏六村
Longbai No.6 Village

新乐坊
Xin Le Fang

陶然居
Tao Ran Ju

怡然居
Yi Ran Ju

紫藤居
Zi Teng Ju

井亭天地
生活广场
Jingting World
Life Square

万象城
The Mixc MALL

明泉旖和园
Mingquan Yihe Garden

紫藤路地铁十号线
Ziteng Road Station Line 10

协和双语学校
Concorde Bilingual School

SHANGHAI STYLE CULTURE
FASHIONABLE LANDMARK
上海海派文化·时尚风尚符号

爱琴海购物公园
AEGEAN PLACE

著名的日式料理店门口的巨型特色雕塑。

安藤忠雄设计的"明珠美术馆"（该馆设门票收费参观）。

上海爱琴海购物公园 AEGEAN PLACE

总体概况： GENERAL SUMMARY

　　上海爱琴海购物公园位于上海市闵行区吴中路1588号，目前不完全开业，集萃文化、情感、生态、摩登的高端商业中心。购物中心主体部分为地上8层和地下3层。总建筑面积55万平方米，由24万平方米购物中心、10万平方米环球家居博览中心、9.5万平方米国际街区、5万平方米城市生态公园组成。是面积最大的上海商业中心。

海派底蕴： SHANGHAI STYLE HERITAGE

　　爱琴海购物公园是一个国际海派文化体验商业综合体，也是上海地区的商业新地标。它的建成对提升整个吴中路商圈的档次具有重要意义。以期为消费者提供优质的购物体验，为不同消费群体构筑一个全方位的休闲购物完美空间，辐射周边及上海百万高端居住人群。

时尚特色： FASHION FEATURES

　　引进冰雪主题乐园、国际马术俱乐部、薰衣草花园等新型休闲娱乐项目。

明珠美术馆：

　　"光的空间"是建筑大师安藤忠雄的最新力作，主要由"明珠美术馆"与"新华书店：光的空间店"两部分组成，是拥有近4000平方米的多功能文化艺术空间。

　　安藤展览馆蛋形屋顶设计，其设计已成为上海建筑艺术地标之一。书店总面积约1600平方米，提供给了人们拥更纯粹的阅读空间。此外，还有各类动态问答、手绘、情绪识别互动体验。

　　"光之空间"以后会不定时举办主题展览和艺术家个展，绘画、影像、设计、摄影、书籍和时尚等综合体验业态。

SHANGHAI STYLE CULTURE
FASHIONABLE LANDMARK
上海时尚文化 时尚商业地标

"凤咨询"打造的外场景观水景与东京中城如出一辙。设计感强，景观施工工艺也很优质。

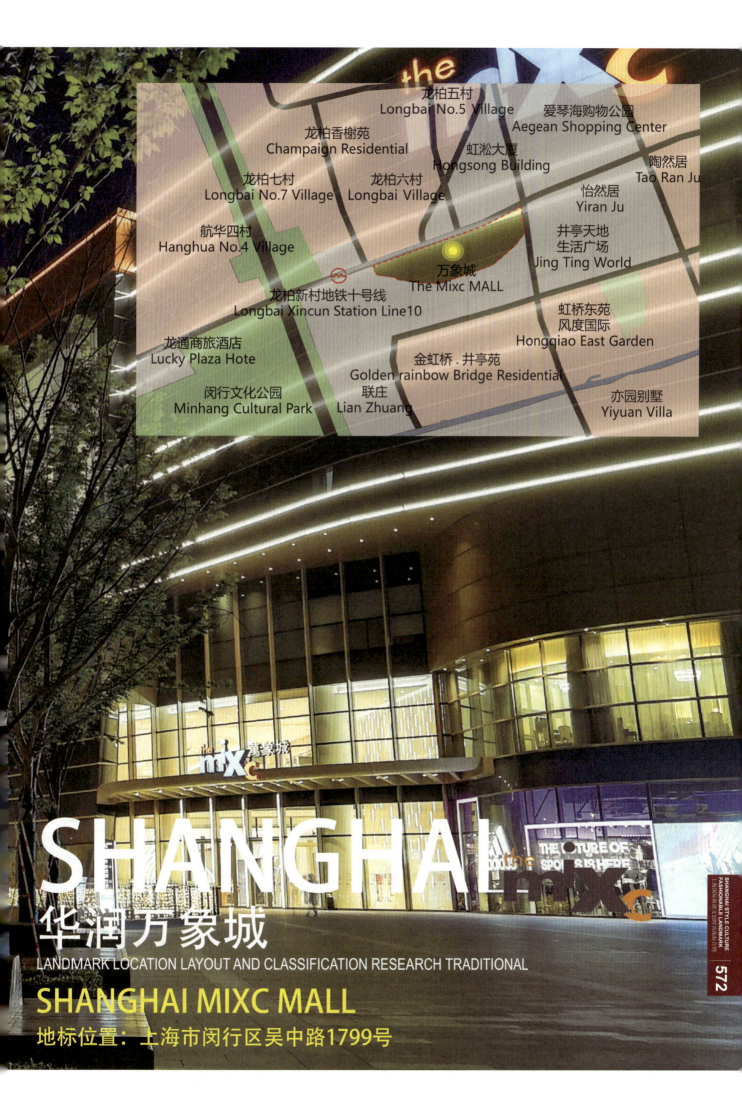

龙柏五村
Longbai No.5 Village

爱琴海购物公园
Aegean Shopping Center

龙柏香榭苑
Champaign Residential

虹淞大厦
Hongsong Building

陶然居
Tao Ran Ju

龙柏七村
Longbai No.7 Village

龙柏六村
Longbai Village

怡然居
Yiran Ju

航华四村
Hanghua No.4 Village

井亭天地
生活广场
Jing Ting World

万象城
The Mixc MALL

龙柏新村地铁十号线
Longbai Xincun Station Line10

虹桥东苑
风度国际
Hongqiao East Garden

龙通商旅酒店
Lucky Plaza Hote

金虹桥·井亭苑
Golden rainbow Bridge Residential

闵行文化公园
Minhang Cultural Park

联庄
Lian Zhuang

亦园别墅
Yiyuan Villa

SHANGHAI

华润万象城

LANDMARK LOCATION LAYOUT AND CLASSIFICATION RESEARCH TRADITIONAL

SHANGHAI MIXC MALL

地标位置：上海市闵行区吴中路1799号

SHANGHAI STYLE CULTURE
FASHIONABLE LANDMARK
上海海派文化时尚 / 地标研究代刊

日本三大国宝级艺术家之一的蜷川实花 的美陈设计，开启了万象城艺术跨界的推广新模式。

上海华润万象城 SHANGHAI MIXC

地标概况：GENERAL SUMMARY

　　万象城是世界500强企业华润集团旗下开发的高品质购物中心，是中国购物中心行业的领跑者。万象城倡导"一站式"消费和"体验式"购物，为消费者带来全新的消费概念和生活体验。万象城所到之处，都将推动城市商业发展乃至改变城市商业格局。万象城现成为众多国际国内著名品牌进一步拓展中国市场的首选之地。上海万象城位于古北吴中路商圈，为轨交10号线紫藤路站上盖，项目总体量53万平方米，包括24万平方米万象城购物中心、14万平方米超A级写字楼，3万平方米国际轻奢时尚酒店以及上海首家地铁博物馆，项目以独特的综合体建筑形态筑建了超大体量立体化城市空间。

海派底蕴：SHANGHAI STYLE HERITAGE

　　都市综合体：HOPSCA——集酒店(Hotel)写字楼(Office)、生态公园(Park)、购物中心(Shopping)会所(Convention)、城市超级寓所(Apartment)为一体的多功能、现代化、综合性城市多维空间，世界上最先进的地产开发模式，也是万象城的组成模式。将之前分割零散的不同建筑在此有机重组，并赋予它们新的意义；它是"从城市进化到都市"的必需品，也是海派文化在其他城市的纵向延伸。在引领城市生活方式改变的同时，带动城市经济的发展。

业态布局：BUSINESS FORM LAYOUT

亮点一：品牌全面升级

　　从全国最大面积的顶级精品超市Ole'，到跨界品牌店，再到全业态顶尖零售品牌的定制旗舰店，上海万象城设立了约50个以上的旗舰品牌，面向年轻消费群体，以全面升级的品牌定制旗舰店打造了全新生活场景。

亮点二：首创开放式设计的记忆空间

　　随着上海商业市场的日趋成熟，万象城为上海潮人打造了首个"LIFE SHOW演艺体验街区"，是上海首个开放式设计的记忆空间，汇集了潮人运动、专业舞蹈、创意游艺等各类演艺体验店铺，为来到这里的每一位消费者带来在购物中心中从未有过的全新体验。

亮点三：打造儿童成长的梦幻奇趣空间

　　不只为时尚达人们提供时尚圣地，上海万象城为宝贝们悉心打造了全上海最大规模的儿童全方位亲子主题区域"KIDS SPACE"。集合国际顶级儿童零售品牌旗舰店、全球首家小王子基金会官方授权儿童教育品牌七田真、高端会员定制店儿童乐园、开放式系列中岛亲子体验空间等。

亮点四：七大餐饮集团定制店全面入驻

　　新加坡乐天餐饮集团等七大餐饮集团均携旗下高端，甚至是首次进入上海市场的创新品牌全面入驻，为上海万象城打造全新形象旗舰店。同时万象城也为满足全面商务餐饮需求，打造了系列旗舰大餐饮集合。面对年轻消费群体，使他们既能享受购物的乐趣，又能体验美食，充分满足综合消费体验。

柳迎村
Liuying Village

常德公寓
Changde Apartment

静安嘉里中心
Jing'an Kerry Center

申乐大厦
ShenLe Building

静安寺
Jing'an Temple

静安寺地铁二号线
Jing'an Temple

静安香格里拉大酒店
Jing'an Shangri-La Hotel

越洋国际广场
Yueyang International Plaza

静安寺地铁七号线
Jing'an Temple Line7

静安公园
Jing'an Park

会德丰国际广场
Wheelock Square

延中小区
Yanzhong Village

SHANGHAI

静安嘉里中心

LANDMARK LOCATION LAYOUT AND CLASSIFICATION RESEARCH TRADITIONAL

SHANGHAI KARRY CENTER

地标位置：上海市静安区南京西路1515号

奢华的商业建筑表皮设计与精巧的广场景观很好的融合。

CHAPTER FOUR STUDY ON LOCATION,LAYOUT AND CLASSIFICATION OF MODERN SHANGHAI STYLE 第四章 现代海派文化地标区位布局及分类

嘉里中心外围的景观花园 把南京西路喧嚣的道路从视觉、听觉完全区隔。

上海嘉里中心 SHANGHAI KARRY CENTER

总体概述：GENERAL SUMMARY

嘉里中心耸立在上海市黄金地段，以优越的位置和新颖的设计概念，迎合商界翘楚在商务和居住的要求。二十六层高优质办公大楼矗立在5725平方米的裙楼上。

由嘉里集团旗下的管理队伍提供专业的物业管理。嘉里中心是中外合资项目，由嘉里建设有限公司及香格里拉亚洲有限公司牵头发展。嘉里建设公司为香港上市公司，旗下重要商业及住宅发展项目遍及中国香港和内地。

海派底蕴：SHANGHAI STYLE HERITAGE

静安嘉里中心独树一帜，营造极具创新力和感染力的全新时尚商业模式，让消费者自由自在，真我尽享购物乐趣。静安嘉里中心演绎商业空间的鲜活创意，引发消费者无限想象。由内而外皆针对各类时尚娱乐活动而精心设计，现场演出、时尚走秀、名车展示、欢乐庆典、品牌推广等商业综合业态非常丰富。

世纪公园
Centennial Park

花木路
Huamu Road

浦东——嘉里城
Pudong——Kerry parkside

上海新国际博览中心
Shanghai New International Expo Centre

大唐盛世花园
Datang Flourishing Garden

大唐国际公寓
Residence Internazionale in Datang

浦东嘉里城PD

LANDMARK LOCATION LAYOUT AND CLASSIFICATION RESEARCH TRADITIONAL

KARRY PARKSIDE 地标位置：浦东新区芳甸路1155号

上海浦东嘉里城　KARRY PARKSIDE

总体概况：　GENERAL SUMMARY

浦东嘉里城位于浦东花木核心地段，交通十分便利，也是一座与轨交相结合的商业综合体。嘉里城汇聚办公楼、公寓、酒店和商场，展现海派时尚轻奢生活。

业态布局：　BUSINESS FORM LAYOUT

浦东嘉里城包括国际化商场、甲级办公楼、五星级酒店以及高级服务式公寓，于2010年第四季度竣工并陆续开幕。投资约5亿美元的上海浦东嘉里中心,项目为总建筑面积将达23万平方米的多功能城市综合体，已成为浦东新国际博览中心区域的海派崭新地标。

该项目由香格里拉酒店公司管理、43层写字楼、28层的公寓式酒店、4.5万平方米商场和上海新国际博览中心的入口大厅组成。项目距世纪公园、浦东国际机场、世纪大道均十分便捷，其丰富的业态构成及划分形成了大客流的提袋基础。

海派底蕴：　SHANGHAI STYLE HERITAGE

浦东嘉里城地标区位优越，可以十分便捷地与机场相联系。写字楼为超高层甲级写字楼，可以俯瞰世纪公园等浦东著名景点，酒店建筑的非凡气派与世纪公园的恬然景致相得益彰。商务活动与各种先进设施设备及科技、通信系统相结合，由专业团队管理运营。是海派地标中少有的办公商业一体专业化数字化的综合性发展项目。同时综合业态照顾到了儿童客群，商场外场地布置高端的儿童器械和4D儿童电影院，傍晚这里便成为小朋友的乐园。

浦东嘉里不夜城凭借自身的区位优势进行产业外延，在更大的城市尺度上与新国际博览中心和喜马拉雅美术馆共同构成花木商业副中心，其海派文化地标优势更加突出。

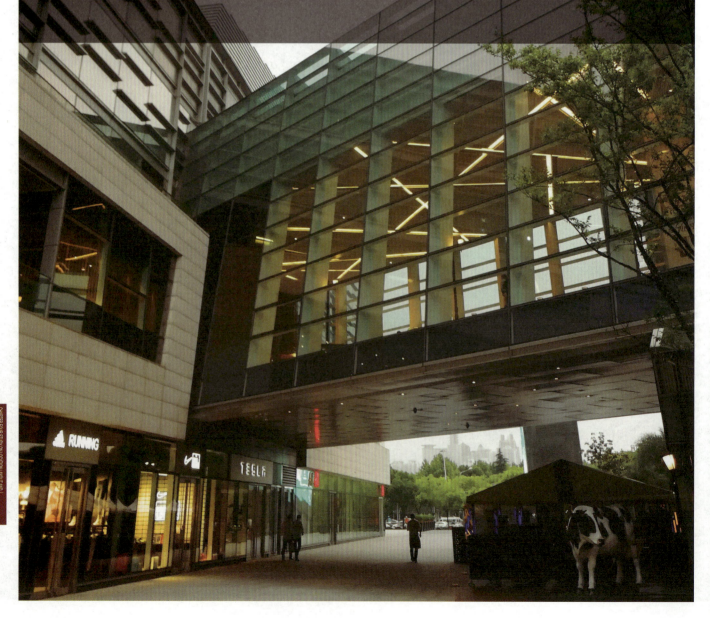

嘉里不夜城的临时性动物主题展览，从科技扫码、声光体验到智能科普打造，非常吸引亲子客群。

卡德公寓
Card Apartment

艺术空间
Art Space

818 广场
818 Plaza

韩城服饰礼品广场
Hancheng Dress Gift Square

峻岭广场
Lucky Target Plaza

南西大楼
NanXi Building

中创大厦
Venture Tech

广电大厦
Television Building

同益里
Tong Yi Li

南京西路地铁二号线
Nanjing West Road Line2

梅龙镇广场
Westgate Mall

南熙文化发展中心
Nanxi Cultural Development Center

兴业太古汇
HKPI KAIKOO HUI

云海苑办公楼
Yunhai Garden Office Building

杰仕豪庭
Kings Park

静安别墅
Jing' an Villa

南京西路地铁十号线
Nanjing West Road Line10

南京西地铁十二号线
Nanjing West Road Line12

振华大楼
Zhenhua Building

威海别墅
Weihai Villa

升平街小区
Shengping Street Community

中凯城市之光
Zhongkai Top of City

SHANGHAI

兴业太古汇

LANDMARK LOCATION LAYOUT AND CLASSIFICATION RESEARCH TRADITIONAL

HKRI TAIKOO HUI

地标位置：上海市静安区南京西路商圈核心

国际海派文化地标概述
INTRODUCTION

国际海派文化地标结构研究
SITE STRUCTURE

传统海派文化地标区位布局及分类
TRADITIONAL LANDMARK

现代海派文化地标区位布局及分类
MODERN LANDMARK

附录
APPENDIX

国际海派文化地标概述
INTRODUCTION

国际海派文化地标结构研究
SITE STRUCTURE

传统海派文化地标区位布局及分类
TRADITIONAL LANDMARK

现代海派文化地标区位布局及分类
MODERN LANDMARK

附录
APPENDIX

作为中国唯一一家星巴克烘焙旗舰店，该集合店把咖啡文化、工艺文化、茶文化相结合，打造新的海派时尚消费观。

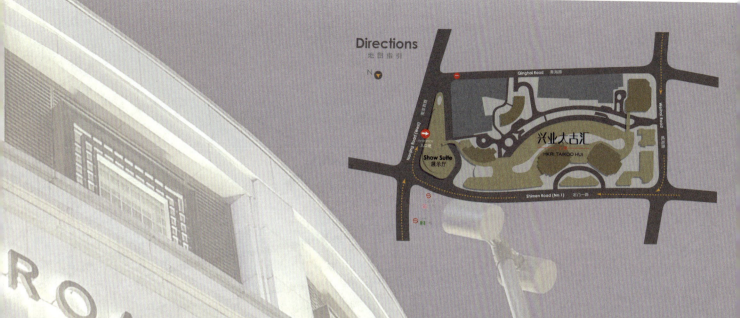

Directions
地图指引
N

上海兴业太古汇 HKRI TAIKOO HUI

总体概述：GENERAL SUMMARY

兴业太古汇项目由两家香港上市公司，即香港兴业国际集团有限公司与太古地产有限公司按50:50比例共同投资、拥有兼管理运营。项目位于上海浦西静安区南京西路商圈核心优越地段，为一个融合了购物中心、办公楼、酒店及酒店式公寓的城市综合发展项目。已于2017年底开业。

海派底蕴：SHANGHAI STYLE HERITAGE

兴业太古汇与地铁13号线无缝连接。购物中心面积约10万平方米，包括地下两层和地面四层，与两个户外广场无缝连接。项目拥有近250个零售品牌，涵盖时尚服装、配饰和美妆购物、国际化的餐饮选择、休闲书店、超市及瑜伽中心，其中有14个首次进入中国内地市场的品牌、12个首次在上海设店的品牌和12家独特的品牌概念店。商场和酒店将拥有超过40家中外餐饮，从休闲餐饮到名厨料理一应俱全。项目同时拥有逾10个室内外活动场地，包括一个全天候、开放式的多功能厅作为休闲娱乐与文化艺术的绝佳活动场地。

项目内建有一座拥有过百年历史的欧式大宅建筑，为纪念香港兴业国际创始人查济民先生，重新命名为"查公馆"。该建筑将在保留海派独特历史建筑风格进行翻新。

时尚特色：FASHION FEATURES

包括新锐日本建筑师青山周平设计的"全国首家收纳主题买手店"的EDITOR店，不足80平方米，坐落于兴业太古汇三楼的南端。店名就好像一本线下的立体杂志，每一次的选题就取决你能让哪些品牌放进来，可以讲一个背后的故事，为都市白领提供生活品位需求。

国际海派文化地标概述
INTRODUCTION

国际海派文化地标结构研究
SITE STRUCTURE

传统海派文化地标区位布局及分类
TRADITIONAL LANDMARK

现代海派文化地标区位布局及分类
MODERN LANDMARK

附录
APPENDIX

独特业态 UNIQUE FORMAT

自全球第一家"梦幻咖啡工厂"在西雅图开张，时隔3年，全球第二家甄选烘焙工坊终于落户上海太古汇。占地2700㎡，是西雅图店面的两倍。还有全中国顶级"皮围裙"，五大吧台、七种煮制方法，堪称咖啡爱好者的天堂。

为了保证咖啡的口感，铜罐内的咖啡豆大部分将在短时间内通过大传送带送到中国其他地区的星巴克甄选店。另外一部分咖啡豆将通过天花板上的"咖啡交响管"传递到各个吧台。豆子与管道碰撞出渐渐声响，置身其中，仿佛在聆听一场美妙的交响乐。去气后的咖啡豆经过咖啡交响管，如下"咖啡雨"一样落入主吧台上5个造型各异的甄选储罐中，等待着变成一杯杯香醇诱人的咖啡。

主吧台上的7种咖啡的冲泡方式：虹吸、真空过滤冲煮、精准自控冲煮、冷萃、意式浓缩、雅致手冲和气"致"冷萃，均能一站式体验。

烘焙工坊还设有茶瓦纳吧台，向中国几千年的茶文化致敬。还引入蒸汽朋克制茶，喜欢茶饮的顾客也将在此得到新奇的体验。

国际海派文化地标概述
INTRODUCTION
国际海派文化地标结构研究
SITE STRUCTURE
传统海派文化地标区位布局及分类
TRADITIONAL LANDMARK
现代海派文化地标区位布局及分类
MODERN LANDMARK
附录
APPENDIX

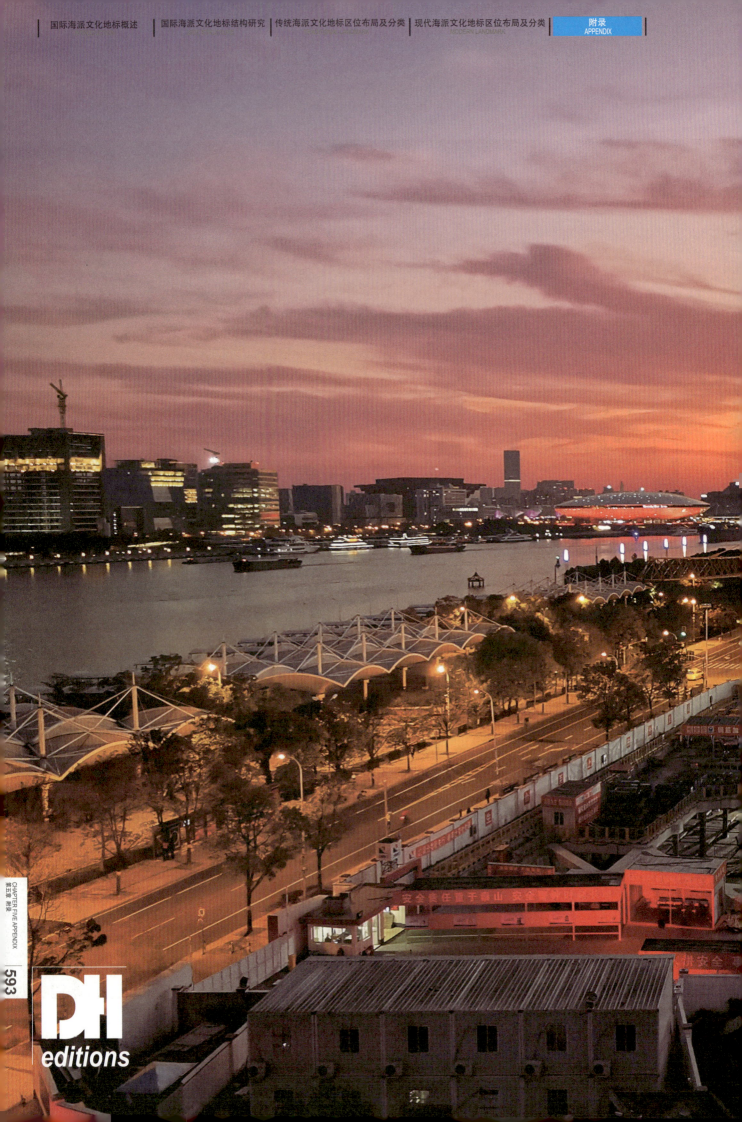

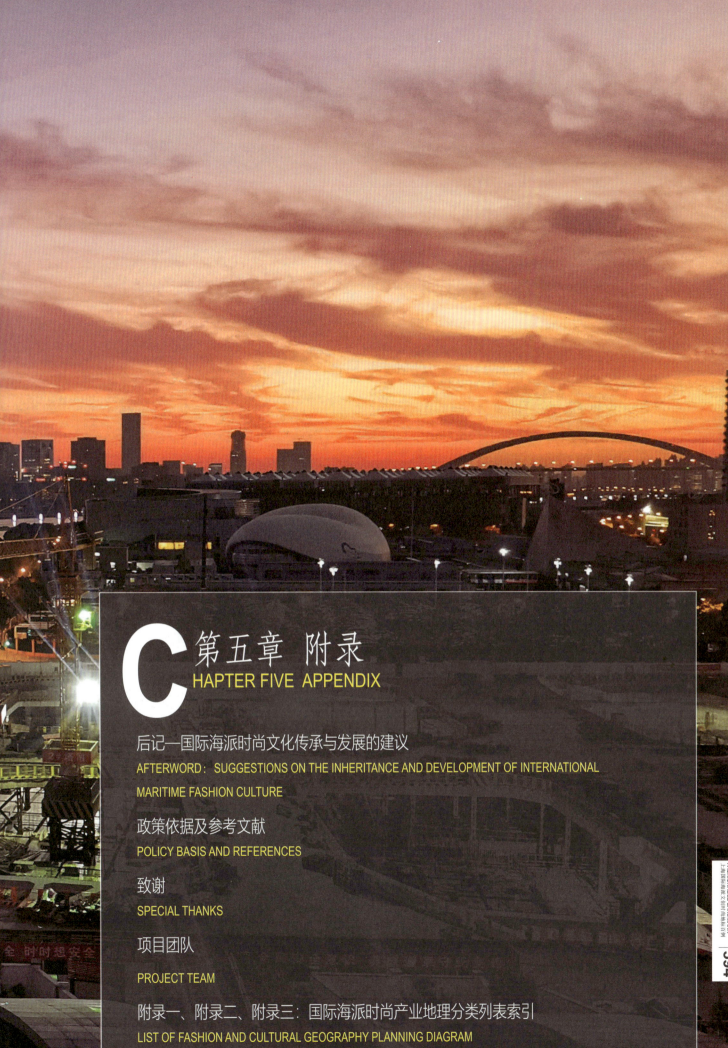

C 第五章 附录
HAPTER FIVE APPENDIX

后记—国际海派时尚文化传承与发展的建议
AFTERWORD: SUGGESTIONS ON THE INHERITANCE AND DEVELOPMENT OF INTERNATIONAL
MARITIME FASHION CULTURE

政策依据及参考文献
POLICY BASIS AND REFERENCES

致谢
SPECIAL THANKS

项目团队
PROJECT TEAM

附录一、附录二、附录三：国际海派时尚产业地理分类列表索引
LIST OF FASHION AND CULTURAL GEOGRAPHY PLANNING DIAGRAM

后记 AFTERWORD

国际海派时尚文化传承与发展的建议
SUGGESTIONS ON THE INHERITANCE AND DEVELOPMENT OF INTERNATIONAL MARITIME FASHION CULTURE

1.1先进产业融合是国际海派文化发展的主要推动力

在纷繁芜杂的海派文化产业类型中，最成功的业态推动是时尚与旅游业相结合。海派文化体系下的文创产业推动了旅游业的发展，甚至产生了"创意旅游"（CREATIVE——TOURISM）。并深刻改变了传统旅游的模式，创意旅游往往最先跟文化历史街区相结合，以休闲文化为消费契机，催生出一系列的衍生品，也在一定程度上防止了为获得短期收益而对自然资源及文化资产进行的掠夺，最终形成"全域型海派文化圈"。

1.2综合发展视角源于国际海派文化社会间组织协调

世界城市对政府的职能要求不仅要把文化创意当作产业看，还要有综合的发展视角，尽管各地方政府已经认识到文化对于城市经济及社会、环境可续发展的重要作用。从宏观视角观看，海派文化为上海带来的不仅是经济效益，还有社会效益。例如各种时尚文化、演艺文化、会展文化下的文化实践与文化参与不仅有助于社会群体的素养提升，还使社会边缘群体更自然地融入社会文化生活并提高其文化福祉。使文化流通并渗透到政治、经济、环境及多元创新的各个层面，形成"文化群体的集合效应"。

1.3新产业新技术的影响下海派文化商业模式的改变

打造国际海派文化领域相关技能的发展还需要与时俱进的态度，随着文化时尚产业的不断深入，海派基调下的文化创意与"互联网+"、新技术、新媒介、新零售等交叉与融合趋势越来越明显，2016年成为新零售的"商业元年"，各个线下产业必须具备强体验、时间消费、自由消费、打造商业开盘复盘中最具吸引力的主题五感飨宴，以适应不断变化的商业模式及消费需求的改变。伴随着商业发展从增量时代转向存量时代，运营及物业管理也随之创新，新技术及新业态引发的文化时尚地标加速渗透到商业的各个领域及层面，强化了海派文化的传播方式和表现形式。

对于"文化敏感型"的商业建设（CULTURALLY-SENSITIVEAPPROACH)，强调海派模式是商业发展的重要因素，在海派文化的形象品牌塑造、城市更新、城市经济、产业发展、社会包容等方面积极汲取文化元素，提升了海派文化的社会时尚参与度，实现城市的"重新人性化"（RE-HUMANIZING），进而提高了商业时尚感及文化的认可度。

1.4多元文化间的交流与互动对海派文化影响的提升

国际海派文化发展推动了城市产业的聚集和文化的多元，同时也对城市多元文化自身的演变产生了一定的风险：海派文化导致了中文化模式、文化价值观、追求目标、表现形式趋于雷同。其传统文化的式样及表现形式逐步边缘化并日渐式微。解决的策略是刺激文化内容的表现形式和多样特征。海派文化的全球化进程也增强了产业协调及跨文化组织能力，从而为有效的管理文化的多样性和时尚文化的演变指明了方向，多元文化间的经济、文化、生态、科技等诸多领域的同步进化也是一种多向、多维文化进程。

1.5 生态低碳文化对弹性空间集约和系统创新的支持

党的十九大报告中明确指出生态文明建设已被列入中国特色社会主义总目标，总任务。也是推动形成绿色发展方式和生活方式是的必然要求，形成节约资源和保护环境的空间格局、产业结构、生产方式、生活方式，努力实现经济社会发展和生态环境保护协同共进。实现生态低碳文化价值及可续绿色文化目标策略的途径也是海派文化体系中重要的组成部分。进行绿色体系的海派文化建设需要物质规模和弹性空间的节制型发展模式，分为两种层次：当城市区域发展仍在资源环境承载能力之内用理性增长模式；当城市发展已经超过了自然生态系统的承载能力则采用生境优化的模式。与美国学者莱斯特.布朗提出的A模式相比，当前海派绿色文化体系采用的发展模式是"C+"模式，在低生态、低产业投入发展模式的基础上，将生态投入和城市文化治理两方同时改进。从新型产业化、新型文化化、新型城市化及新型现代化领域入手，注重资源节约、环境友好的新型混业经济模式，加强第三产业的投资比重，转化"静脉产业"的环境压力，追求海派文化在生态门槛极限内的跨越式发展。

政策依据及参考文献 POLICY BASIS AND REFERENCES

[1] CRBE. Global Prime Logistics Rents: Demand Strong for Prime Logistics Space in Global Hubs. 2016.

[2] ILO. World Employment and Social Outlook 2016: Transforming Jobs to End Poverty. 2016.

[3] The Cities Alliance. Social Housing in Sao Paulo: Challenges and New Management Tools. Washington, DC. 2009.

[4] World Bank Group: East Asia's Changing Urban Landscape. 2015.

[5] World Economic Forum. The Global Competitiveness Report 2014-2015. 2015.

[6] UN-Habitat. World Cities Report 2010/2011：Cities for All-Bridge the Urban Divide, London: Routledge. 2011.

[7] UN-Habitat. World Cities Report Urbanization and Development: Emerging Futures.2016.

[8] Alberto Minujin. "Squeezed: The Middle Class in Latin America" Environment and Urbanization. 1995：161.

[9] Gauteng Growth and Development Agency. Annual Report 2014/2015.

[10] World Bank. World Development Indicators, Washington: World Bank. 2014.

[11] Duxbury N, Hosagrahar J ,Pascual J. Why must Culture be at the Heat of Sustainable Urban Development? (EB/OL). 2016-01. http://www.agenda 21 culture. net/images/a21c/artcles/documentos/Culture_SD_cities.pdf.

[12] Ernst and Young. Cultural Time: The First Global Map of Cultural and Creative Industries (EB/OL). (2015-12-03). http://www.ey.com/Publication/vwLUAssets/ey-cultural-times-2015$FILE/ey-cultural-times-2015.pdf.

[13] European Commission. Action Plan for Fashion and High-end Industries (EB/OL). (2015-12-03). http://ec.europa.eu/growth/sectors/fashion/high-end-industries/eu-support/index_en,htm.

[14] Knox，P.L. "Urban Social Geography". London Scientific and Technical.1995.

[15] UK Department for Culture, Media and Sport. The Culture White Paper (EB/OL). (2016-03-23). http://www.gov.uk/government/uploads/system/uploads/attachment_data/file/510798/DCMS_The_culture_White_Paper_3_.pdf.

[16] UN. The Resolution A/RES/70/214 on Culture and Sustainable Development (EB/OL). (2016-02-26). http://www.un.org/ga/search/view_doc.asp?symbol=A/RES/70/214.

[17] UN. Third UN Resolution on Culture and Sustainable Development (EB/OL). (2013-12-20). http://www.unesco.org./new/fileadmin/MULTIMEDIA/HQ/CLT/pdf/3_UNGA_Resolution_A_RES_68_223_EN.pdf.

[18] Transforming Our World: the 2030 Agenda for Sustainable Development (EB/OL). (2015-09-25). http://www.un.org/ga/search/view_doc.asp?symbol=A/RES/70/1&Lang=E.

[19] UNESO. Final Report and Action Plan for the Rehabilitation of Cultural Heritage and the Safeguarding of Ancient Manuscripts in Mali (EB/OL). (2013-02-18). http://www.whc.unesco.org/uploads/newsdocuments/news-987-1.pdf.

[20] Cities Plus. A Sustainable Urban System: The Long-term Plan for Greater Vancouver. Vancouver, Canada: Cities Plus. 2003.

[21] Elemental, http://www.archdaily.com/tag/elemental/.

[22] Archdaily, http://www.archdaily.com/tag/alejandro-aravena/.

[23] Sustainable City Development, http://malmo.se/English/Sustainable-City-Development-2016/Sustainable-City-Development.html.

[24] http://www.dhakassouthcity.gov.bd/roll_of_honer/index. html.

[25] http://www.eiu.com/public/topical_report.asxp?campaignid=Liveability 2012.

[26] http://sustainable development.un.org/partnership/p=2266.

[27] http://tfl.gov.uk/info-for/open-data-users.

[28] http://www.jica.go.jp/bangladesh/english/activities/01_4_1.html.

[29] Asia-beyond growth. EDAW. (2010-02-04).www.shangxueba.com/book/3527262.html.

[30] 联合国：《2015千年发展目标报告》(2015年版).

[31] 联合国：《全球增长疲软：经济复苏可能性偏低》，http://www.un.org/development/desa/zh/news/policy/wesp2016-midyear.html.

[32] 联合国人居署：《2016世界城市状况报告》，http://un.org/chinese/news/story.asp/newsID=26177.

[33] 中华人民共和国住房和城乡建设部计划财务与外事司组织编辑：《2010、2011世界城市状况报告》中国建筑工业出版社(2014年版).

[34] 中国社会科学院：《中国城市竞争力报告》(2016年版).

[35] 屠启宇：《国际城市蓝皮书：2016国际城市发展报告》,社会科学文献出版社2016年版.

[36] 诸大建等：《中国低碳经济蓝皮书》，同济大学出版社2016年版.

[37] （美）莱斯特.R.布朗《B模式—拯救地球、延续文明》，林自新、暴永宁等译，东方出版社2006版.

[38] 联合国国际展览局、中国2010上海世博会执行委员会：《上海手册：21世纪城市可持续发展指南》，格致出版社2011年版.

[39] 张松：《历史文化名城应整体保护》，《中国文化报》，2012-12-06,http://culture. people com. cn/n/2012/1206/c172318-19814755.html.

[40] 《低碳生态城市案例介绍：马尔默》，《城市规划通讯》2011年第7期.

[41] （瑞典）皮特.斯约斯特罗姆：《景观规划介入可持续城市新开发》，《风景园林》2011年第4期.

[42] 联合国 国际展览局、中华人民共和国住房和城乡建设部、上海市人民政府：《上海手册》，商务印书局2016年版.

[43] 李翔宁、李丹锋、塚本由晴：《上海制造-MADE IN SHANGHAI》，同济大学出版社2014年版.

SPECIAL THANKS

致谢

　　时光荏苒，编写此书的过程是艰辛且美妙的研究之旅，从某种程度上说，也是对深厚的上海海派文化再认知的过程，从一开始的时尚数据汇总到产业区域走访，往往为了求得一张好的照片而拍摄到凌晨，拿着相机和地图上百次的寻访描摹，历经三载，此书的雏形及轮廓渐渐清晰，团队付出的努力也渐渐得到了回报。

　　付梓之际，首先感谢高长春教授的悉心指导。作为研究国际海派时尚创意重大课题的首席研究专家，他首次提出把全要素生产率作为海派地标的重要评判因子，纳入到文化体系的构建中，创意地把产业经济与城市空间结构、规划设计结合起来。此书也体现了海派文化体系的科学分类观及发展观；感谢组稿编辑陈力先生对本书出版过程中的指导及要求，他对海派文化的普及、认知起到至关重要的学术及社会推广作用。感谢编辑杨国强先生及团队对书稿的认真校对。

　　在此书的城市空间地理坐标建模过程中，有幸得到了上海中星志成建筑设计研究院的建筑景观生态研究所首席专家褚衍慧女士、实体建构项目负责人毕太原先生对海派地标的建模研究、张建卿先生对后期坐标的适当增补，对于研究海派街区的文脉及产业群落起到了梳理作用。

　　本书特别感谢美国AECOM世界城市研究院基于国际视野对此书的展现方式提出的建议。感谢赵曦女士进行英文的组织及校对工作，感谢翁松月先生对于此书提出的编辑意见和版面校对，另外，特别感谢本课题组成员高晗、江瑶、刘诗雨、褚衫尔、张贺、杨欣欣等研究人员对此书的资料汇总及部分章节的整合，也特别感谢SEAZEN新城控股集团有限公司上海第一分公司设计研发中心负责人余效恩先生、首席总设计师朱迎松先生、产业经济策划付欣先生的鼎力支持和资源分享，在拍摄的过程中给予我支持及提供便利帮助的诸位，以上一并表示真挚的感谢！

周琦

2019年9月5日于上海长风创意园

"东华里"时尚系列是东华大学根植上海文化，映射世界时尚的研究平台，同时也是城市创意及活力研究、时尚指数发布的专业文化媒介，以更新的教育理念、敏锐的观察视角、积极的治学态度、创新的时尚追踪，回应今天的世界城市、设计、产业领域的问题。

项目团队 PROJECT TEAM

研究指导：高长春（博导、海派时尚首席研究专家）

研究编撰：周琦（博士）　　合作者：高晗（博士）

研究单位：AECOM（美国）世界城市研究院

建模团队：褚衍慧、毕太原等

地标绘制：翁松月、张建卿等

英文校对：赵曦、周琦

资源联合：余效恩、朱迎松

调研团队：孙汉民（博士）、江瑶（博士）、刘诗雨（博士）、
　　　　　褚衫尔（博士）、张贺（博士）、杨欣欣（博士）等

图书在版编目（CIP）数据

上海国际海派文创时尚地标百例 / 高长春，周琦，高晗著. —北京：
经济管理出版社，2018.12
ISBN 978-7-5096-6225-0

Ⅰ．①上…Ⅱ．①高…②周…③高…Ⅲ.①文化产业—研究—
上海 Ⅳ.①G127.51

中国版本图书馆CIP数据核字（2018）第285945号

组稿编辑：陈　力
责任编辑：杨国强　张瑞军
责任印刷：黄章平
责任校对：王淑卿

出版发行：经济管理出版社
　　　　　（北京市海淀区北蜂窝8号中雅大厦A座11层　100038）
网　　　址：www.E-mp.com.cn
电　　　话：（010）51915602
印　　　刷：三河市延风印装有限公司
经　　　销：新华书店
开　　　本：880mm×1230mm/16
印　　　张：39.25印张
字　　　数：668千字
版　　　次：2020年4月第1版　2020年4月第1次印刷
书　　　号：ISBN 978-7-5096-6225-0
定　　　价：298.00元

版权所有　翻印必究
凡购本社图书，如有印装错误，由本社读者服务部负责调换。
联系地址：北京阜外月坛北小街2号
电话：（010）68022974　邮编：100836

图片版权 IMAGES COPYRIGHT
本书中的照片 / 图片如没有特别说明，均由周琦先生拍摄
遴选。图片版权归个人所有，未经许可，一律不得转载。
如有需求合作，请来函洽谈：qiweekend@163.com